Falu Gongbu Yanjiu

法律公布研究

张放 著

江苏人民出版社

图书在版编目(CIP)数据

法律公布研究 / 张放著. — 南京：江苏人民出版
社，2022.8
ISBN 978-7-214-27184-6

Ⅰ.①法… Ⅱ.①张… Ⅲ.①法律－公布－研究－中
国 Ⅳ.①D920.4

中国版本图书馆 CIP 数据核字(2022)第 083053 号

书　　　名	法律公布研究
著　　　者	张　放
责 任 编 辑	朱　超
装 帧 设 计	许文菲
责 任 监 制	王　娟
出 版 发 行	江苏人民出版社
地　　　址	南京市湖南路 1 号 A 楼,邮编:210009
照　　　排	江苏凤凰制版有限公司
印　　　刷	南京新洲印刷有限公司
开　　　本	718 毫米×1000 毫米　1/16
印　　　张	20.25
字　　　数	297 千字
版　　　次	2022 年 8 月第 1 版
印　　　次	2022 年 8 月第 1 次印刷
标 准 书 号	ISBN 978-7-214-27184-6
定　　　价	98.00 元

(江苏人民出版社图书凡印装错误可向承印厂调换)

序 言
PREFACE

　　早在十年前读博期间，本人就初涉法律公布问题的相关研究。起初本人抱定"先投入战斗，然后再见分晓"的勇气，进展较为顺利，搜集了大量与之相关的学术研究素材，形成本书的雏形。

　　但随着研究的日益深入，一种迷茫和惶恐心理日益滋长、一种"有心无力"的精神苦恼逐渐萌生、一种对选题价值乃至研究影响力的自我怀疑挥之不去。这类学术心魔并未随着博士学位论文答辩的圆满通过而真正得以克服。正因为如此，在毕业后很长一段时间里，相关研究工作陷入停滞状态。

　　历经数年风雨，我抱定"平常人，平常心，做平常事"的态度决心，逐渐摆正了心态、清醒地认识到：虽然我做不了学术领域的参天大树、但仍可以做破土而出的青苗；虽然我不能起到思想火炬般的时代引领作用、却仍能发挥萤火虫般的些许启发作用；虽然如今的我已不再年轻，但仍可遵循师旷"炳烛而学"的谆谆教诲，做些力所能及的事情。而眼前这项研究，恰恰是与我此时能力、需要相匹配的工作。

　　在此之后，书稿的写作速度悄然得以加快，那些困扰我的心结问题也得到一定程度的化解。如今呈现在大家面前的这本书，充分反映了笔者这些年的思想变化过程，当然也依然会显露出某种内在的思维局限和知识盲区。不过无论是好是坏，都应交由各位读者审核、并做出符合事实的公正评判。就像黑格尔和马克思告诫的那样："这里是罗陀斯，就在这里跳罢。"

　　本书的完成离不开众多师长和亲友的关怀与帮助。在此特别要感谢我的导师史彤彪教授的耐心指导和大力支持，使我逐渐能够领悟到选题要旨和写作乐趣,终于得以还清这笔文债;在此还要感谢我的家人、特别是夫人李成英女士的鞭策鼓励。正是在她的批评建议下,本人在本书写作中纠正了一些不良习惯。

张　放

2022 年 6 月

目 录
CONTENTS

引　言

一、概念说明

（一）词义解析

关于“法律公布”的概念，国内学者在不同语境下做了各有侧重的差异化表述[①]。但是总体而言，他们大都将它阐释为具有公布法律权的机关或人员按照法定程序、在特定时间内采用特定方式将立法机关已通过的法律内容向社会公开的一种专门活动[②]。其中，“法律”一词本身有广义（与“法”同义）、较狭义（即宪法性法律与普通法律）和最狭义（专指普通法律，常与宪法并列使用）三种含义[③]。本书在此采取最狭义的范畴界定，与“全国人大或全国人大常委会通过的法律”[④]相对应。而“公布”在中文法律语境下，主要是指“公开发布制定的法规。是立法程序的最后一个阶段”、并由中华人民共和国主席享有相应的法定职权[⑤]。因此与“公告”、“发布”和“下达”等相近概念不同，法律的“公布”实践要求采取刊载于一定之刊物、张贴于公众易见之

[①] 关于具体详情可参见李克杰：《法律公布是立法程序还是独立制度?》，《学术交流》2020 年第 11 期。

[②] 例如，周旺生先生在为《北京大学法学百科全书》撰写“法的公布”词条时，开篇就将其明确界定为：“享有法的公布权的机关或人员，在特定时间内，采用特定方式，将法公之于众。亦称法的颁布。”（参见北京大学法学百科全书编委会编，周旺生、朱苏力分册主编：《北京大学法学百科全书：法理学·立法学·法律社会学》，北京大学出版社 2010 年版，第 154 页。）

[③] 参见夏征农、陈至立主编，曹建明、何勤华编著：《大辞海·法学卷（修订版）》，上海辞书出版社 2015 年版，第 2 页。

[④] 辞海编辑委员会编纂：《辞海 2（彩图珍藏本）》，上海辞书出版社 1999 年版，第 757 页。

[⑤] 参见辞海编辑委员会编纂：《辞海 2（彩图珍藏本）》，上海辞书出版社 1999 年版，第 757 页。

处所等更为正式的官方行为,以达"众所周知"之效。

(二) 概念辨析

本书所谓的法律公布概念,和相近概念存在以下关系:

(1) **法律公布与法律通过**

法律通过,在立法学上是指"立法机关对法律草案表示正式同意"[①]的程序阶段,其与法律的提交、审议和公布等阶段紧密衔接,共同构成了完整的立法程序,可谓整个立法程序中最重要和最有决定意义的阶段。

法律通过程序的履行是法律公布程序启动的前提,然而两者概念之间也存在着一定的紧张关系,最主要的就是一些国家中实行的法律审查和批准程序的归属认定问题,在本书中,其隶属于法律公布的范畴。

(2) **法律公布与法律签署**[②]

法律公布与法律签署密不可分,正如周旺生先生所强调的那样,法律公布权往往同批准和签署法律的权力相联系[③]。有人即认为"公布"活动的实质是指法律公布主体告知民众相关法律业已签署并得到确定的事实[④]。

在许多国家和地区,法律通过后必须由经法律公布主体批准后方可公布。因此布法过程又可分为两个阶段。首先是签署,即由国家元首等法律公布主体依法在法律文件上署名,证明该法律文件的合法性和准确性。然后才进入刊告阶段,由此方能生效[⑤]。

举例来说,在我国台湾地区,有学者就认为,所谓公布,"必须包括签证和刊告两项手续,签证即由总统依法定手续署名于法律之上,以证明该法律与立法院所制定通过者完全一致;刊告即由总统将签证的法律,刊行于政府公报上,如总统府公报。完成此二项手续,法律始能生效。"[⑥]"总统"公布法律后,如前所述,依法须经"行政院长"的副署,或"行政院院长"及有关部会

---

① 参见吴大英、任允正、李林:《比较立法制度》,群众出版社 1992 年版,第 566 页。
② 法律签署也可泛指法律批准。
③ 周旺生:《立法学教程》,北京大学出版社 2006 年版,第 266 页。
④ 参见苏俊燮:《中国法律中的"公布"概念及其法律性缺陷》,《上海交通大学学报(哲学社会科学版)》2011 年第 5 期。
⑤ 李店标:《立法公开研究》,吉林大学出版社 2012 年版,第 196 页。
⑥ 杨敏华:《"中华民国宪法"释论》,台湾五南图书出版股份有限公司 2004 年版,第 177 页。

首长的副署。据相关学者的见解,其副署方式为签名,签名方式规定于台湾"民法"第3条:"依法律之规定,有使用文字之必要者,得不由本人自写,但必须亲自签名。如有用印章代签名者,其盖章与签名生同等之效力。如以指印、十字或其它符号代签名者,在文件上,经二人签名证明,亦与签名生同等之效力。"①

与之相若,俄罗斯宪法第84条对总统权限中明确赋予其签署并公布法律的权力。由于在俄语中,"签署"与"公布"两个行为是同时实现的。因此在俄罗斯宪法注释书做了进一步的说明,认为两个行为之间的间隔没有重要的意义。总统作为法律公布的主体在签署联邦法律之后,应立即下达公布法律的指示。也就是说,在俄国法制语境下,公布活动应待签署行为完成后立即或在近期进行②。

虽然有些国家并未做如此严格的细分。但无论如何,法律签署行为本身并不意味着法律公布行为的完成,因为其并未广而告之。虽然在古代,最高统治者的法律签署和确认行为足以令法律发生效力。但随着现代民主政治的发展,将法律生效时间起点改为法律公开出版发行之时已成通行做法,以确保人民能够充分知晓法律,产生合理的预期。俄罗斯宪法第15条第3款规定即规定,所有法律都要公开发布,未经告知的法令规范不具有法律效力。由于将公开发布作为法律的生效要件,有效展现了法律签署和公布的区别③。

(3) 法律公布与法律生效

法律公布往往是法律生效的前提条件,但两者之间并不存在必然联系。一方面,在特定情况下,某些法律公布之前便已产生实际拘束力,产生溯及既往的后果④,甚至以秘密法的形式长期持续运作⑤;另一方面,法律被公布

---

① 参见杨东连:《法学入门》,一品文化出版社2008年版,第71页。
② 参见苏俊燮:《中国法律中的"公布"概念及其法律性缺陷》,《上海交通大学学报(哲学社会科学版)》2011年第5期。
③ 参见苏俊燮:《中国法律中的"公布"概念及其法律性缺陷》,《上海交通大学学报(哲学社会科学版)》2011年第5期。
④ 比如刑法上的"从旧兼从轻"原则的具体适用。
⑤ 为了国家安全等缘由。

也并不意味其注定将产生拘束力,遭遇冻结、备而不用、甚至因政权更迭而形同废纸的情况也不在少数。真正将两者联系在一起的是以同时施行主义原则主导下、许多法律中特定的时间效力规定。根据法律公布日期和法律生效日期是否一致,又可以对各国的不同法律实践作进一步的细分,下面将加以详述,在此不再赘述。

(4) 法律公布与法律出版①

相当于"公布"意思的英语单词是 Promulgation,官报发行(出版)则用 Publication。如果察看法律上的"公布(Promulgation)"概念也可知,一般都有:"公布行为大部分是经由总统实现,之后必须在官报上出版"这样的说明内容②。

对"公布"与"出版"的法律上的概念区别,著名的《Catholic Encyclopedia》这样解释道:"法律上公布于出版的概念不得混淆。前者的目的,是告知大众立法权者的意志,而后者,是为了传播关于制定的法律知识。"③在本书中,如不加特别说明,"出版"一词,也包含了"刊告"之意,即国家元首将经过签证的法律,刊登在正式的刊物(公报)上的做法,也属于出版行为。

法律出版既和法律公布紧密相关,又是规范性法律文件的系统化工作的重要一环。然而两者又有着一定的区别,在一些国家法律当中即得到体现:例如,法国法律规定"公布"是指法国总统在法律交付给政府之后的 15 日内确认法律的合法诞生的行为。法律在官报上刊登后未经讨半天的宽限期,不能追究国民的义务。由此严格区分了"出版"与"公布"的概念。"作为保障国民知情权的行为,出版是指在官报上刊登的法律程序。"不仅如此,法国法律中单独设置规范出版行为的规定。《法律与行政立法的出版方式及其效力的法律命令》第 1 条明确规定:"用下面的规定代替《民法典》的第 1

---

① 在本书中,法律出版也包括了法律刊载的概念内涵。
② 参见苏俊燮:《中国法律中的"公布"概念及其法律性缺陷》,《上海交通大学学报(哲学社会科学版)》2011 年第 5 期。
③ 转引自苏俊燮:《中国法律中的"公布"概念及其法律性缺陷》,《上海交通大学学报(哲学社会科学版)》2011 年第 5 期。

条：法律是在公报上刊登时生效，行政立法是其规定的日子生效。如果没有规定法律与行政立法发生效力的日期，则于出版翌日生效。只是，在法律执行中需要施行措施时，生效日期延至施行措施的生效日。"[1]无独有偶，根据阿根廷宪法第 99 条的规定，也严格区分了"公布"与"出版"的概念，强调作为法律公布主体的总统应当"公布而出版"[2]。

正因为如此，正如有学者指出的那样，"全球法律信息网（GLIN）"中将各国法律按照公布日与出版日进行分类的做法具有很强的启示意义。根据该网资料，目前除了美国、日本、韩国等国，世界大部分国家的法律中的公布日和官报发行日是不同的。虽然往往公布日与签署日相一致，然而官报发行日却单指法律在官报上刊载、出版和发行的日子，承担计算生效起点的特殊功能。反映了现代民主主义的基本精神与要求[3]。

在本书中，法律出版是法律公布的题中之义，是官方签署行为的后置程序。

（5）法律公布与法律传播

所谓法律传播，即传受法律信息的行为或过程，是一种贯穿法律活动全过程的行为。法律传播可分为法律的自我传播、人际传播、群体传播、组织传播和大众传播等不同类型[4]。立法活动即属于一种典型的组织传播，而法律的公布也依靠了组织传播的基本形式，属于法律传播活动的一种，而且是最稳定、最权威、最能体现国家意志的法律传播活动。在两者关系上，法律传播活动以法律公布为真正的开端，而法律公布亦需要其他法律传播活动的有效配合，方能收到理想效果。

（三）本质界定

对于法律公布活动的本质，国内目前主要有两种典型的不同观点：

---

[1] 苏俊燮：《中国法律中的"公布"概念及其法律性缺陷》，《上海交通大学学报（哲学社会科学版）》2011 年第 5 期。
[2] 参见苏俊燮：《中国法律中的"公布"概念及其法律性缺陷》，《上海交通大学学报（哲学社会科学版）》2011 年第 5 期。
[3] 参见苏俊燮：《中国法律中的"公布"概念及其法律性缺陷》，《上海交通大学学报（哲学社会科学版）》2011 年第 5 期。
[4] 参见刘徐州：《法律传播学》，湖南人民出版社 2010 年版，第 6—8 页。

　　一种观点主要是从立法学的角度诠释法律公布的意涵,并基于立法程序"四阶段说"的经典理论,得出了法律公布是"立法程序的最后一个环节"、"法律确立的最后阶段"、"法的制定程序中的最后一个步骤"等相似结论①。这一观点在学界长期占有主导地位。

　　另一种最新观点则反其道而行之,认为"法律公布不是立法的必经程序,而是位于法律制定过程与法律实施过程之间的一个独立且不可缺少的阶段和环节"。②

　　在笔者看来,这两种观点都存在一定的局限:

　　第一种观点认识到法律公布活动与一国立法体制之间的紧密关联、形成了法律必须公布的立法程序惯例和共识。这一点也在实证材料中得以确证:根据《世界各国宪法》等相关资料显示,目前世界上至少有31个国家宪法直接是在"立法"、"立法方法"("立法模式")、"立法机关"("立法机构")、"立法权"("同立法有关的职权")、"立法权的行使"、"立法权行使方式"("立法权行使模式"、"立法权的实施模式"、"行使立法权的方法"等)、"立法草案的批准"、"立法和决议的公开"、"立法的公布"等相关名义下界定法律公布制度的③。但它相对忽视了它在法律实施环节"零点时刻"般的标志性意义乃至起始影响,人为限缩了它的制度内涵:事实上,同样有30多国在宪法中明确地将法律公布问题与法律效力、法律实施联系在一起,甚至从法治原则的高度出发提出了排他性的明确要求:"所有的法律应当予以公布"(《冰岛共和国宪法》第27条)④、"未公布的法律无效"(《摩尔多瓦共和国宪法》第76

① 参见李克杰:《法律公布是立法程序还是独立制度?》,《学术交流》2020年第11期。
② 李克杰:《法律公布是立法程序还是独立制度?》,《学术交流》2020年第11期。
③ 这些国家包括:东帝汶、菲律宾、缅甸、马来西亚、土耳其、新加坡、马耳他、博茨瓦纳、厄立特里亚、加纳、津巴布韦、莱索托、毛里求斯、尼日利亚、塞拉利昂、圣多美和普林西比、坦桑尼亚、乌干达、安提瓜和巴布达、伯利兹、多米尼克、圭亚那、圣基茨和尼维斯、圣卢西亚、圣文森特和格林纳丁斯、特立尼达和多巴哥、斐济、马绍尔群岛、所罗门群岛、图瓦卢、瓦努阿图。充分体现出后发国家对现代法治规律和经验的学习与借鉴。参见《世界各国宪法》编辑委员会编译:《世界各国宪法(全四卷)》,中国检察出版社2012年版。
④《世界各国宪法》编辑委员会编译:《世界各国宪法·欧洲卷》,中国检察出版社2012年版,第140页。

条)①,充分彰显出"一切关于政府决策与行动的信息应当公开"(《马尔代夫共和国宪法》第 61 条第 3 款)②、"任何人不得被视为不知道经合法公布的法律"(《卢旺达共和国宪法》第 201 条)③的现代法治理念。

后一种观点则注意到了法律公布活动在法律创制和法律实施环节之间的中介作用,但却矫枉过正,得出了它与立法环节(其实也包括法律实施环节)本质无涉的结论,不仅和人们的常识经验有所偏离,造成法律公布活动与两大法治运作环节的割裂,看似赋予其"独立制度"般的尊崇地位,其实也限缩了它的影响范围、更削弱了它的运行基础,使之不仅犹如"无源之水,无本之木",更容易陷入"画地为牢"的困境。

两种理论观点的相对局限,其关键症结都在于没有充分把握法律公布的完整制度宽度,以致陷入"非此即彼"的线性思维误区之中。为此,我们应当将法律公布制度明确界定为一种由立法体制所决定的、并对法律实施产生直接效力影响的中间过渡环节,由此在法律创制和法律实施进程中起到有效的承载衔接作用,具有较为丰富的双重意涵。

综上所述,本书所说的法律公布乃是一种涵盖了法律签署、法律刊载等相关环节,集中反映国家意志、具有高度组织性和权威性的法律专门活动。它体现出对传统秘密法实践的否定,反映了人类法律文明进化的时代潮流。

二、文献综述

(一)西方学者对法律公布问题的相关论述

众所周知,法律公布是一项极其重要的法律实践活动,在古日耳曼法上,很早就形成了"法律非正式公布不生效力"(Non obligat lex nisi promulgata)的法谚④。在此之后,法律公布问题更在西方法理学作品中频繁出现:

①《世界各国宪法》编辑委员会编译:《世界各国宪法·欧洲卷》,中国检察出版社 2012 年版,第448 页。
②《世界各国宪法》编辑委员会编译:《世界各国宪法·亚洲卷》,中国检察出版社 2012 年版,第307—308 页。
③《世界各国宪法》编辑委员会编译:《世界各国宪法·非洲卷》,中国检察出版社 2012 年版,第515 页。
④参见李龙主编:《西方法学经典命题》,江西人民出版社 2006 年版,第 51 页。

无论是霍布斯、普芬道夫、洛克、布莱克斯通、卢梭、黑格尔、梅因等近代启蒙巨子,抑或哈耶克、罗尔斯、哈特、菲尼斯等现代思想巨擘,乃至穗积陈重、矶谷幸次郎等东洋法学俊杰,都曾对这一问题有过重要论述。特别是位于不同思想光谱之间的知名法学家富勒、菲尼斯和拉兹都不约而同的将其明确列入各自的法治八项原则之中,表现出维护公民知情权、促进公众评论监督,抑或保障法律制度和程序特性,以及确保法律指引行为有效性等不同的问题意识[①]。其大致分为三个阶段:

1. 古代时期

(1) 柏拉图和亚里士多德

早在古希腊时代,柏拉图从理论层面充分界定并论证了成文法和不成文法的区分,强调法是理性的产物,应当遵循"正义"理念的要求。特别在晚年的《法律篇》中,他进一步体现出对成文法秩序正义作用的重视,强调官吏应当依法而治、注意公民法律精神的培养[②]。他据此明确主张:"建立一种体制要做两件事:一是把职务授予个人,另一是给官员提供一部法典"[③]、"我们要把一部附有某些惩罚实例的法律纲领摆在法官面前,使他们有据可循,使他们不至于逾越正确的尺度"[④]。更在谈及创制分配共享土地房屋等财产的"最好的法典"[⑤]时,强调:"你们要把这些细节刻在柏树板上,把这些成文的记载永久存放在神庙里"[⑥],表达了"在立法中,一旦成文,法律就要保留在记录中"[⑦]的肯定性意见,从中可以看出某种法律公开性的明确要求。

这一观念在其学生亚里士多德关于"法治"概念的双重特征定义中,即

---

① 参见[美]富勒:《法律的道德性》,郑戈译,商务印书馆 2005 年版,第 46—47、59—62 页;[英]约翰·菲尼斯:《自然法与自然权利》,董娇娇、杨奕、梁晓晖译,中国政法大学出版社 2005 年版,第 216—217 页;[英]约瑟夫·拉兹:《法律的权威:法律与道德论文集》,朱峰译,法律出版社 2005 年版,第 187、190 页。
② 可参见北京大学法学百科全书编委会,饶鑫贤等主编:《北京大学法学百科全书:中国法律思想史·中国法制史·外国法律思想史·外国法制史》,北京大学出版社 2000 年版,第 49 页。
③ [古希腊]柏拉图:《法篇》,王晓朝译,人民出版社 2021 年版,第 121 页。
④ [古希腊]柏拉图:《法篇》,王晓朝译,人民出版社 2021 年版,第 256 页。
⑤ [古希腊]柏拉图:《法篇》,王晓朝译,人民出版社 2021 年版,第 125 页。
⑥ [古希腊]柏拉图:《法篇》,王晓朝译,人民出版社 2021 年版,第 127 页。
⑦ [古希腊]柏拉图:《法篇》,王晓朝译,人民出版社 2021 年版,第 269—270 页。

法律"制订得良好"和"获得普遍的服从"的观念中①,以及他对立法理性和法律稳定性的价值偏好中得到进一步的发展。亚里士多德认为,作为一种实践的智慧和理性,为确保公民和城邦的幸福,"良好的法律应该尽可能规定一切,留给法官尽可能少的东西"②,认为立法应将以城邦的幸福为目标的普遍性的思虑活动固定化为法律条文,实现对城邦生活的规约和对公民的教化③。他还认为,法律的特性(无论优势还是缺陷)就在于它的普遍性,服从城邦的法律就是"普遍正义"的要求,他还将各个城邦制定的明文规定的法律界定为"特有的法律"(idios nomos),这些论述都带有法律公布的意涵④。不过或许因为公布法律活动在当时亚里士多德身处的雅典城乃是通行惯例,而他和柏拉图相似,基于其特殊的公平观念,又寻求某种正当却超越成文法的正义、以便矫正既有法律形式的局限⑤,所以在这方面着墨不多。

(2)托马斯·阿奎那

在上述思想基础上,中世纪经院哲学的集大成者阿奎那明确提出了法律公布的具体主张。作为坚定的理性主义者,他认为法律是一个理由而不是意志⑥。正如有学者指出的那样,在他眼中,"法是旨在维护公共福利的理性的命令,由管照该社会的人颁布。因此,其三个主要特征就是具有理性,旨在服务于公众和公开化。"⑦

---

① 参见[古希腊]亚里士多德:《政治学》,吴寿彭译,商务印书馆 2009 年版,第 202 页。
② 参见高鸿钧、赵晓力主编,马剑银副主编:《新编西方法律思想史(古代、中世纪、近代部分)》,清华大学出版社 2015 年版,第 30 页。
③ 参见高鸿钧、赵晓力主编,马剑银副主编:《新编西方法律思想史(古代、中世纪、近代部分)》,清华大学出版社 2015 年版,第 32 页。
④ 参见高鸿钧、赵晓力主编,马剑银副主编:《新编西方法律思想史(古代、中世纪、近代部分)》,清华大学出版社 2015 年版,第 33—38 页。
⑤ 参见[美]西奥多·齐奥科斯基:《正义之镜:法律危机的文学省思》,李晟译,北京大学出版社 2011 年版,第 241—242 页。柏拉图认定为确保成文法在城邦中的正确地位,立法活动应当体现"聪明的和充满亲情的父母般的特征",他还将"发布一道严峻的命令,贴在城墙上,坚决执行"的机械做法明确斥为"专制暴君的面貌"。(参见[古希腊]柏拉图:《法篇》,王晓朝译,人民出版社 2021 年版,第 237 页。)
⑥ 参见[英]约翰·菲尼斯:《法哲学:〈菲尼斯文集〉.第四卷》,尹超译,中国政法大学出版社 2017 年版,第 167 页。
⑦ [美]卡尔·J·弗里德里希:《超越正义:宪政的宗教之维》,周勇、王丽芝译,生活·读书·新知三联书店 1997 年版,第 27 页。

虽然在阿奎那那里,法的"公开化"特征严格来说只适用于人定法和神定法领域,"但是,一般来说,这些 leges(法律)就其与人类生存的关系而言是为人所知或可以知晓的。至于永恒法、神定法和自然法,上帝已经注意到这种公开性。"①"而立法的主要功用在于澄清和阐明积存的法,无论它是神法、自然法、罗马法还是习惯法"②

阿奎那强调,法律的重要特征在于:共同体的管理者享有公布法律的权利。他说:"安排有利于公共幸福的事务,乃是整个社会或代表整个社会的某一个人的义务。因此,法律的公布是整个社会或负有保护公共幸福之责的政治人的事情。"③所谓法律,"不外乎是对于种种有关公共幸福的事项的合理安排,由任何负有管理社会之责的人予以公布"④。

阿奎那秉持这种观点,"因为政治上的统治者受法律约束"。不同于君主制下王在法上、"隐秘的法律存在于他们自己心中"的情况,在宪法秩序下当权者"不敢行任何新奇之事,而是实施编纂成的法律"⑤。

2. 近代时期

进入近代之后,法律公布要求在古典自然法的诸位代表人物言说中得到充分诠释,同时也引发了功利主义法学、历史法学派乃至哲理法学派等不同流派学者的共鸣。

(1)霍布斯

霍布斯强调,除自然律外,所有其他法律都必须以语言、文字或其他方式向有义务服从的每一个人公布。因为实在法是一种通过语言文字或其他同样充分的形式宣布或表达的主权者命令,必须用充分的形式表达出来,否则人们就不知道怎样服从。他甚至认为法律单以明文公布还不够,必须以

---

① 参见[美]卡尔·J·弗里德里希:《超越正义:宪政的宗教之维》,周勇、王丽芝译,生活·读书·新知三联书店 1997 年版,第 27—28 页。
② [美]卡尔·J·弗里德里希:《超越正义:宪政的宗教之维》,周勇、王丽芝译,生活·读书·新知三联书店 1997 年版,第 26 页。
③ [意]托马斯·阿奎纳:《阿奎那政治著作选》,商务印书馆 1982 年版,马清槐译,第 105 页。
④ [意]托马斯·阿奎纳:《阿奎那政治著作选》,商务印书馆 1982 年版,马清槐译,第 106 页。
⑤ 参见[美]卡尔·J·弗里德里希:《超越正义:宪政的宗教之维》,周勇、王丽芝译,生活·读书·新知三联书店 1997 年版,第 23 页。

明显的证据说明它来自主权者的意志①。

（2）普芬道夫

普芬道夫也指出："要想使法律在人的心里发生作用，就必须使人知道立法者是谁，法律的内容是什么。因为如果一个人不知道他应当服从于谁或者他应当做什么，他就不会服从。"②他还说："公民社会的法通过清晰的规范和公开颁布而为人知晓。在制定法律时，制定者应使以下两点异常清晰：首先，法律的制定者是在一国中掌握主权的人；其次，法律的含义是什么。当主权者自己或通过他的代表制定法律或在法律上签字的时候，第一个要素就已经明确了。如果很明显立法是他们所任职机构的职能并且他们就是因立法而被起用的；或者那些法律在法庭上被适用；或者他们并未毁损主权，那么质疑他们的权威就是徒劳无效的。为使法律的含义被正确地领悟，制定者有义务使它们尽可能地清晰明确。如果法律中确实有不清晰的地方，就必须向立法者或被公开任命、负有依法审判职责的人寻求解释。"③

（3）洛克

洛克从最高权力必须依法行事、履行"执法"义务的立场出发，强调法律必须"公布于众"，且它们必须是"长久的"，适用它们的法官必须"为人所知"且"经合法授权"④。

（4）布莱克斯通

布莱克斯通作为自然法学派在英国的特殊代表，也关注到这一问题。他批判卡利古拉"把他的法律文本用很小的字符写成，然后挂在很高的柱子上"、以达到"更为有效地蒙骗他的臣民"目的的做法，认为这完全违背了法律公布时"颁布者均应采用最为公开和清晰的表达方式"的要求⑤。这一主

---

① 参见张恒山主编：《外国法学名著精要（上）》，中国法制出版社2019年版，第395—397页。
② ［德］塞缪尔·普芬道夫：《人和公民的自然法义务》，鞠成伟译，商务印书馆2009年版，第55页。
③ ［德］塞缪尔·普芬道夫：《人和公民的自然法义务》，鞠成伟译，商务印书馆2009年版，第55—56页。
④ ［美］卡尔·J·弗里德里希：《超越正义：宪政的宗教之维》，周勇、王丽芝译，生活·读书·新知三联书店1997年版，第75页。
⑤ 参见［英］威廉·布莱克斯通：《英国法释义（第一卷）》，游云庭、缪苗译，上海人民出版社2006年版，第58页。

张在黑格尔对狄奥尼希阿斯所进行的批判中得以重现。

（5）边沁

作为功利主义理论的创始人，"背叛师门"的边沁在法律公布问题上却进一步深化了其师布莱克斯通的见解。他强调："法律应该被人了解。无人了解的法律对人们的期望毫无作用，它甚至不能用来防止相反的期望。"①他还进一步指出："如果法律——所有人都不熟悉的，在人们头脑中没有根基的法律——总是不可避免地要从一个仅仅是勉强地黏在上面的地方脱落下来，另外的制度安排就会不失时机地推销自己。"②他针对英国立法无需正式颁布即可产生效力的既有做法，表示应把法律公布活动当作"重要和被极大忽视的行政分支，由于放弃了颁布这个立法事务中的更大部分，与没有用处相比，立法事务正在不断地使自己表现得更加糟糕。"③因为"任何一部法律都应当使其名声像它的法律强制力一样远扬，法律传播的确应当极其广泛……没有一种公理能像这样不言而喻：与其法律被普遍忽视，还不如无法。"④

边沁之所以看重法律公布的价值，是因为在他眼中，法律实际上是国家训示的一种表现，通过这种特殊的公共训示，政府能够保护人们在日常的商业、艺术、物价或质量等各方面，避免陷入众多的骗局。"而政府所给予民众的主要训示是了解法律。在人民不知法的时候，我们如何能要求人们去遵守法律呢？如果我们不把这些法律以最简单的形式公诸于众，使每一个人都可能自己会阅读那些将要规定其行为的法令，那么我们又何以能使人们了解法律呢？"⑤

（6）梅因

梅因在研究古代法时注意到，"在希腊、在意大利、在西亚的希腊化海岸

---

① ［英］吉米·边沁：《立法理论》，李贵方等译，中国人民公安大学出版社 2004 年版，第 182 页。

② ［英］吉米·边沁：《立法理论》，李贵方等译，中国人民公安大学出版社 2004 年版，第 182—183 页。

③ ［英］理查德·堪斯萨：《法律的未来——面临信息技术的挑战》，刘俊海等译，法律出版社 2004 年版，第 11 页。

④ ［英］理查德·堪斯萨：《法律的未来——面临信息技术的挑战》，刘俊海等译，法律出版社 2004 年版，第 11 页。

⑤ ［英］吉米·边沁：《立法理论》，李贵方等译，中国人民公安大学出版社 2004 年版，第 504 页。

上","在每一个社会相对地进步到类似的情况下"进入到"法典时代"的史实,"到处都把法律铭刻在石碑上,向人民公布,以代替一个单凭有特权的寡头统治阶级的记忆的惯例"的举措,并进行适当的历史成因分析。他承认当时平民运动中民主情绪的某种助推影响,但将法律公布实践兴起的直接成因归结于"文字的发现和传布",以及铭刻石碑的法律保存价值,反映出他的保守主义政治思想特质①。

(7)韦伯

马克斯·韦伯也在对统治合法性问题的研究中,触及到法律公布的价值问题。在他对三种类型的合法统治概念的界定中,法理型统治被认为是依赖"人们对已颁布规则的合法性,以及根据这些规则获得权威颁布命令之权利的深信不疑",由此凸显出所谓不偏不倚的"形式主义客观性"原则。这种界定亦构成他对法律进行论述的核心特征②。

此外,需要指出的是,一些近代日本学者也在借鉴西学的基础上,对法律公布活动做了进一步研究,产生一定影响。例如,日本法学家矶谷幸次郎强调,"法律之公布者,谓布示已经裁可之法律,而命其执行也。"③还将法律公布的缘由概括为"社会进步,文字之用渐多",进而诠释法律公布的层级和方式。穗积陈重更基于"不知法者,不免其罪"的法之公知原则,从四阶段的法律进化论出发探讨公布法的逐步生成史,并就法律公布的原因及其具体方式做了详尽的阐释。

3. 现代时期

进入 20 世纪中叶以后,一些著名的政治哲学家和法学家将法律公布的理论意涵阐发到了新的高度。他们无不强调:法律唯有公布方为正当,也因公布才有效,其关系到法治品格的维护与提升。因为归根结底,法律"是由公共权威制定、按照正当程序颁布、指引实现共同善的理性的一般规则","是理性与自由的存在(即人)的行动规则,它就必须要让它们了解,这样,他

---

① 参见[英]梅因:《古代法》,沈景一译,商务印书馆 1959 年版,第 8—9 页。
② 参见[英]雷蒙德·瓦克斯:《法哲学:价值与事实》,谭宇生译,译林出版社 2013 年版,第 80 页。
③ [日]矶谷幸次郎、[日]美浓部达吉:《〈法学通论〉与〈法之本质〉》,王国维等译,中国政法大学出版社,2006 年版,第 90 页。

们才可以让他们的行动合乎法律。"①。也只有通过合理有效的法律公布活动,提供令社会满意的公共服务产品,才能令法治大厦能给在这个动荡不安的世界中屹立不倒,展现出别样的威严与光彩。

(1) 哈耶克

坚守古典自由主义立场的哈耶克就指出:"法治的意思就是指政府在一切行动中都受到事前规定并宣布的规则的约束——这种规则使得一个人有可能十分肯定地预见到当局在某一种情况下会怎样使用它的强制权力,和根据对此的了解计划它自己的个人事务。"②在他看来,法律应当公知且确定,构成"元法律规则"的重要内容。

(2) 罗尔斯

与哈耶克相对应,倡导新自由主义的罗尔斯则在《正义论》中也将法律秩序视为对理性人提出的公开规则体系,将"法无明文不为罪"视为法治的基本原则,要求法律为人所知或公开地宣传,并对其含义予以明确规定③。

(3) 富勒

富勒是最强调法律公布之于法治意义的法学家,在他看来,法律公布是法律正当性之要求,法不公布即不法;接近法律是公民权利,其不能依其所不明之法行事。针对"法律现实主义者"质疑法律公布必要性的论点,他认为:公民享有了解法律的权利,不能因为其没有或不必行使而加以剥夺;知晓法律的人能间接影响其他人的行为模式;法律公布有助于对执法者的监督批评;现代法律中进行的特定形式的专门性活动,与公众是否理解关联不大,不能据此否定法律公布的正当性④。他还从确保管理性活动便利角度强调法律公布行为的价值:"如果上级想以下属为手段来确保自己想要的结果,他首先必须表达他的意愿,或者'颁布'它们(比如把它们写下来贴到布

① [德]海因里希·罗门:《自然法的观念史和哲学》,姚中秋译,上海三联书店 2007 年版,第 176 页。
② [英]弗里德利希·冯·哈耶克:《通往奴役之路》,王明毅等著,中国社会科学出版社 1997 年版,第 73 页。
③ 参见顾肃:《罗尔斯论法治》,载《法制现代化研究(第五卷)》,南京师范大学出版社 1999 年版,第 648—666 页。
④ 参见[美]富勒:《法律的道德性》,郑戈译,商务印书馆 2005 年版,第 61—62 页。

告栏里），以便让下属有机会知道它们是什么"①。

总之，在富勒眼中，"法律应当清晰明了地被表述为在效力上具有前瞻性并且为公民所周知的一般性规则"②，而"法治的精髓在于，在对公民采取行动的时候（比如将其投入监狱或者宣布他据以主张其财产权的一份契据无效），政府将忠实地适用规则，这些规则是作为公民应当遵循、并且对他的权利和义务有决定作用的规则而事先公布的。如果法治不意味着这个，它就没有什么意思"③。因此，法的公开性与一般性、非溯及既往性、清晰性、无矛盾性、可执行性、连续性和一致性都被当做法的内在道德要求④、构成法的合法性条件之一，而不仅仅是一种愿望。法律没有公布，其导致的结果不只是简单地导致坏的法制，而是完全没有一点法制的影子。套用意大利学者简玛利亚·阿雅尼的话说，富勒正是这样一种观点的典型代表：法的公布是判断立法者是否尽责的首要标准、构成"确定正当性的一种形式化方法"，"应当是规则的规则必须公开且必须为其受众易于获取"⑤。

（4）哈特

与富勒等人高度强调公布法律关乎法律效力认定乃至合法性基础的立场不同，哈特的观点相对温和，然而其也从社会功能主义的角度出发，认为法律公布有利于其社会控制功能之实现。在哈特看来，法律常被赋予一种独特的主宰个人行为的社会控制功能⑥，因此具有可理解性，即通过可为普通公民能够自我发现和遵循、旨在科以义务的"初级规则"（而不是法律官员的个别指导）指引其行为，由此具有引起人们对法律注意、达成法律实效的辅助功能，并对行使该功能所需规则标准的权威性予以确认。

哈特还认为，法律的制定能够引发人们的注意，可"如果不能较普遍地做到这一点，立法者的立法目的就会受挫。"为确保达成预期的法律社会效

---

① ［美］富勒：《法律的道德性》，郑戈译，商务印书馆 2005 年版，第 241 页。
② ［美］富勒：《法律的道德性》，郑戈译，商务印书馆 2005 年版，第 111 页。
③ ［美］富勒：《法律的道德性》，郑戈译，商务印书馆 2005 年版，第 242 页。
④ 详情参见［美］富勒：《法律的道德性》，郑戈译，商务印书馆 2005 年版，第 46—107 页。
⑤ 魏磊杰、张建文主编：《俄罗斯联邦民法典的过去、现在及其未来》，中国政法大学出版社 2012 年版，第 55 页。
⑥ 尽管法律可能被用于实现社会控制以外的其他目标，但社会控制的效果（effecting）是其首要功能。

果,"为此,法律制度通常用关于法令颁布的特别规定来解决这一问题。"法律公布的价值由此彰显,当然"在这样做之前,甚至在根本没有这么做的情况下,法律也仍然是地地道道的法律。"正是在这个立论前提基础上,哈特严格区分了"法律的适用于谁"和"法律向谁公布"两大命题。[①]

总之,在哈特眼中,法律公布的意义在于通过这种行为,承认规则得以被有效地引入,其为公众提供了一种确认初级规则的权威性标准,作为以后法律引证活动的基础。换言之,在哈特眼中,法律的公开性和稳定性、可预期性、一般性等特点一样,构成界定作为社会秩序运行特殊形式的"法律"现象的"主要事例"(focal case)。与之相对应,不遵守法律公布的特征要求,在他看来虽未导致某些理论家主张的"不法"后果,却影响到法秩序概念内核的建构[②]。

(5) 拉兹与菲尼斯

相较其师,哈特的两位知名学生在这一问题上和新自然法学派表现出更明显的合流之势:作为新分析实证法学派嫡系传人的拉兹在《法治及其价值》一文中效仿富勒,也列出八项法治原则,其中第一项就是"所有法律都应当可预期、公开且明确"、以便反对追溯法指引;第三点又再次重申:"特别法(尤其是法律指令)应受到公开、稳定、明确和一般规则的指导。"以便依托法治的一般性框架下抑制特别法引入的法律不可预测性。由此从尊重法治的形式概念、法律的指引功能乃至遵守法律的可能性立场出发,肯定法律公布的价值[③]。

拉兹的同门师弟、已被视为新自然法学派代表人物的菲尼斯进一步指出,西方法学理论发现的法律令人费解的四个特性之一,就是法律规则和其他"制度"以某种方式,借助其经由颁布、"法律中的行为"(act in the law) 或

---

① 参见[英]哈特:《法律的概念》,张文显译,中国大百科全书出版社 1996 年版,第 23 页。

② See S. Aiyar, The Problem of Law's Authority: John Finnis and Joseph Raz on Legal Obligation, *Law and Philosophy*, Vol. 19, No. 4, (July, 2000), pp. 470.

③ [英]约瑟夫·拉兹:《法律的权威:法律与道德论文集》,朱峰译,法律出版社 2005 年版,第 186—190 页。

司法判例或习俗的设定而"存在",并在该设定之后存在很久①。他还将法律公布问题作为"形式和程序成为立法理念的一部分"主张的绝佳例证,从维护法律的公共"形式"立场出发,明确指出:"除非法律被颁布,否则便不能履行其协调功能和其他指令性功能。即使它能够履行,也会因其未公布——对如果不是所有的也是一些法律的主体通常是不公平的。此外,不适用公布于法律的主体且被法律的主体看作适用于如今摆在法院或其他官员面前的情况的规则,这对于官员(包括法院)通常也是不公平的。"②

与其师视富勒等人在高度复杂分化的现代社会依然主张全民知法为荒诞之语、主张"我们仅仅要求该制度的官员和专家有这种理解,即要求法院和律师理解"③的论点略有不同,菲尼斯认为:"规则的公布并不能通过印制法令、决议、惯常做法、先例等许多易读官方版本就能完全地实现,其还要求存在法律家职业阶层,他们的职责就是精通这些官方读本,无须太多困难和太高昂的费用,任何希望知道自己的处境的人皆可获得他们的咨询。"④主张在正视"同中有异"的事实基础上,实现法律公布范围的全覆盖。

(6)夏皮罗

夏皮罗则从"法治是社会规划之治"的立场出发,评述了富勒的八项条件,强调法律的公开要求正是"法律规划具有社会性"的直接体现,它通过为公众所知的政策来管理大部分共同活动。正是基于法律公布所蕴含的这种社会规划属性,促进了法治的两种重要的自主利益:(1)可预测性。它使社群成员能够预测官方行动,因此有效地规划他们的生活;(2)追责制。限制了官方行为,因此保护公民免于官员的专断和歧视行为⑤。他强调,如果一个制度不能正常地制定出公开颁布的标准,并且没有把这些标准适用于产

---

① [英]约翰·菲尼斯:《法哲学:〈菲尼斯文集〉.第四卷》,尹超译,中国政法大学出版社 2017 年版,第 164 页。
② [英]约翰·菲尼斯:《法哲学:〈菲尼斯文集〉.第四卷》,尹超译,中国政法大学出版社 2017 年版,第 128 页。
③ [英]哈特:《法律的概念》,张文显译,中国大百科全书出版社 1996 年版,第 62 页。
④ [英]约翰·菲尼斯:《自然法与自然权利》,董娇娇、杨奕、梁晓晖译,中国政法大学出版社 2005 年版,第 216—217 页。
⑤ [美]参见斯科特·夏皮罗:《合法性》,郑玉双、刘叶深译,中国法制出版社 2016 年版,第 510—511 页。

生的案件之中,那么它就不能提供我们解决我们应当解决的难题所需要的指引、协调和监督①。

(7) 堪萨斯

英国当代学者堪萨斯则从科技与法律的关系角度来考察法律公布对当代法治运作的意义。他认为,随着信息技术的突飞猛进,法律公布制度所面临的危机和挑战是确实存在的:由于"立法的巨大数量,关于法律资料授权的争论,判例报告的非正式性和任意性",都带来法律公布的障碍,其未来似乎是相当黯淡的,其中还积累着危险:因为法律公布制度的运作前提是公民应当知道法律,不能以不知道作为某种辩护或托辞。然而,一个现实问题是"而我们绝大多数人却没有了解法律内容的系统手段",很难真正及时履行本应尽到的法律义务②。

然而,也正是这种形势,更加突出了振兴和再造法律公布制度的必要性:因为在这个时代,有了超过以往任何时候的法律资源材料,衍生出使人应接不暇的法律数据库可供使用。面对充满复杂性、不均衡性、海量性特点的法律发展态势,控制法律泛滥、重新恢复和拓展法律的公布效力,成为为当务之急,以此来填平在法律资源传播与公众知晓与自己直接有关的法律之间存在的巨大鸿沟。在这个时代强调法律公布,就是"必须极大地扩展法律信息的可用性,使人民意识到新法的创立和法律的修改。"这要求对法律方面的变化需要详细分类,从而产生一种自动通知具体受众的机制,即在用户需要与法律的发展具体方面之间建立匹配或部分匹配的机制,为公民个人提供低成本的或无偿的法律信息服务③。

此外,Gilbert Bailey、Claire Grant、Christopher Kutz、克里斯蒂娜·L·孔兹等现当代学者的相关论著也有一定的借鉴价值,反映了西方学界对法律公布理论基础及实践情况的相应思考。

---

① [美]参见斯科特·夏皮罗:《合法性》,郑玉双、刘叶深译,中国法制出版社 2016 年版,第 512 页。
② 参见[英]理查德·堪斯萨:《法律的未来——面临信息技术的挑战》,刘俊海等译,法律出版社 2004 年版,第 10—14 页。
③ 参见[英]理查德·堪斯萨:《法律的未来——面临信息技术的挑战》,刘俊海等译,法律出版社 2004 年版,第 91 页。

　　纵观西方学者的上述观点，对法律公布问题的思考主要表现在以下两大维度上：

　　一是基于价值分析方法进行合法性论证。着重强调传统的秘密法实践削弱了统治者的合法性，其无法基于法律申明其具有进行统治的权利①。自古希腊时代起，无法状态就被认为存在两种类型：一是统治者掌权未有益于法律或宪法原则，二是统治者不根据法律形式进行统治。而在众多西方思想家看来，不公布法律正是向第二种无法状态迈进的危险标志，使得法律丧失了其本应有的正式形态，容易带来"去合法性"（De-Legalimacy）的统治危机。因此，公布法律"决不是指望每个公民都坐下来阅看全部法律"②的意思，往往跟"良法"理想联系在一起，更是事关公民理解自己与国家关系的权利、影响其法律主体地位存废的重要尺度。就像培根爵士在 1593 年 2 月 26 日的一次演说中精辟指出的那样："制定法律旨在保护人民的权利，而非喂养律师之用。法律应人人皆读，人人皆知，应赋之于形，喻之以哲理，缩减其篇幅，并交之于众人之手"③。

　　二是基于社会实证方法进行合理性论证。着重强调法律规则指引的社会功能。在这一视角下，法律公布与"法律应当可能被遵守"的在社会治理要求联系在一起，就像拉兹指出的那样："一定意义上，人们遵守法律就是不违反法律。但是，仅当某人遵守法律的部分理由属于他的法律认知时，他才遵守了法律。因此，如果法律被遵守，它应当有指引其主体行为的能力。在那里，人们可以发现法律是什么以及如何按照它行为。"④可在秘密法"无方向性"（Disorientation）的实施状态下，就像卡夫卡在《我们的法律的问题》中描绘的那样："被那些我们不知道的法律所统治是一件非常痛苦的

---

① 参见 Christopher Kutz, Secret Law and the Value of Publicity, *Ratio Juris*, Vol. 22, No. 6, (June, 2009), pp 212.
② 沈宗灵：《现代西方法律哲学》，法律出版社 1983 年版，第 206 页。
③ 参见高鸿钧、赵晓力主编，马剑银副主编：《新编西方法律思想史（古代、中世纪、近代部分）》，清华大学出版社 2015 年版，第 243 页。
④ ［英］约瑟夫·拉兹：《法律的权威：法律与道德论文集》，朱峰译，法律出版社 2005 年版，第 186—190 页。

事。"①民众对法律未来运作缺乏必要预期、往往手足无措、动辄得咎,使得整个生活陷入紊乱无序的状态。因此,从"法律应当有指引其主体行为的能力"②的现实主义立场出发,一些学者得出了与充满理想主义色彩的同行殊途同归的结论。

当然,两派的根本区别或许在于富勒所谓"社会指导形式"的差异。在秉持"经理指挥"形式理解的法律实证主义者那里,法律公布的价值意涵主要在于"调整服从者及其上级之间的关系,服从者与第三者之间的关系是次要的",关注的核心焦点是法律的实效;而新自然法学派坚持所谓的"法律"形式立场,认为"法律规则主要用于公民之间的关系,至于公民与制定法律的机关之间的关系是次要的",追求法律道德和实效的统一③。

总体来看,目前西方学界对法律公布问题的论述有从价值分析向功能探究的发展趋势,其在一定程度上反映了西方法治从建构转向完善的历史演变特点。

(二)中国学者对法律公布问题的思考

1. 先秦时期

在春秋晚期的成文法运动的实践推动下,中国的法律公布理论在战国时代达到一个高峰。例如,《管子》就顺应集权官僚政体替代贵族政体的历史潮流,形成了以"二权分离"为基础的成文法理论,明确主张"生法者君也,守法者臣也"④。并进一步强调:"夫不法,法则治。法者,天下之仪也,所以决嫌而明是非也,百姓之所悬命也。"、"不明于法而欲治民一众,犹左书而右息之"、"明王见必然之政,立必胜之罚。故民知所必就,而知所必去,推则往,召则来,如坠重于高,如渎水于地。故法不繁而吏不劳,民无犯禁,故百姓无怨于上。"⑤充分强调法律颁行的社会治理功能,明确主张:"正月之朔,

---

① [美]博西格诺:《法律之门》,邓子滨译,华夏出版社 2002 年版,引言第 7 页。
② [英]约瑟夫·拉兹:《法律的权威:法律与道德论文集》,朱峰译,法律出版社 2005 年版,第 186—190 页。
③ 参见沈宗灵:《现代西方法律哲学》,法律出版社 1983 年版,第 221—222 页。
④ 参见《管子·任法》,转引自武树臣:《荀子法律思想新论》,载于韩延龙主编:《法律史论集(第 2卷)》,法律出版社 1999 年版,第 347 页。
⑤ 转引自居正:《法律哲学导论》,商务印书馆 2012 年版,第 62 页。

布宪法于国。"还充分明晰公布法典之次第①。

商鞅在秦国变法中明确强调：法是治理国家的客观准则，"法者，国之权衡"。为此，他反对"礼治"、倡导"法治"，主张制定和公布统一的法令，自上而下的强制推行，以达到"任法而治"的目的②。因此，他不仅采取徙木立信等非凡的布法举措，更从改革实践出发，发表相关的重要主张："为法令，置官吏，朴足以知法令之谓者，以为天下正"③、"诸官更及民间有问'法令之所谓也'于主法之吏，皆各以其"故所欲问之法令'明告之……故天下之吏民无不知法者，吏明知民知法令也，故吏不敢以非法遇民。"④由此充分诠释了法律应当"布之百姓"的法家思想，构成对秘密法传统强大的现实批判⑤。民国学者王振先先生为此将商鞅作为法家"法宜公布说"的杰出代表，高度称赞道："商君尤主法律公布之说，故其治秦虽严，其法皆彰彰可考。甚矣！学说之足以转移风尚也。"⑥

慎到作为法家思想的又一重要代表，也明确主张："法制礼籍，所以立公义也"、"法者，所以齐天下之动，至公大定之制也。"表现出和商鞅相近的思想立场。

荀子虽是儒家学者，但在"法后王"的思想指引下，也主张制定和公布成文法。以便使"天下晓然皆知夫盗窃之不可以为富也，皆知夫贼害之不可以为寿也，皆知夫犯上之禁之不可以为安也。由其道则人得其所好焉，不由其道则必遇其所恶焉。是故刑罚綦省而威行如流，皆知夫为奸则虽隐窜逃亡犹不足以免也。"由此就会达到预防犯罪的目的。他还说："君法明，论有常，表仪既设民知方，进退有律，莫得贵贱孰私王"、"刑称陈，守其垠，下不得用轻私门，罪祸有律，莫得轻重威不分"、"上通利，隐远至，观法不法见不视，耳

---

① 参见［清］梁启超：《梁启超全集》，北京出版社1999年版，第1309页。
② 参见北京大学法学百科全书编委会编，周旺生、朱苏力分册主编：《北京大学法学百科全书：法理学·立法学·法律社会学》，北京大学出版社2010年版，第837页。
③ 转引自王振先：《中国古代法理学》，山西人民出版社2015年版，第25页。
④ 转引自居正：《法律哲学导论》，商务印书馆2012年版，第64页。
⑤ 参见北京大学法学百科全书编委会编，周旺生、朱苏力分册主编：《北京大学法学百科全书：法理学·立法学·法律社会学》，北京大学出版社2010年版，第242页。
⑥ 王振先：《中国古代法理学》，山西人民出版社2015年版，第26页。

目既显,吏敬法令莫敢恣"。总之。公布成文法,能够使官民上下都有所遵循①,达成让一方诸侯"政令法,举措时,听断公,上则能顺天子之命,下则能保百姓"和普通官吏"循法则、度量、刑辟、图籍,不知其义,谨守其数,慎不敢损益也,父子相传,以待王公(是故三代虽亡,治法犹存)"的常态治理效果②。

在此基础上,荀子的学生、法家代表人物韩非进一步言简意赅地概括道:"法者,编著之图籍,设之于官府,而布之于百姓者也。"由此明确地将法律的概念与其公布活动联系在一起,表现出既有思想的充分继承与发展。他还力主充分依托法律这一"人主之大物",达到"言于室,满于室;言于堂,满于堂:是谓天下王"的理想境界③。此外,他还提出了"明主之法必详事"、确保社会生活的各个领域"皆有法式"、"皆央于法"等具体要求④。

2. 帝制时期

进入帝制时代之后,伴随着成文法传统的确立,法律公布问题的讨论变得相对沉寂。但在专制统治日益兴盛的背景下,一些明智之士敏锐洞悉了秘密法实践悄然回潮的历史教训,有感而发、又提出了不少有创造性的法律公布主义见解。

例如,宋代学者程大昌、钱时都曾对周代的"悬法象魏"故事进行过相应的文字考证,王应麟也"历举唐虞制令、皋陶法律、夏政典、禹法、汤令、周刑书、周律"等故事传说,力图证明自古以来我国便有创制乃至公布法律的优良传统。这类努力虽不能完全摆脱"多后世假托,于史无征"的局限,却也难能可贵⑤。著名理学家朱熹更对孔子的名言进行了相应诠释,认为"民虽众,毕竟只是一心,易惑也(惑,疑于理)",加之法律具有强制性,导致"民可使之由于是理之当然,而不能使之知其所以然也",由此凸显出公布法律、推进法

---

① 参见武树臣:《荀子法律思想新论》,载于韩延龙主编:《法律史论集(第2卷)》,法律出版社1999年版,第347页。

② 《荀子·荣辱》,可参见武树臣:《荀子法律思想新论》,载于韩延龙主编:《法律史论集(第2卷)》,法律出版社1999年版,第349页。

③ 参见《韩非子》,高华平、王齐洲、张三夕译注,中华书局2010年版,第587页。

④ 参见武树臣:《荀子法律思想新论》,载于韩延龙主编:《法律史论集(第2卷)》,法律出版社1999年版,第347页。

⑤ 参见王振先:《中国古代法理学》,山西人民出版社2015年版,第2页。

制教育的必要性。他特别强调："圣人删录,取其善者以为法,存其恶者以为戒,无非教者,岂必灭其籍哉"。明确反对那种将法律条文深藏于理官法家、使司法者和愚夫细民都不能知法的行径,认为这不利于培养民众的守法精神①。

明代大学者丘濬则在《大学衍义补》中针对孔子以降诸多儒者对法律公布活动的质疑非难,提出不同的商榷意见,肯定布法传统的意义:"刑虽有常,亦当量时而为之轻重,然恐民之不知其所以然也,故既布其制,又悬其象,所以晓天下之人,使其知朝廷原情以定罪,因事以制刑,其故如是也,皆知所畏避而不敢犯焉。非谓刑之轻重不可使人知也。先儒谓详左氏所载夫子之说,第令守晋国旧法,以为范宣子所为非善耳,非谓圣王制法不可使人知也"。他还引周代布法故事,意味深长地讽刺批判道:"所以通于天下之众,则是先王之制刑定罪,惟恐愚民不知而误入之,为之宣布者如此。后世律令藏于官,及民有犯者,然后检之,以定其罪,而民罹于刑辟,不知其所以致罪之由者多矣。此古之刑所以难犯,而后世之刑所以易犯者欤?"②

清代学者孙颐臣也在《颁示刑律说》一文中对法律秘密主义传统主张予以有力批判、澄清了对法律公布活动的一些传统误解:"孔子曰:'民可使由之,不可使知之',非不欲民知也,道之精者,民不易知,亦不必知,故不期其知也。若夫著为条教号令者,则惟恐其不知,于是月吉读法,道人徇路,设官备而立法周,凡以惧乎不教而杀也。今天下狱滋繁矣,为民上者以为彼自戾于法,我乃得以法死之,彼之死死于法,非死于执法之我也。嗟乎!彼诚戾于法矣,使彼固知法之当死,特戾于法,吾因而死之,是诚死于法也;今彼未知法之当死,适戾于法,吾从而死之,彼虽死于法,能甘心于执法之人耶?死者不甘执法之人,执法者可愧矣。"他据此明确主张:"诚令牧民者实力举行,更节刑律中民所易犯者裒为一编,著其纲而约其目,语务骸简,一览可知,量地之广狭,颁册之多寡,令乡约熟诵,随时与讲人讲解。……生其戒惧之心,

① 参见徐公喜主编:《理学家法律思想研究》,吉林人民出版社 2006 年版,第 168—169 页。
② 转引自杨鸿烈:《中国法律思想史》,商务印书馆 2020 年版,第 245—246 页。

示以避趋之路,使惕于王章之不可幸逃,法纪之不可或越,虽顽梗不化,未必无人,而稍有人心者,未有不惜其身命而栗栗者也。是虽未能以德化民,期于耻格,而以之行于末世,冥冥中所保全者多矣,不犹愈于不教而杀之为民上者乎?"①

3. 近现代时期

在西法东渐、最终迫使清廷修律改制的近代历史背景下,中国传统士大夫秉持高度的危机意识,在对西学成果予以合理参考借鉴、并加以"创造性转化"的基础上,努力分析中国的政治法律问题,并在法律公布问题上留下这种艰辛探索的宝贵印记。

梁启超先生便是这一议题上的思想先驱。早在流亡日本期间,他受日本学者穗积陈重、仁松龟保等人影响,发表《论中国成文法编制之沿革得失》等重要文章,根据法律进化论的思维、秉持世界历史的眼光出发考察法律公布活动,将它视为关乎"简明正确,而成法文,使人民容易知权利义务之所在"的法律形体问题范畴。基于这一全新的问题意识,他明确指出,在昔日的秘密法下,"或虽有文句而以隐而秘之,为政治上之妙用。故法律之为物,属于理官之所专有,而人民莫能睹其端倪。其意盖以法律者,统治之要具也,为主治者而立,非为受治者而立,而主治者惟常示民以不可测,乃能威天下而善其治。故有法而不公诸民,与无法同。"而公布之成文法的出现,是"统治作用渐进步"的表现:"主治者以种种原因,不得不取前此之惯习及禁令,渐为条文,而特命之以法律之名。又以不教而诛之为罔民也,乃以法律代一种之教规,渐而布之,使一国知所守,于是所谓成文法者见焉。"②他还援引日人观点,认为这种成文法运动在世界范围的兴起"固由文字之利用方法之进步",却也"有其极重大之政治的理由",诸如训示、治安、威压、保存等立法目的不一而足,直接影响到日本、英国、古罗马、古希腊、德意志等国的法律发展进程,构成"法律发达之第二级"、更成为法典生成之前提③。而中国

---

① 转引自杨鸿烈:《中国法律思想史》,商务印书馆 2020 年版,第 247—248 页。
② [清]梁启超:《梁启超全集》,北京出版社 1999 年版,第 1283 页。
③ 参见[清]梁启超:《梁启超全集》,北京出版社 1999 年版,第 1283 页。

春秋以降正式兴起的成文法公布运动,反映了"构成国家之分子,日趋复杂,非用强制组织,无以统治之"①的历史特殊背景。他还在不吝笔墨、充分考证中国成文法发展史的基础上,专设一章讨论"成文法之公布",坚决驳斥当时日本学者动辄引用孔子的只言片语、便将中国打入奉行法律神秘主义的"他者"另类的做派,明确主张,除开金代异族统治时期等少数短期例外,"我国数千年来,皆执法律公布主义,且以使人民有法律智识,为国家之一义务,其事甚明"②。

梁启超的上述言说,在一定程度上突破了政道经学范畴内的传统论辩,以当时极为前卫的方法将法理与法史、结构与事件连接起来,实现了对法律公布价值的有力论证,更在保持对民族文化某种"温情和敬意"的前提之下,在近代中国率先正式提出了"法治主义"的建构主张,并在晚年遵循科学方法对既有观点做了进一步理性修正,推动国朝学界实现了由"中国之中国"向"世界之中国"的法律问题意识切换,产生巨大的思想启蒙影响。

在此之后,中国学者在长达百年的变法改制进程里、特别是在四十多年的改革开放大潮中,又结合历史国情在此议题上做了一些专门的拓展性研究,凸显出法律公布问题在中国法治建构进程中的重要作用,在以下几个方面取得"增量升质"的理论突破,引起学界的相应关注③:

(1)法治主义的学理辨析

自清末以降,中国学人在论述相关问题时开始有意识地导入西学法律知识,譬如梁启超、居正等人专门介绍了穗积陈重、富井政章等人的法律公布观点,杨鸿烈引用梅因等人的知名论断。经过近三十年相关知识积淀,在参考借鉴日本近似词条规定成果的基础上,民国时期汪翰章主编的《法律大辞典》设立专门的"公布"词条,对法律公布概念做了较为权威的精炼界定:

① 参见[清]梁启超:《梁启超全集》,北京出版社1999年版,第1285页。
② 参见[清]梁启超:《梁启超全集》,北京出版社1999年版,第1309页。
③ 例如,中国人民大学复印报刊资料《法理学·法史学》2021年第4期就以"专题:法律公布"的形式转载了夏正林先生的《论法律文本及其公布》和李克杰先生的《法律公布是立法程序还是独立制度?》2篇相关的重要文章,体现出对这一学术问题的浓厚兴趣。

"国家之意思对外部宣示之义也。即将已议决通过之法律及各种命令,登载于报端,使一般国民周知之谓也。法律及命令经公布后,始对于国民生拘束力。但公布非成文法成立要件,成文法制定手续完了,同时成立,唯对国民不发生拘束力。"①,在当时产生较大影响。

改革开放之初,吴大英、任允正就撰写《论法律的公布》一文,将法律公布的理论与实践、国内经验和域外动态融为一炉,成为新时期的开山之作,表现了较高的理论水平,并在《中国社会主义立法问题》、《比较立法制度》等后续著作中进一步展开。当然这些著述主要倡导立法程序"四阶段说"、侧重从法律技术层面展开分析,并保有某种苏东国家法学谱系继受影响的特点,反映了特殊的时代背景。此外,孙承谷撰写的《立法权与立法程序》也从政治学的角度分析法律公布问题,得出相近结论。而周旺生则在 1988 年出版的国内第一部立法学教材中明确界定了"法律公布"的概念,并在《立法学教程》等后续作品中从"权力"和"时间和方式"等维度做了更加细致的分析论证,成为"立法程序论"的典范。

到了上世纪 90 年代中期,董潘舆在《公布法律不是立法的一道程序》等一系列相关文章中,援引日本经验、挑战主流观点,认为法律公布不是法律的成立要件、只是法律实施的要件,在学界引发不小波澜、以致出现敖俊德《公布法律是立法的必经程序——兼评董璠舆〈公布法律不是立法的一道程序〉》等商榷文章。这一论战在 2000 年《立法法》公布后暂时平息,但时隔 20 年后又在李克杰否定"立法程序论"、赞同"独立制度"论的主张中得到延续,在一定程度上反映了在由"法律体系"建构逐步转向"法治体系"建构的中国特色社会主义法治发展背景下,人们对法律公布制度衔接法律创制和法律实施环节的双重功能的深化认识。

此外,在此期间,在孙国华主编的《中华法学大辞典·法理学卷》中专设"公布法律"词条,将之界定为"公布法律立法机关通过的法律在法定的刊物上正式公布,使该法律正式生效的程序。是立法程序的最后一个阶段。凡

---

① 汪翰章主编:《法律大辞典》,陈颐点校,上海人民出版社 2014 年版,第 61 页。

未经公布的法律,都不能承认为生效的法律,公布法律是使法律生效的一个重要步骤。公布法律的权力一般由国家元首行使。在元首不必对议会负责的国家里,有的还规定法案必须经总理或政府成员副署才能生效",还详细介绍了一些国家在不同立法例下国家元首立法否决权的行使模式差异①。在此基础上,周旺生、朱苏力主编的《北京大学法学百科全书:法理学·立法学·法律社会学》不仅专设"法的公布"词条,进一步阐明了法律公布的概念价值、时间期限、其与法律生效的关系乃至载体形式等问题②。还专门设立"法的公布期限"、"法的公布权"等词条予以进一步阐明③,更在"法家法治学说"、"法的形式价值"等多处词条中进一步说明了相关法律公布问题,颇有参考借鉴价值;李龙主编的《西方法学经典命题》中将"法律非正式公布不生效力"作为经典命题予以收录并加以诠释④,曹海晶借助比较法视野、生动介绍了域外一些成功的个案经验,丰富了对相关问题的分析;而李店标的《立法公开研究》则从立法的公开性角度做了较为新颖的阐释。而姜士林等主编的《世界宪法全书》和孙谦、韩大元主编的《世界各国宪法》中收录了世界各国宪法关于法律公布的相关规定,也为开展相关的比较法研究提供了便利。

（2）历史主义的谱系叙述

自梁启超以降,对古代中国法律公布历史的阐释与评价工作成为学界研究的重点:例如,沈家本在《历代刑法考》中专门收录了"晋被庐之法 刑鼎"、"郑刑书"、"郑竹刑"等相关词条,秉持"酌古准今"、"镕铸东西"的思想精神做了精细的评述⑤;郁嶷在《中国法制史》中专设一节讨论法律公布制度,详细考证中国古代布法详情、发掘其中的思想资源⑥;吕思勉则简要揭示

---

① 参见孙国华主编:《中华法学大辞典·法理学卷》,中国检察出版社 1997 年版,第 115 页。
② 参见北京大学法学百科全书编委会编,周旺生、朱苏力分册主编:《北京大学法学百科全书:法理学·立法学·法律社会学》,北京大学出版社 2010 年版,第 154—155 页。
③ 参见北京大学法学百科全书编委会编,周旺生、朱苏力分册主编:《北京大学法学百科全书:法理学·立法学·法律社会学》,北京大学出版社 2010 年版,第 155—156 页。
④ 参见李龙主编:《西方法学经典命题》,江西人民出版社 2006 年版,第 51—53 页。
⑤ 参见沈家本:《历代刑法考·附寄簃文存(共四册)》,中华书局 1985 年版,第 835—841 页。
⑥ 参见郁嶷:《中国法制史》,震东印书馆 1931 年版,第 49—53 页。

了从"悬象"到"悬律文"的历史演进①,王振先则在《中国古代法理学》中将"法宜公布说"作为法家法律观的重要内容予以充分诠释②;居正亦将《周礼》中的法律公布规定,作为殷周时期中国法律萌芽发展的重要成就③,他还将成文法运动中的相关论争作为古代中国法律思想最蓬勃时期的精神写照,流露出"重建中国法系"的思想情感④;而杨鸿烈在《中国法律思想史》做了更具反思和批判性的历史性分析⑤。这些研究不仅深化了对相关问题的认识,更使之融入人类法治文明建构的历史大潮中,成为足以为世人充分借鉴的宝贵思想经验。

到了改革开放新时期,武树臣、马小红所写的《中国成文法的起源》一文,是较早涉及分析春秋战国法律公布史的著作,其在某种意义上早在董潘舆之前,就从中国法制史角度,对"法律公布与否是判断成文法的标志"的主流观点提出挑战;而徐燕斌对中国古代法律公布形式乃至传播过程的历史探究,也在一定程度上继承和发展了民国先贤的理念主张、意在树立维护东方法治主义的精神谱系;张中秋、张明新所写的《传统中国普法活动及其研究初探》一文对帝制中国时代的法律公布总体情况有一个简要的论纲性说明,而戴建国先生的《宋代法律制定、公布的信息渠道》、朱红林先生的《战国时期国家法律的传播——竹简秦汉律与〈周礼〉比较研究》等期刊论文,徐忠明、杜金所写的《传播与阅读:明清法律知识史》一书中的许多内容,无疑是对其观点的具体化和说明引证。李雪梅还聚焦中国古代法律的"镂之金石"传统和明清碑禁体系发展,凸显法律公布领域民族优秀传统文化的独特魅力。张晋藩先生亦从总结法律宣传经验的角度,对我国古代法律公布活动的相关史实,做了相应的必要考证。

(3)社会实证主义的完善策论

早在 1994 年,董珍祥在论文《法律公布的几个问题》中结合人大立法工

① 吕思勉:《吕思勉读史札记》,上海古籍出版社 2005 年版,第 362 页。
② 参见王振先:《中国古代法理学》,山西人民出版社 2015 年版,第 24—26 页。
③ 参见居正:《法律哲学导论》,商务印书馆 2012 年版,第 53—54 页。
④ 参见居正:《法律哲学导论》,商务印书馆 2012 年版,第 60—64 页。
⑤ 参见杨鸿烈:《中国法律思想史》,商务印书馆 2020 年版,第 241—248 页。

作实际，围绕为何公布、由谁公布、何时公布、如何公布这四个问题提出了一些实操性的完善思考。在此之后，李林结合《立法法》规定对中国公布法律的主体、时间和方式做了简约的程序性说明①。而韩国学者苏俊燮先生结合在华体验，认为我国《立法法》区隔"公布"与"刊登"的做法，导致概念理解和实践操作层面的种种不便和麻烦，并提出明晰公布法律是法律生效前提的职能作用、设置"公开发布与刊载"条款等修法建议；孟涛亦发现在中国非常法律领域存在的依托秘密法运行的路径依赖，并从实现法律一般性调整效果、维护法治系统性运作功能的现实考量出发，提出了立法公开的具体要求；易有禄则在对中外议会立法程序比较的基础上，就法律公布主体、方式和时限等问题提出相应的完善建议；夏正林则针对我国宪法和立法法对法律文本及其公布的简约主义风格局限，分阶段提出不同的明确和完善对策。上述研究，具有现实的针对性和启发意义。

纵观既有研究，体现出由知识引介到本土转化、从理论反思到实践应用的思想发展轨迹和递进过程。不过，正如学者 Claire Grant 曾经指出的那样，在法理学作品中法律公布问题虽然常见，但"通常只是以隶属命题的典型面貌示人。"②这种情况在国内研究中同样存在，表现出以下几个方面的局限：

（1）研究力度依然不够

目前相关研究论著在数量上依然偏少，其中专题研究文献就更少，特别是直接以此为研究对象的博士论文和专著较为匮乏。也正是在这种情况下，2015 年 12 月出版的较为权威的《大辞海·法学卷（修订版）》在专门收录"法案公告"等词条的同时，却唯独没有"法律公布"概念的容身之地③，这种相对忽视的缺憾正是相关研究不够受限的现实写照。

---

① 参见李林：《立法理论与制度》，中国法制出版社 2005 年版，第 292—293 页。

② See Claire Grant. Promulgation and the law, *International Journal of Law in Context*, Vol. 2, No. 3,（Sep. , 2006）, pp 321.

③ 参见夏征农、陈至立主编,曹建明、何勤华编著：《大辞海·法学卷（修订版）》,上海辞书出版社 2015 年版。

（2）研究宽度仍需厘清

当前既有研究在风格上往往处于简约和零碎的两极之间：抑或是基于覆盖乃至超越法律公布全领域的宏观视野，在短则一两页、长则五六页的范围内写就一篇锦绣文章、尽显大家手笔，只可惜惜墨如金，带来许多问题只是点到为止、不能将其诸多真知灼见详尽道来的断臂缺憾；抑或聚焦法律公布相关制度的零星片段以及历史细节、采取深挖策略，能将"一鳞半爪"描摹得栩栩如生，但也带来"深刻却零碎"的局限。两种研究风格的局限，反映了当前既有研究在研究范围宽度设置上的某些局限，导致某些"法学空区"未能得到有效填补、相对繁杂的学术研究论证工作仍需开展。

（3）研究深度仍需强化

目前相关研究在研究深度上也存在不小缺憾：例如，在思想史研究方面，主要还是"学说汇编"类作品主导，力求将大思想家的历史文本纳入今天的问题讨论，证明彼此之间的一致性和延续性，带有某种或明或暗的学术"赞美诗"色彩，而非努力与之认真对话、根据当代时空特点重新评估价值意义的"理性再现"类作品；再比如，在制度史研究方面，还是以正面史料的发掘宣导为主，缺乏对中外反面教训及现实影响的批判性分析与反思；在当代相关法律实践层面，也存在描述性作品居多、评价性内容偏少的局限，离"经世致用"的理想目标还有一定距离。

不过需要指山的是，近年来学界已经开始觉察到上述问题，并呈现出加大研究力度、重设研究宽度、拓展研究深度的发展趋势。本书正是基于以上趋势开展的研究，希望能为中国法律公布相关理论的完善"补强"献上绵薄之力。

三、写作特色

本书的写作特色主要包括以下几个方面：

（一）结构功能主义的分析范式

本书采取结构功能主义的分析范式，强调法律公布的功能能够满足法治体系的有效运作和整合,并且在制度框架的限定下具有自我引导和自我修正的能力。并据此进行法治视域内的全过程考察,不仅关注其在立法过程中的终局性作用,也注意对其在后续法律实施环节中的法律信息传播和指引作用予以相应的关注。

(二) 价值分析法

本书秉持法治主义的立场、注意价值分析方法的运用。力图论证公布法律确实是法治的底线基准、关乎构建良法善治的内在要求,体现了人类法治文明建构和发展的共性规律,必须认真对待并有效贯彻相关活动。

(三) 类型学方法

本书参考借鉴类型学方法,力求以此揭示法律公布活动在不同时代和地域环境中的共性与个性,并据此进一步探究法律公布实践与思想、事件之间的紧密互文关系,力求凸显出法律公布文化、制度、技术维度的合力作用。

(四) 规范分析法和案例研究法的有机结合

本书着重根据孙谦、韩大元等诸先生于 2012 年主编的《世界各国宪法》四卷本权威资料、并适时跟进近十年来世界各国宪法的最新发展动态,对世界近 200 个国家的相关宪法文本进行了深入的规范性分析,以求把握法律公布法制的的共性、比较在不同政体背景下存在的可能差异,确保本书言之有据。

在对既有的宪法文本进行相应考察整理的同时,本书在写作中还导入许多具体案例,以弥补规范分析的固有缺憾,不仅希望借此使得全文更加形象生动、更希望能引起对这一现实问题的深入思考,以求对当代中国相关法制的必要审视和及时完善,能够起到一定的助力作用。

当然,本书还存在所参阅查找的外文资料文献仍较为有限、相关材料的整理较为琐碎粗糙、观点论述仍嫌单薄、部分信息仍需及时更新等诸多缺陷和不足,希望在今后的学习和工作中能加以进一步改进和完善。

四、思路概述

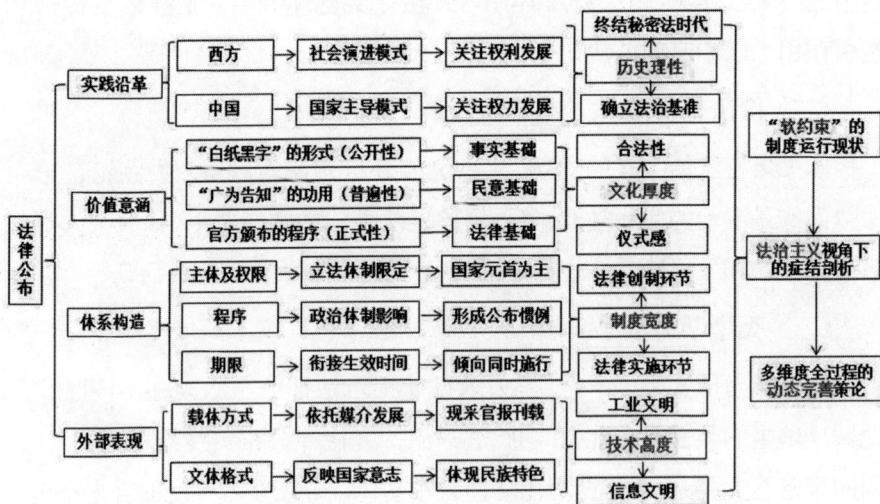

图 0-1　全书框架结构图

本书正文框架结构如上图所示,据此将从五个方面展开说明。力求从法律公布的实践沿革、价值意涵、体系构造和外部表现入手,揭示其中具有的历史理性、文化厚度、制度宽度和技术高度,并在上述理论分析基础上,结合当代中国具体国情,谈论动态完善之策。具体而言:

第一章主要探讨法律公布的实践沿革。强调法律公布活动的兴起,反映了人类对传统秘密法实践的反思与否定,彰显出法治的内在品格,反映了法律文明进化发展的客观需要,是法治领域的全人类共同价值和各民族特色有机交融的结晶。

第二章进一步探讨法律公布的价值意涵,通过对法律公布形式特点的分析,旨在说明法律公布是区分法律规则和非法律规则的重要"事实"和"标尺",承载着塑造合法性、彰显仪式感的特殊文化意涵,并具有较为复杂的生成条件。

第三章主要结合世界各国具体宪法文本,探讨法律公布的内部体系构造:在法律主体及其权限方面,旨在彰显以国家元首为法律公布主体的国际通行惯例;在法律公布程序方面,旨在揭示复杂的不同规定背后各国政治体制特点乃至民族个性的深刻影响,以及确认、规范并维护法律公布活动有序进行的立法程序共识;在法律公布期限方面,旨在揭示设置不同法定期限的规范表达与"一般均为签字后立即公布"的实践惯例之间的矛盾张力,并探讨"同时施行主义为主、异时施行主义为辅"背景下法律公布与法律生效的时间衔接问题。最后,本章还结合近年一些国家和地区发生的相关争议教训,强调认真对待法律公布制度、理顺具体体制机制设计的重要性。

第四章探讨法律公布的外部表现:一方面,聚焦法律公布的载体方式,考察法律公布活动在媒介载体技术推动下发生的刊载方式革新历程,旨在揭示"官报登载法"成为当前主流方式的工业文明背景,并从信息时代的发展特点出发,肯定网络电子公布法的最新发展趋势;另一方面,兼顾法律公布的文体格式问题,探讨相关语言文字乃至印章格式的价值意涵。由此着力说明法律公布的外部表现形式是技术与文化、普适性和民族性互嵌融合的结果。

第五章结合《宪法》、《立法法》等国内相关法律规定以及相关学术研究成果,在尊重肯定既有成绩、又注意正视当前制度运行中存在的"软约束"局限的基础上,提出中国法律公布实践的未来展望,并提出进一步拓展法律公布范围、落实法律公布主体权责、明晰法律公布期限、完善配套传播机制等具有一定针对性的立法建议,以期借助制度、技术、文化协同互动的有机路径,对未来的法律公布之制的完善有所裨益。

此外,本书结尾附录部分主要以《世界各国宪法》编辑委员会编译的4卷本《世界各国宪法》(中国检察出版社2012年版)为蓝本,同时在努力跟进把握最新动态的基础上,对世界各国宪法相关法律公布规定按照五大洲的体例加以编排、予以完整呈现,并附上与中国相关的法律公布历史文献及现行规定内容,希望方便读者了解国外法律公布制度的立法例,以及中国近现代法律公布制度的百年发展流变,以期实现彰往考来的写作初衷。

第一章　法律公布的实践沿革

一、法律公布问题的历史缘起

黑格尔明确指出:"从自我意识的权利方面说,法律必须普遍地为人知晓,然后它才有拘束力。"①充分说明了法律公布的重要性:它是法治的一项基本原则,是现代统治者应当认真履行的职责所在,关乎法律公开性和民主性要求,构成公民知情权的重要内容,有助于明确法律运作标准,有利于民众形成合理的法律心理预期,直接影响到法律的权威、稳定和实效。

正因为如此,人们往往对法律公布问题感到稀松平常、理所当然。但事实上,成文法公布活动在人类历史的诞生时间相对较晚。正如英国学者梅因在《古代法》中指出的那样,一切国家在未有法典以前,大都经历了一个单凭特权阶级记忆的秘密法时期②。这个历史时期相较于后来的成文法时代过于漫长,产生深刻的现实影响。以至于有种现代观点据此认为:秘密法虽不良善,但是法律的存在并不依赖于立法者所立之法没有隐晦之处的信条。"通过正当立法程序,并经执行机关认可,但其存在和内容都是秘密的——在大多数政府体系下似乎都具有名义上的可行性。"③富勒就此犀利讽刺道:"如果这一观点得以进一步表达,其即是说被秘密制定和锁入密室的整本法律大全,'正如法律'(just as much law)般作为规则之集合而被置于公民的

---

① [德]黑格尔:《法哲学原理》,范扬、张企泰译,商务印书馆2011年版,第224页。
② 参见[英]梅因:《古代法》,沈景一译,商务印书馆1959年版,第8—9页。
③ Christopher Kutz, Secret Law and the Value of Publicity, *Ratio Juris*, Vol. 22, No. 6, (June, 2009), pp. 208—209.

手中,并用最朴实的白话向适用者表达。"①。而这么做的历史后果历历在目、令人触目惊心:

(一)古代的秘密法教训

公元前4世纪,在西西里岛的古希腊城邦叙拉古有个残暴僭主狄奥尼希阿斯,据说他"每发一令,悬诸数十丈之柱头,使民不能读,而因以罔民。"②由此成为黑格尔眼中典型的反面教员③,其所竭力维系的家族王朝不过半个世纪便最终遭遇"二世而亡"的覆灭厄运。

然而正如黑格尔深刻洞察的那样,人类从历史中学到的唯一教训,就是没有从历史中吸取到任何教训。大约400年后,古罗马帝国又出了一个好玩弄权术的皇帝卡利古拉。根据著名古罗马史学家 Dio Cassius 的记载,他为搜刮金银不择手段、施展各种狡计,并为这些无法无天的行为深感欣喜。到公元40年,"在制定严苛的税法之后,他却用很小的字符把法律文本刻在牌匾上、再挂于高处,这样少有人识、还能让很多人忽视其中的令行禁止之处,由此陷入既有惩处之列。"当时,犯禁之人"立刻义愤填膺地涌向广场(Circus),发出可怕的狂吼"。可是"当人们一旦聚集于广场表达对他行为的反对,就被他布置的士兵杀害,此后这一切都沉寂下来"④。如此滥权乱政,不仅使得他迅速走向败亡,更加剧了古罗马帝国元首制的危机、缔造了暴君当道的世纪。

(二)近代的秘密法影响

在此后的将近2000年里,秘密法传统依然绵延不绝。例如,正是在确立

---

① Claire Grant, Promulgation and the law, *International Journal of Law in Context*, Vol. 2, No. 3, (Sep., 2006), pp. 328.

② [清]梁启超:《梁启超全集》,北京出版社1999年版,第1308页。

③ 参见[德]黑格尔:《法哲学原理》,范扬、张企泰译,商务印书馆2011年版,第224页。不过需要说明的是,这一轶事涉及的到底是狄奥尼希阿斯一世还是狄奥尼希阿斯二世,今人完全不得而知。参见 G. W. F. Hegel, Stephen Houlgate. *Outlines of the Philosophy of Right*, T. M. Knox (Trans.), New York:Oxford University Press,2008, pp. 352.

④ See Dio Cassius. *Roman History*, Volume VII: Books 56—60, Earnest Cary(trans.), London: William Heinemann Ltd, 1924, pp. 357.

现代法治原则乃至国王以"王室批准"形式公布法律传统①的英国,斯图亚特王朝复辟后,一个匿名作者在 1662 年的请愿书中哀叹:"英格兰,英格兰,你的大宪章在哪里? 抑或因为这样一部既不印刷也不出版、相关知识也无法获取的法律,当你那生而自由的主体被起诉、审判、处刑时,你的自由变成什么了?"②。即便经历了"光荣革命"和启蒙运动的洗礼,大思想家边沁依然感慨 19 世纪初叶的英国法制现状:"每一项法律的恶名应和它的约束力一样广泛。实际上是更广泛,因为它所约束的当事人,……都应同等地得到关于法律公布的通知。没有任何公理是如此不言而喻的,也没有更重要的,但也没有得到如此普遍地忽视的。想到这个公理是多么的明显,甚至羞于提起它;并且同样惭愧,几乎没有机会注意到提及该公理。然而,直到关注这个公理、补救了所存在的冤屈,立法事务从始至终都将是残忍的笑柄,没有记起这个公理的立法者都是一个 Caligula,甚至在这方面比 Caligula 还恶劣。Caligula 以小字发布法律,但他还是公布了它们;他把法律悬挂在很高的地方,但还是挂出来给大家看了。在现在这个文明的时代,却还有多少法律甚至既没有挂出来也没有公布!"③

(三) 现代的秘密法罪恶

到了 20 世纪,秘密法这一幽暗传统进一步超越了不同政治体制的对立,被形形色色的当权者奉为圭臬、持续加以发扬光大。

在第三帝国治下,秘密法的施行是公开的秘密。以至于纳粹对于许多特定商店,先是用"犹太人企业"之标签、之后更巧妙地用特定颜色油漆加以标示,令广大接受反犹教育的民众"心领神会",同时令外国人不明就里,以便贯彻其反犹法令,规避公共舆论监督④。特别是到了成为二战转折的 1943 年,意图做困兽之斗的希特勒当局更是在纳粹分子圈子里传达了许多秘密的所谓法律文件,其中之一就是有关宣扬对德国领袖不敬言词的人如何处

---

① 参见易有禄:《各国议会立法程序比较》,知识产权出版社 2009 年版,第 154 页。

② See Claire Grant. Promulgation and the law, *International Journal of Law in Context*, Vol. 2, No. 3,(Sep. ,2006), pp. 328.

③ 〔英〕杰里米・边沁:《论一般法律》,毛国权译,上海三联书店 2013 年版,第 91 页。

④ 参见〔美〕富勒:《法律的道德性》,郑戈译,商务印书馆 2005 年版,第 183 页。

置的内容。一般民众则对此无从知晓。1944 年,有个叫冯·德伦的新闻记者,因为发表了希特勒尤其是戈培尔的蛊惑言论将把德国人引入坟墓的不满言论,很快就从人间蒸发了。二战结束后,人们才在盖世太保的"政治危险"人物花名册上找到了冯·德伦的名字,以及名字下方的一行简单说明:"依有关秘密法律处决。"①而他只是秘密法下无数冤魂中的普通一员——正是在秘密出台并加以执行的"最终解决方案"之下,骇人听闻的大屠杀把昔日繁花似锦的欧洲变成了一片真正的黑暗大陆。

无独有偶,在欧洲大陆另一边的苏联,在赫鲁晓夫时期发动了一场大规模的反宗教运动。为此,苏联当局不惜违背苏共二十大以来"加强法制"②的公开政治承诺,从 1960 年起秘密通过了新的法律法规,对俄罗斯东正教等各类宗教信仰都暗中加以严苛钳制③。然而,这种秘密法操作最终酿成了意想不到的后果,激发了众多信徒的强烈反抗,要求"进一步实行法律改革,要求政府更加严格地遵守自己颁布的法律",最终构成"持不同政见者运动"的重要组成部分,加剧了苏维埃政权的政治和意识形态危机④。

即便在最早颁布《政府信息公开法》、一向好以透明公开形象示人的美国,也被认为暗中肯定法律秘密性(Legal Secrecy)价值,并将之嵌入到完整法律体系之中、构成重要一环。根据相关研究显示,从 19 世纪初到"911"之后,美国当局在长期国内外活动中创设了七种行之有效的秘密法实践形式,即隐蔽行动、公诉方针(Prosecutorial Guidelines)、秘密预算、秘密条约、秘密行政行为、秘密审判乃至秘密法律⑤。这种状况,不仅加剧了国际政治体系"失序"格局,甚至也反过来对美国国内民主造成某种侵噬,造成其法律基

---

① 参见刘星:《西方法律思想:传说与学说(增订版),广西师范大学出版社 2019 年版,第 266—267 页。

② 焦应达:《苏联法学教育研究》,法律出版社 2015 年版,第 87 页。

③ 参见[美]哈罗德·伯尔曼:《信仰与秩序:法律与宗教的复合》,姚剑波译,中央编译出版社 2011 年版,第 338 页。

④ 参见[美]哈罗德·伯尔曼:《信仰与秩序:法律与宗教的复合》,姚剑波译,中央编译出版社 2011 年版,第 339 页。

⑤ See Christopher Kutz, Secret Law and the Value of Publicity, *Ratio Juris*, Vol. 22, No. 6,(June, 2009), pp. 204—209.

本主张与道德政治空间之间的相对脱节、危及自身主张的合法性和可信度①。

　　早在一战前后、撰写小说《审判》过程中,著名文学家卡夫卡就以《法的门前》为题,颇有前瞻性地讲述了一个不乏后现代色彩的"找法"困局:在这个故事里,因统治者阻止人民知晓法律,一切都变得很麻烦。连年累月人们都在法律之门外努力审视寻找统治者(外化为守门人)展现其法律内容的一举一动。然而因为没有法律(毋宁说只有一条法律即统治者可以随意做任何事)予以明示,迈入法律之门、接近法律内容的所有努力最终都成为徒劳②。这个故事看似荒诞,然而真实的历史却永远比小说"精彩",在作家英年早逝之后,极端年代大幕下出现的法治悲剧令人扼腕,留下了促人警醒的浩劫教训。

　　正是鉴于秘密法在实践中出现的上述消极后果,在成文法运动的助力下,法律公布实践在世界各地逐步兴起,并形成了丰富的国内外相关经验。

二、外国的法律公布实践历程

(一) 古代亚洲的法律公布实践

　　早在三千多年前的美索不达米亚平原,人们就已经用楔形文字来镌刻自己的法律,好让人们看得清楚明白③。由此涌现出《乌尔纳姆法典》、《苏美尔法典》、《李必特·伊丝达法典》、《俾拉拉马法典》等一系列成文法典,并以泥版残片的形式向今天的人们昭示了先民的探索努力④。

---

① See Christopher Kutz, Secret Law and the Value of Publicity, *Ratio Juris*, Vol. 22, No. 6, (June, 2009), pp. 197.
② 参见施显松:《评卡夫卡的〈法的门前〉》,《德语学习》2000 年第 2 期
③ 参见刘星:《西方法律思想:传说与学说(增订版)》,广西师范大学出版社 2019 年版,第 41 页.
④ 参见何勤华:《〈汉穆拉比法典〉与古巴比伦》,《检察风云》2014 年第 2 期.

图 1-1 和图 1-2 《汉穆拉比法典》①

在此基础上,巴比伦王国的《汉穆拉比法典》更成为保存至今的一部最古老的完整成文法典。如上图所示,这部"包含约300个条款"、目前实际"展示了282条法条"的法典②是古巴比伦王国的第六代王汉穆拉比在继位后的第三十年(公元前1762年)刻石公布的,后来在埃兰人入侵巴比伦时被搬到了其首都。据说这位才思敏捷、精力充沛的君王敏锐发现该国当时现有法律和商务惯例五花八门,以致常常互相矛盾。他据此认为创制一部统一的国家法律是当务之急。于是,他下令收集古老的法律文书、商务及社会生活惯例,然后进行系统整理和归纳完善。他还根据自己的判断,对这些法律进行了增删。法典写好后,汉穆拉比下令将它用横向书写的精美楔形文字(不过和一些先前用苏美尔语写成的古老法律文本不同,在此使用的是阿卡德和亚摩利的闪米特语言)刻在一根高达8英尺的圆形黑色玄武岩大石柱上(亦谓"暗灰色的闪长岩石柱"),共有3600多行,获得"石柱法"的雅号别名。

---

① 图 1-1 转引自[美]詹姆斯·亨利·布雷斯特德:《文明的征程》,李静新、周惠来译,江苏凤凰文艺出版社 2021 年版,第 146 页。图 1-2 转引自何勤华:《〈汉穆拉比法典〉与古巴比伦》,《检察风云》2014 年第 2 期。

② 参见[英]雷蒙德·瓦克斯:《法律》,殷源源译,译林出版社 2016 年版,第 3—4 页。

石柱的上端还刻着一副反映他从太阳神那里接过法典情景的精致浮雕,由此成为闪米特艺术的佳作:在浮雕中,汉穆拉比站在左侧,太阳女神坐在右侧,汉穆拉比上唇剃光了胡须,表示他来自于叙利亚沙漠。由于他的脸处于阴影中,因此上唇的剃须特征难以看清。太阳神的的肩头喷着火焰,这显示了他的身份,更凸显出"国王坐在宝座上,向太阳神马杜克或正义神沙马什祈祷"的神圣意涵。在此之后,这部新法典还被安放于象征"立法权之主座"的巴比伦马都克大神殿之中,以示地久天长,永不模糊,成为彰显法律明确性的典范①。这一成文法传统后来还由西亚开始向整个地中海地区传播开来、并对古希腊地区产生一定影响,在一定程度上促成了西方法律文明的孕育。

此外,在此之后,其他一些东方国家,也都进行相对独立的布法活动。例如,印度在阿育王治下,其发布的根本法律用北印度通行的巴利文,刻于石柱或岩石之面,以告天下。据传共布有六万四千、雕刻精巧,可惜留存较少②。而日本则在明治维新以前长期奉行一种奇异的高扎制度。其名称源于源自一种布法设施——高扎场,意在将禁令或其他简单法令,"书写于木板而高悬之",意在"使多数人周知告示"③。

(二)古希腊的法律公布实践

古代雅典人很早就形成"所有法规都应易于阅读和理解,且易于获得"的观念④。在梭伦改革时期,雅典没有设立公职的检察官,遂确立"公民可告官员"的改革、构成"雅典之民主的阶梯与保障"。在此制度下,任何公民都被允许对于他们认为是犯罪的人(包括官员)提出控告、自行采取有关私人

---

① 参见何勤华:《〈汉穆拉比法典〉与古巴比伦》,《检察风云》2014 年第 2 期;[美]詹姆斯·亨利·布雷斯特德:《文明的征程》,李静新、周惠来译,江苏凤凰文艺出版社 2021 年版,第 145—146 页;刘星:《西方法律思想:传说与学说(增订版)》,广西师范大学出版社 2019 年版,第 41 页;[日]穗积陈重:《法律进化论(法源论)》,黄尊三等译,王健校勘,中国政法大学出版社 1997 年版,第 188 页。

② 参见刘星:《西方法律思想:传说与学说(增订版)》,广西师范大学出版社 2019 年版,第 41 页;[日]穗积陈重:《法律进化论(法源论)》,黄尊三等译,王健校勘,中国政法大学出版社 1997 年版,第 188、191 页。

③ 参见[日]穗积陈重:《法律进化论(法源论)》,黄尊三等译,王健校勘,中国政法大学出版社 1997 年版,第 203 页。

④ [英]爱德华·M.哈里斯:《民主雅典的法治实践》,陈锐、尹亚军、钟文财译,浙江大学出版社 2021 年版,第 7 页。

的和公共的不公正事件的法律行动。在此之外，梭伦还确立陪审员制度，使得雅典公民不分等级都可参加审判，雅典的审判员总数由此达到 6000 人之多①。为确保这种"大众司法"的有效实施，就必须让所有的公民都知道法律。

其实早在公元前 621 年，司法执政官德拉古就在木板上公布了古代雅典的第一部成文法《德拉古法典》。依托这类被亚里士多德称为"写字板"的木板，梭伦更创造了一些转筒，把法律条件写在上面，人人旋转转筒就可以阅读法律条文②。穗积陈重就此描述道："古希腊梭伦之法，则刻于木制之三角形，可旋转其轴，便于群众诵读"③。根据著名史家普鲁塔克的说法，"他的法律从颁布以后使用达百年之久，都是书写在木板或砖板上面称为卷轴，就是围绕着一个长方形的盒子"。而喜剧家克拉蒂努斯也在诗句中生动描绘道："梭伦或德拉科所用的写字板，劈开烧火可以烤青豆一大盘。"④。就这样，在当时刻有德拉古和梭伦所立法律的木制或石制书版缠绕在一根垂直的轴上，人们按轴的排列顺序号来引用法律⑤。一旦有新法创制，就在公共建筑的墙上予以公示⑥。

现代学者还指出：当时"与特定领域有关的法律放置在管辖该领域的行政官员办公室旁边。即使这些官员分散在不同的办公室，人们也不难发现这些法律。在公元前 4 世纪，所有法律的副本都保存在自然女神庙（Metroon），任何人都可以随时查阅它们。在公元前 403 年之后，人们制定了新的立法程序，其中的一项要求是：所有提议制定新法律的提案副本必须陈列在阿哥拉（广场）的名年英雄（the Eponymous Heroes）纪念碑前。一旦颁布，许多法律都会以公开的形式展示出来。在雅典的法律与法令中，经常

① 参见厉以宁：《希腊古代经济史（上编）》，商务印书馆 2013 年版，第 199—200 页。
② 参见厉以宁：《希腊古代经济史（上编）》，商务印书馆 2013 年版，第 209 页。
③ [日]穗积陈重：《法律进化论（法源论）》，黄尊三等译，王健校勘，中国政法大学出版社 1997 年版，第 192 页。
④ 参见[古希腊]普鲁塔克：《希腊罗马名人传①》，席代岳译，吉林出版集团有限责任公司 2009 年版，第 171—172 页。
⑤ [美]西奥多·齐奥科斯基：《正义之镜：法律危机的文学省思》，李晟译，北京大学出版社 2011 年版，第 237 页。
⑥ [加]哈罗德·伊尼斯：《帝国与传播》，何道宽译，中国传媒大学出版社 2013 年版，第 95 页。

包含一些有关如何公布法律的规定,比如,指示官员们将其刻在大的石柱上,放在每个人都能看见的显眼位置。例如,《尼高芬法》(The Law of Nicophon,公元前375年或前374年颁布)命令人们,将其刻在石柱上,其副本放在阿哥拉(广场)与比雷埃夫斯(Piraeus)银行业者的桌子中间,以及波塞冬石柱的前面。另一部法律指示公民大会的秘书将其铭刻在石柱上,安放在雅典市中心的自然女神庙前。我们没有理由认为,这些石柱只是象征性的纪念碑,仅仅是为了纪念某一法律的颁布,而非供人们阅读,以便人们知晓其内容。由留存下来的几段法庭演说残篇可以看出,诉讼当事人在准备应诉时,经常援引这些法律。"①

就在梭伦改革的同时,古希腊其他一些城邦也出现了法律公布活动的具体实践。例如,如下图所示,公元前6世纪在克里特的哥廷纳修建的一座

图1-3 哥廷纳的古代法院遗址和刻在墙上的古希腊最早成文法律②

---

① [英]爱德华·M. 哈里斯:《民主雅典的法治实践》,陈锐、尹亚军、钟文财译,浙江大学出版社2021年版,第8页。个别地方略有删节。

② 图1-3转引于[美]詹姆斯·亨利·布雷斯特德:《文明的征程》,李静新、周惠来译,江苏凤凰文艺出版社2021年版,第305页。

古代法院。它为环形建筑,周长约 140 英尺。当时任何一个认为自己受到了不公正对待的公民,就可以从刻在建筑物石墙里层的 12 根立柱上的法律条文中寻求帮助。刻在墙上的法律条文约有 30 英尺长,高度刚好便于人们阅读。它是保存至今的最长的古希腊铭文[①]。

(三)古罗马的法律公布实践

与古希腊情况相似,公元前 6 世纪,随着古罗马社会内部矛盾不断加剧、平民与贵族的斗争日趋激烈。而且正如著名古典学家布雷斯特德指出的那样:相较于古希腊同行,罗马平民的斗争策略"更灵活、更巧妙,也更成功。罗马平民为争取权利坚持不懈地奋斗,他们并没有使用战争、内乱和流血等激烈手段,在共和国成立之后的两百年间获得了空前广泛的权利"[②]。

正是在这种历史背景下,公开传播法律、打破由贵族僧侣垄断法律的传统格局成为古罗马平民阶级的重要政治利益诉求,他们"坚持要求将现行法律以文字的形式固定下来,使他们能够在处理法律事务时寻求相应的法律依据。"为了缓和当时贵族阶级和市民阶级之间的紧张关系,在古罗马共和国建立 50 年后,出现了十人立法委员会的希腊法制考察之旅,最终使得罗马早期的法律都被缩编并镌刻[③]。

起初,在"十人立法委员会"的主持下,古罗马最早的十表法律得以创制,体现了"对所有的人,不分高低贵贱都平等"的立法宗旨。当时,"十人立法委员会"将制定好的法律在广场上公布听取意见,并在修改后提交百人团民众会议表决,最后被雕刻在 10 块木板上树立于罗马中心广场公之于众[④]。"十人立法委员会"被平民推翻后,公元前 450 年,新任执政官瓦勒里和奥拉兹将后增的两表连同前面的十表一起雕刻在木板上公布于罗马广场,最终形成著名的《十二表法》,构成罗马立法史上的里程碑、成为查士丁尼时代以

---

① 参见[美]詹姆斯·亨利·布雷斯特德:《文明的征程》,李静新、周惠来译,江苏凤凰文艺出版社 2021 年版,第 305 页。

② 参见[美]詹姆斯·亨利·布雷斯特德:《文明的征程》,李静新、周惠来译,江苏凤凰文艺出版社 2021 年版,第 479 页。

③ 参见[美]詹姆斯·亨利·布雷斯特德:《文明的征程》,李静新、周惠来译,江苏凤凰文艺出版社 2021 年版,第 479 页。

④ 参见黄美玲:《法律帝国的崛起:罗马人的法律智慧》,北京大学出版社 2020 年版,第 83 页。

前古罗马国家发展进程中唯一一次大规模的立法①。有学者这样评价这部法律公布使得罗马城邦得以再建立的历史意义:"法律在城邦发展的决定时刻,代表着基础和构成。法律被书写并公之于众,意味着所有的法律能被所有人(包括各个阶层)知晓,稳定且确定。因为这意味着无论是法律规范本身,还是在法律实施的过程中,都可以排除专断。"②

图 1-4 《颁布十二表法》③

---

① 参见黄美玲:《法律帝国的崛起:罗马人的法律智慧》,北京大学出版社 2020 年版,第 88 页。
② 参见黄美玲:《法律帝国的崛起:罗马人的法律智慧》,北京大学出版社 2020 年版,第 88—89 页。
③ 此壁画《颁布十二表法》(La La Pubblicazione Della Legge Delle Dodici Tavole)由意大利画家切萨里·马卡里(Cesare Maccari)1891 年绘制,置于意大利最高法院大礼堂。相关情况介绍可参见黄美玲:《法律帝国的崛起:罗马人的法律智慧》,北京大学出版社 2020 年版,第 84 页。图 1-4 源于 https://www.cortedicassazione.it/corte-di-cassazione/it/pitture.page;jsessionid=26EFDECA5E 9C9F4DE8EC52223FD8D3F0.jvm1? index=2,2021 年 10 月 24 日访问。

图 1-5　罗马市民们在《十二表法》首次实施后予以验证①

———————

① 图 1-5 源自 'Twelve Tables', https://en. wikipedia. org/wiki/Twelve_Tables, 2021 年 10 月 24 日访问。亦可参见黄美玲：《法律帝国的崛起：罗马人的法律智慧》, 北京大学出版社 2020 年版, 第 78 页。

图 1-6 《十二表法》①

　　需要指出的是,《十二表法》亦叫《十二铜表法》,乃源于该法均刻在青铜版上的传说。日后罗马共和与帝制时代凡重要法律,例如著名古罗马平民派政治改革家提比略·格拉古通过的《土地法》,均用铜版雕刻,并举行盛大的公布仪式——当时其通常在奢华的广场上进行,树立起高大的石碑来显示法律的权威。在这政治中心和市民聚会的主要场所之内,在万众瞩目之下,最重要的法律被铭刻在青铜板上,以期待不朽。

　　不仅如此,《十二表法》所彰显的法的公开性价值在古罗马的后续法制改革中得到进一步继承与弘扬。由于古罗马法律最早源于具有宗教仪式色彩的特定程序,祭司享有"垄断法律"的原始权力,形成了"通过保密进行统治"的政治惯性②。《十二表法》为此对"法律之诉"做了专门规定,"确保了每

---

① 图 1-6 参见:'LE LEGGI ROMANE',https://www.romanoimpero.com/2020/07/le-leggi-romane.html,2021 年 10 月 24 日访问。

② 参见[法]菲利普·热斯塔茨、[法]克里斯托弗·雅曼:《作为一种法律渊源的学说——法国法学的历程》,朱明哲译,中国政法大学出版社 2020 年版,第 20 页。

个公民只要满足某些条件,都可以获得司法救济",成为"一种法治状态的开端"①。可事实上在此之后,祭司们虽然丧失了部分权力,却通过对充满神秘色彩和形式主义要求的"特定的复杂格式要求"的内部掌控,"继续把持权力中最重要的部分长达一个半世纪之久"②。但是受法律公布运动的胜利鼓舞,平民派继续坚持长期的改革斗争,终于在公元前304年,借助当时大祭司秘书弗拉维乌斯的泄密契机,祭司团之外的社会各阶层得以最终了解各种格式要求。与此同时,执法官也取代祭司团,掌握司法权。终于迫使祭司顺应古罗马社会的世俗化浪潮、"放弃把自己的权力建立在秘密之上的做法"③。公元前245年,平民出身的僧侣科伦卡纽斯开始在公开场合传授法律条文,将所有罗马法律文献公之于众,并教授世俗青年学习法律知识,由此推进了法律传播工作,彻底打破了法律昔日隶属于祭祀、贵族的秘密礼仪范围,被藏于深宅之中的保守状况④。当然,在罗马共和国时代,长期奉行平民派和贵族派的权力均衡原则,并在法律公布活动中得到一定体现:例如,虽然公民大会有制定法律的权力但却没有颁布新法律的权力。而元老院在颁布法律之前,也习惯于先征求护民官的意见⑤。

　　而在帝制时代降临后,法律公布活动仍然继续发展。例如,哈德良、戴里克先、君士坦丁等诸帝都曾命人整理罗马法,产生了《尤理安永久敕令》、《格雷高利法典》、《赫尔摩格尼法典》等法律作品,成为"法学昌明时代"的写照⑥。在此基础上,西罗马帝国末期创制的《狄奥多西法典》中,不仅第一次将"法典"(codex)一词运用到官方的立法规范中⑦,还明确宣告:"若未来我

①［法］菲利普·热斯塔茨、［法］克里斯托弗·雅曼:《作为一种法律渊源的学说——法国法学的历程》,朱明哲译,中国政法大学出版社2020年版,第19页。

②［法］菲利普·热斯塔茨、［法］克里斯托弗·雅曼:《作为一种法律渊源的学说——法国法学的历程》,朱明哲译,中国政法大学出版社2020年版,第20页。

③参见［法］菲利普·热斯塔茨、［法］克里斯托弗·雅曼:《作为一种法律渊源的学说——法国法学的历程》,朱明哲译,中国政法大学出版社2020年版,第20—21页。

④参见徐国栋:《古罗马的法学教育及其案例法》,《江汉论坛》,2016年第1期。

⑤参见詹姆斯·亨利·布雷斯特德:《文明的征程》,李静新、周惠来译,江苏凤凰文艺出版社2021年版,第482页。

⑥参见徐国栋:《查士丁尼及其立法事业——兼论法典法的弊端及补救》,《法律科学》,1990年第5期。

⑦参见黄美玲:《法律帝国的崛起:罗马人的法律智慧》,北京大学出版社2020年版,第215页。

们在这个亲密团结的帝国的某部分颁布任何法律,只要它不是保护私益或不诚,它都应在帝国的另一部分生效。但是它应当从颁布的地方以帝国官方文书的方式传达,在另一部分的官邸被接受并以告示的适当形式予以公布。我们保有对所颁布的法律进行修订与废除的权力。法律的颁布应当得到相互的公告,否则不被承认。"①

在此基础上,一部体现了"没有法律实现不了的正确良好的统治"的思想认识,勾画出"一个帝国、一个教会、一部法典"的宏伟执政蓝图、被期盼为"简单明了的成文法律",最终在查士丁尼时代以《市民法大全》的名义横空出世②。当时查士丁尼大帝命令才华横溢的法学家特里波尼安"搜集古贤者的论著",在此基础上将自 1000 年前十二铜表法颁布以来罗马的各种法律搜集整理出来,逐步形成《查士丁尼法典》、《学说汇纂》、《法学阶梯》和《查士丁尼新律》。查士丁尼因此成了罗马的汉穆拉比,经他授意整理出来这部由近100 万个词组成的大法典总结了古代世界各个成功的统治者的管理经验,以一丝不苟的细节充分彰显了法律的巨大力量,以致当时在社会生活、商务交往中出现的任何纠纷和难题都可以在罗马法官那里得到解决,由此成功地促成了司法和立法的统一,产生深远影响③。穗积陈重曾根据英国史家吉本《罗马帝国衰亡史》这样描绘布法盛况:"帝于纪元五二九年四月七日,署名于 Codex 法典,而裁可之;又使史官笔吏,笔抄法典,以作公正抄本,颁发于欧亚非三洲本国版图以内之官吏。至对于一般人民则兴行严肃之法典发布式,于寺院之前,宣言其公布"、"然此宣言,非公唱此浩瀚之法典之内容,乃告知其发布于公众也。"④

---

① 转引自黄美玲:《法律帝国的崛起:罗马人的法律智慧》,北京大学出版社 2020 年版,第 207 页。
② 参见黄美玲:《法律帝国的崛起:罗马人的法律智慧》,北京大学出版社 2020 年版,第 219—225 页。
③ 参见詹姆斯·亨利·布雷斯特德:《文明的征程》,李静新、周惠来译,江苏凤凰文艺出版社 2021 年版,第 638 页;[英]雷蒙德·瓦克斯:《法律》,殷源源译,译林出版社 2016 年版,第 7 页。
④ [日]穗积陈重:《法律进化论(法源论)》,黄尊三等译,中国政法大学出版社 1997 年版,第 166 页。

图 1-7　《皇帝查士丁尼公布法典》①

---

① 图 1-7 为文艺复兴时代的意大利艺术巨匠拉斐尔(Raffaello Sanzio)1511 年的巨幅壁画:《法律三德像》(Cardinal and Theological Virtues)下方左侧的局部内容,反映的是查士丁尼皇帝从特里波尼安手中接过《学说汇纂》的历史瞬间。《法律三德像》(黄美玲老师称之为《美德与法律》,维基百科中文版则称之为《三德像》)全图及详细内容介绍可参见:http://en.wikipedia.org/wiki/Cardinal_and_Theological_Virtues_(Raphael),2022 年 2 月 11 日访问;庄世同:《法律的图像:一种人文主义的分析与诠释》,《台大法学论丛》2011 年第 4 期。

（四）近代法国的法律公布实践

在中古时代,法律公布活动在西方也并未终结,而是通过在日耳曼法与罗马法的漫长互动发展进程中得以延续下来,相关理念和语言仍然体现在吸收了古典思想、并用以描述自然法和习惯的中世纪法律思想和实践之中①。不过,现代法律公布制度是西方近代文明的产物、反映了理性主义思想的深刻影响,特别是在法国大革命的历史条件得到充分完善,反映了现代民主政治开始兴起的历史潮流。

早在大革命爆发之初,《人权和公民权宣言》的重要推手、著名的王政派政治家米拉波,就主张颁布法律没有别的目的,仅仅是为了"表达公共意志",它由公民选出的"暂时"代表表达出来②。在此之后,根据立宪会议专门创制的 1789 年 11 月 9 日法令,法国的公布方法得以明晰:凡新法皆送于裁判所、行政厅、自治团体;裁判所、行政厅、自治团体领受之后,即登载于公簿,再举行朗读而揭示之。正如穗积陈重所言,这种公布方法是"革命时代新旧过渡之现象",表现出综合各时期法律公布手续的倾向,集颁布(交付新法于权力机关)、公簿登载、朗读、揭示方法于一体③。其也展现了大革命时代新生政权将新政法律规制遍及全民、为其所周知进而大力推动社会动员和改造的国家意志。

在此基础上,到了国民公会时期,根据 1793 年 12 月 4 日通过的有关革命政府组织的法令,在第一节中就对"法律的发送与公布"作了详尽规定:凡与公共利益有关的法律或属一般应予执行的法律,应分别刊登在编号的公报上,此项公报今后即作为对各法定机关的法律通报。公报名称叫做"共和国的法律公报"。应行设立印刷所一所,专供印行此项公报之用,并成立一个由 4 人组成的法律发送委员会以便校对和发行公报。应行制造一种印刷

---

① 例如,精通教会法和神学的教皇格列高利九世于 1234 年公布了中世纪历史上最早的一部官刊教令集,即《格列高利九世教令集》,其中部分规定一直被沿用到二十世纪。拉斐尔为此还在《法律三德像》下方右侧专门描绘了他从承担此次法律编纂任务的教会法学家佩尼亚福特的雷蒙德手中接受教会法法典的场景,歌颂其堪比查士丁尼大帝的布法功业。在此不加赘述。

② [英]乔纳森·伊斯雷尔:《法国大革命思想史:从〈人的权利〉到罗伯斯庇尔的革命观念》,民主与建设出版社 2020 年版,第 77—78 页。

③ 参见[日]穗积陈重:《法律进化论(法源论)》,黄尊三等译,中国政法大学出版社 1997 年版,第 219 页。

此项公报的特别纸张,上面应带有共和国的国印。公报上刊登的法律应同记录委员会所交付的法律完全一样;此外,每件上还须著明下列字样:证明与原本完全相同,并经法律发送委员会的两个成员副署①。由此顺应现代民主诞生的历史潮流、依托较为先进印刷技术,正式确立了官报刊载法的法律公布方式原则。

之后,法国的官报登载法在拿破仑时代有了进一步发展。因其民法之制定发布,在各法典之先,故于民法第一条既有公布规定,其效力及于一切法律。然而"法国对于公布之通则,虽载诸民法,而于公布之方法,则用特别法定之。"开始公报以揭载于 Moniteur 为公布式,至复辟王朝时代的1816 年 10 月 26 日又发敕令改为刊载于官报。由此开始在世界范围内得以传播②。

正是法律公布方式和传播路径逐步发展、持续创新,并和社会生产力发展和人类交往方式转变遥相呼应的历史背景下,《拿破仑法典》得以有效普及和贯彻适用,并且很快走出国门、走向世界,引发了一句玩笑话:"自从公布民法典以来,法国在法学上便营造出了无远弗届的贸易输出。"③自该法公布后,几乎整个西南欧和南美大陆都引进该法典,使之获得了"拉丁民族的法典"之美誉,而美国路易斯安纳州和英属埃及也加以接受。直到 1930 年,学者 Amos 依然这样写道:"能人志士们新近在伊朗建立了一个新王朝,他们首要做的是效仿众克伦威尔(Cromwell,比喻革命家)。与其之前所做的一样,亦即拍电报给巴黎,采购拿破仑法典、一箱注释书以及一团由法国法学者所组成的委员会。人们大可预言,不出一个月,就会有法国的巡洋舰为了派遣使节团及送该法典至上述地区而自马赛港出航"④。

---

① 吴绪、杨人楩选译:《十八世纪末法国资产阶级革命》,商务印书馆 1989 年版,第 129—130 页,转引自史彤彪:《法国大革命时期的宪政理论与实践研究》,中国人民大学出版社 2004 年版,第 272 页。
② 参见[日]穗积陈重:《法律进化论(法源论)》,黄尊三等译,中国政法大学出版社 1997 年版,第 221 页。
③ 转引自[德]Frijof Haft:《正义女神的天平——2000 年来的法历史教科书》,蔡震柴、郑善印、周庆东译,元照出版有限公司 2009 年版,第 90 页。
④ 转引自[德]Frijof Haft:《正义女神的天平——2000 年来的法历史教科书》,蔡震柴、郑善印、周庆东译,元照出版有限公司 2009 年版,第 90 页,个别字和标点略有改动。

图 1-8 《执笔民法典的拿破仑一世接受时间老人的加冕》①

就这样,公布《法国民法典》的拿破仑自认它将超越四十次大会战获得不朽影响的自豪预言变成了现实。他和查士丁尼大帝、特里波尼安等 23 人的形象,一起高居于美国国会大厦内部众议院会议厅的大理石浅浮雕之上,被作为"创设奠定美国法律根基之原则"的伟大立法者受到后人瞻仰②。而他那句"我唯一的、因其简明性而给法国带来了、比此前一切法律都要多的益处的法典"③的名言更被镌刻在巴黎第七区荣誉军人院拿破仑墓的一座专门纪念《法国民法典》创制的浮雕之上,充分彰显了维护"法律的可知性"的布法初衷④。

① 图 1-8 为法国画家 Jean-Baptiste Mauzaisse 于 1833 年绘制,可参见 https://www.kunst-fuer-alle. de/english/fine-art/artist/image/jean-baptiste-mauzaisse/18123/1/137031/napoleon-i-crowned-by-the-allegory-of-time-writes-the-code-civil/index. htm,2022 年 2 月 11 日访问。

② 参见 https://www. aoc. gov/explore-capitol-campus/art/relief-portrait-plaques-lawgivers,2022 年 2 月 11 日访问。

③ 译文参见[法]让－路易·安贝翰:《民法典的制定历史:民法典,拿破仑的?》,石佳友译,《法学家》2004 年第 2 期。

④ 参见[荷]扬·斯密茨:《信息社会下的民法典——兼论法典化之时代使命》,罗沄虎译,《求是学刊》2015 年第 1 期。

图 1-9　浮雕《制定法国民法典(拿破仑法典)》①

（五）近现代俄国(苏联)的法律公布实践

横跨欧亚、成为"双头鹰"的俄国,其独立的成文法传统最早可追溯到 11
世纪基辅罗斯时代的《罗斯真理》,伊凡三世公布的《1497 年律法》是独立后
莫斯科公国第一部国家法典汇编,1649 年阿列克谢一世在位时期经由法律
汇编特别委员会草拟、并经全俄缙绅会议批准颁行的《会议法典》构成罗曼
诺夫王朝公布的第一部中央集权法律典籍,产生较大影响。自 18 世纪以降,
沙俄政权更是有效区别了法律和行政命令,其明确规定法律是元老院、宗务
院、沙皇以下的各种会议和各署公布的文件。其中法律的批准权属于沙皇,
沙皇不在时由元老院公布法律。并分别于 1830 年和 1833 年由著名进步法
学家斯佩兰斯基主持编纂出版了《俄罗斯帝国法令全集》和《俄罗斯帝国法

---

① 图 1-9 是法国雕刻家皮埃尔·查尔斯·西马特(Pierre-Charles Simart)为拿破仑幕所设计的 12
座浮雕中的一座。参见[荷]扬·斯密茨:《信息社会下的民法典——兼论法典化之时代使命》,罗
浏虎译,《求是学刊》2015 年第 1 期。图片参见:https://art. rmngp. fr/en/library/artworks/
pierre-charles-simart_creation-du-code-civil-des-francais-code-napoleon_marbre-blanc_bas-relief,
2022 年 2 月 11 日访问。

律全书》①。

苏俄政权自成立以来,就高度重视法律公布问题。十月革命取得胜利后不久,新政权就公布了《关于法律的批准和公布程序》的法令。据称"其两个正式机构——全俄中央执行委员会和人民委员会——在 1917 年 10 月后前九个月发布了 950 余项法令和其他法规。这些法律文件绝不限于法律声明;它们覆盖经济、社会和政治生活的各个方面,具有全面彻底的性质"。苏俄领导人"大批公布了所有法令和决定",其目的在于"使它们的政策性原则为数以百万计的普通工人和农民所熟知"。法令一旦正式通过,两日内必须在中央政府的报纸——《消息报》和《临时工农政府新闻报》以及"工农政府法律法规汇编"上公布。从 1918 年 1 月起,人民委员会要求官方报纸还刊登委员会的工作报告②。

在苏俄内战初期,新生政权面对红白两军之间异常严峻残酷的生死搏杀,采取了非常措施:1918 年 9 月 4 日,工农红军和哥萨克代表苏维埃中央执行委员会公布了"将苏维埃共和国变成军营"的决议。该决议正文中专门规定:"全俄中央执行委员会决议将本决定通知到最广泛的工农群众,责成所有的村的、乡的和城市苏维埃、所有苏维埃机构将其张贴于显眼的地方。"③就在这一决议在俄国大街小巷广泛张贴之时,由该决议明确宣布任命的革命军事委员会主席、红军之父托洛茨基正精神抖擞地乘坐火车前往各条战线予以督战,使得新生苏维埃国家得以度过其如履薄冰的峥嵘岁月。

后来,苏维埃政权又采取多项措施,确保其立法措施得以及时地向公职人员和公民发布。仅在 1922 年以前,苏维埃政权就通过了八个专门的文件,规定立法文件的公布和生效程序,其力图通过公布法律这一渠道,向群众解释苏维埃政策的实质,说明新生社会制度的优越性,取得良好效果④。苏联最高苏维埃主席团 1958 年 6 月 19 日通过了《关于苏联法律、苏联最高苏维

---

① 参见张寿民:《俄罗斯法律发达史》,商务出版社 2000 年版,第 49 页。
② 转引自[澳]迈克尔·黑德:《叶夫根尼·帕舒卡尼斯——一个批判性的再评价》,刘蔚铭译,法律出版社 2012 年版,第 113 页。
③ 闻一:《俄罗斯通史(1917—1991)》,上海社会科学院出版社 2013 年版,第 60 页。
④ 吴大英、任允正、李林:《比较立法制度》,群众出版社 1992 年版,第 618 页。

埃决议、苏联最高苏维埃主席团法令和决议的公布和生效程序》的法令。这一法令规定，《苏联最高苏维埃公报》和《消息报》是公布苏联最高苏维埃及其主席团所通过的文件的刊物。《苏联最高苏维埃公报》是在 1938 年确定为正式刊物的。1960 年 3 月 11 日，苏联最高苏维埃主席团又通过了《关于苏联最高苏维埃公报》的决议，进一步规定《苏联最高苏维埃公报》的具体任务。《苏联最高苏维埃公报》为周刊，用俄文和各加盟共和国的文字出版，其内容共分为三个部分。其中第一部分即为苏联最高苏维埃及其主席团所通过的法律和其他规范性文件，以及苏联最高苏维埃主席团批准的苏联和外国签订的条约、协定和公约。[①] 由此对社会主义法系国家产生深远影响。

　　在当今的俄罗斯，未正式公布的法律不得执行原则，和法治国家原则、联邦宪法至高无上原则、具有直接效力原则、联邦国际条约的规则高于联邦法律原则一起，共同构成规定权力和法之间关系的 5 项原则，被视为宪法制度基础。《俄罗斯联邦宪法》第 15 条第 3 款规定："法律应予以正式公布。未经公布的法律不得予以适用。任何涉及人和公民的权利、自由和义务的规范性法律文件，未经正式公布并未为公众所知的，不得予以适用。"[②]1994 年 6 月 14 日，俄罗斯联邦总统签署批准的《联邦宪法性法律、联邦法律、联邦会议两院文件公布和生效程序法》又进一步规定，一切联邦宪法性法律、联邦法律、联邦会议两院文件的全文，均应当在俄罗斯报或俄罗斯联邦立法汇编上首次公布。它们一般自公布之日起 10 日后生效。但法律和文件另有规定的除外。上述法律还规定，经过修改补充的联邦宪法性法律、联邦法律、联邦会议两院文件的全文，应当再次正式公布。例如，针对 1991 年 12 月 27 日颁布的大众新闻媒体法，在 2000 年 8 月普京当局颁布了修改补充后的大众新闻媒体法的新文本[③]。

---

① 吴大英、任允正、李林：《比较立法制度》，群众出版社 1992 年版，第 622 页。
②《世界各国宪法》编辑委员会编译：《世界各国宪法·欧洲卷》，中国检察出版社 2012 年版，第 213 页。
③ 刘向文：《俄国政府与政治》，五南图书出版股份有限公司 2002 年版，第 46—47 页。

三、中国法律公布实践的发生背景及其发展历程

　　法律公布活动不仅是一个体现人类法治文明共同价值的实践性议题，更具有地方性知识的丰富意蕴。它在中国的兴起，承载着特殊的历史意涵，那就是对中国传统的秘密法实践及其背后的法律神秘主义、法律工具主义乃至礼治主义传统的某种反思和批判。

　　中国的秘密法时期终结的时间相对较早，但它留下的负面影响却很大，表现在以下几个方面：

　　首先就是法律神秘主义的影响。正如胡适、杨鸿烈等人曾经考证过的那样，中国古代的统治阶级从维护既得利益和特权等级秩序的现实需要出发，在潜意识里大都倾向于认为法律越秘密越好，绝对不能让普通人知道。法律越神秘，才越有利于统治老百姓。正是基于这种"事以密成"的政治法律观念，古代中国的"法"最早是藏在君主和贵族的密室里的，在教化不成、需要实行惩罚的情况下才拿出来。这种"刑不可知，则威不可测"、"民可使由之，不可使知之"的人治、权治观念，并没有在历史实践中真正绝迹，反而在岁月的沉淀中转化成密室政治传统的一部分。

　　其次是法律工具主义的影响。中国传统文化很早就形成了"重道轻术"的传统，在这种观念之下，"刑为盛世所不能废，而亦盛世所不尚"，以致"早在春秋战国时期的思想家就已经相当一致地将法律视为君主进行专制统治的一种统治工具"，只倾向于承认法律有限的、辅助性的社会治理作用，不怎么关注法律的本体价值①。基于这种法律工具主义观念，几千年来中国的当权者主要关心的是"兴国利、进民福"等法律实质问题，对法律公布等关乎程序正义和形式理性的法律形体问题着力相对不多，以致几千年来出现了梁启超先生所谓"往往视法律与命令同为一物"的思维惯性②。

　　此外，长期占据传统中国思想主导地位的儒家学说，因其鲜明的礼治主义倾向，也在一定程度上增加了推进相关探讨的阻力。正如瞿同祖先生指

---

① 参见郭建主编：《中国法律思想史（第二版）》，复旦大学出版社 2018 年版，第 2—3 页。
② 参见［清］梁启超：《梁启超全集》，北京出版社 1999 年版，第 1283—1284 页。

出的那样:"儒家着重于贵贱、尊卑、长幼、亲疏之'异',故不能不以富于差异性,内容繁杂的,因人而异的,个别的行为规范——礼——为维持社会秩序的工具,而反对归于一的法。"①正因为如此,孔子、孔颖达等正统儒学大师都曾对体现一般性原则要求的法律公布的价值作用乃至行为活动本身表现出某种怀疑乃至反对的态度。这一微妙立场带来的某种消极影响也不容忽视。

不过,历史变革的潮流终究势不可挡。早在殷周时期,据称当时已经出现法律公布制度的某些雏形。具体表现形式既有针对"普通民众或某些特定的对象"、主要以口头形式发布的"诰",也有依托竹(木)简或布帛等介质"将成文的法律在闹市城楼等人员密集处"、以书面形式发布的"宪刑"、"悬法"②。在法律公布后往往还有"木铎传法"的专门举措:抑或"木铎徇之于朝",振铃聚集人群讲授法律;抑或"木铎徇于路",每于正月派出了解民情的专门官员前往民间、沿途不断振铃以口头方式将新法广播于四方③。天子、诸侯宫门外的高大建筑还经常悬挂教令、法律之属的文书,公卿、大夫、王子弟封地亦悬挂刑象,与"布宪之官"遍巡天下的宣法举措相呼应④,由此形成"象以典刑"、"阙明象魏"的历史典故,留下"使万民观刑象"的记载传说⑤。有些学者据此认为当时的法律公布活动已经"有一定的规定,有专司的官吏,其郑重可见一斑"⑥。至春秋末叶,更"渐有成文法公布之举",在"疑义亦蜂起"的历史背景下,掀起了成文法运动的高潮⑦,也正式开启了中国法律公布的漫长历史实践。

法律公布活动在中国主要经历了以下三个阶段:

① 瞿同祖:《中国法律与中国社会》,商务印书馆 2010 年版,第 326 页。
② 参见徐燕斌:《中国古代法律传播史稿》,中国社会科学出版社,2019 年版,第 30 页。
③ 参见徐燕斌:《中国古代法律传播史稿》,中国社会科学出版社,2019 年版,第 30 页;张晋藩:《中国古代官民知法守法的法律宣传》,《行政管理改革》2020 年第 1 期。
④ 参见张晋藩:《中国古代官民知法守法的法律宣传》,《行政管理改革》2020 年第 1 期。
⑤ 参见郁嶷:《中国法制史》,震东印书馆 1931 年版,第 49—53 页。
⑥ 参见居正:《法律哲学导论》,商务印书馆 2012 年版,第 53—54 页。
⑦ [清]梁启超:《梁启超全集》,北京出版社 1999 年版,第 3629 页。

(一) 古代时期的发展轨迹

成文法运动在东周年间的兴起绝非偶然,它反映了大争之世富国强兵的现实需要、构成新旧贵族之间"一场尖锐的权力斗争"①。当时"欲实行强制组织,莫亟于法律之公布。故各国汲汲于立法事业,而或著诸竹帛,或泐诸金石。"②正是在这一历史背景之下,公元前536年,为了使"使百姓不仅知道法律的规范,而且还进一步了解违反既定的法律规范应受到的处罚"③,郑国执政者子产率先作刑书三篇,并且铸刑于鼎,以为"国之常法",凸显出法律在国家治理中的地位、使得中国的法律公布制度乃至法律宣传模式都向前推进了一大步,引发了极大的社会震动。当时著名的旧制度卫道士叔向为此专门致信表示反对:"民知争端矣,将弃礼而征于书,锥刀之末,将尽争之"。可子产却斩钉截铁地回应道:"侨不才,不能及子孙,吾以救世也。"④由此从"救世"的战略高度明确肯定了法律公布活动的变革功用,确立了我国历史上正式公布的第一部成文法,初步打破了传统贵族垄断法律的秘密法状态,使法律初步走向社会,充分彰显了"法布于众"的思想精神⑤。继子产之后的郑国大夫邓析,提倡"事断于法"、"欲改郑所著刑制",于公元前502年自编"竹刑",纵然身死而法存⑥。正如居正先生指出的那样,此时距子产铸刑书不过三十余年,即已由笨重的刑鼎演变为可以传写流通的刑书,不能不说是很快的进步⑦。

在此之后,法律公布运动更是持续加速。例如,襄公九年,宋国就将刑书载于器物。昭公二十九年冬,晋国执政者赵鞅、荀寅等又以一鼓铁铸刑鼎,刊载前任执政范宣子的刑书⑧。由此逐渐形成堪比罗马十二表法的"刑

① 张晋藩:《中国古代官民知法守法的法律宣传》,《行政管理改革》2020年第1期。
② [清]梁启超:《梁启超全集》,北京出版社1999年版,第1285页。
③ 张晋藩:《中国古代官民知法守法的法律宣传》,《行政管理改革》2020年第1期。
④ 参见居正:《法律哲学导论》,商务印书馆2012年版,第60页。
⑤ 参见北京大学法学百科全书编委会,饶鑫贤等主编:《北京大学法学百科全书:中国法律思想史·中国法制史·外国法律思想史·外国法制史》,北京大学出版社2000年版,第177页。
⑥ 参见高积顺:《论邓析》,载于《法律史论集》(第1卷),法律出版社1998年版,269—284页。
⑦ 参见居正:《法律哲学导论》,商务印书馆2012年版,第60—61页。
⑧ 参见居正:《法律哲学导论》,商务印书馆2012年版,第61页。

鼎之制",打破了"先王议事以制,不为刑辟"的礼制传统,形成了"民在鼎矣"的全新政治惯例,并在战国时期"徙木立信"等史实中得到延续和发展。由此使得贵族精英也不能再"信口雌黄"、受到法律的约束①。昔日"国无常法"、"临事议制,不预设法"、"刑不可知,则威不可测"的法律神秘主义局面至此在形式上逐步终结,断罪量刑的随意性为执法的程序化所取代,中国古代法律开始由随意性、神秘性,逐步走向规范化、公开化,为当时新兴地主阶级正在推进的以变革土地制度、赋税制度、军事制度为先导的社会改革提供了有力的法律保障,更促进了相对有效的社会动员,让中国法律也进入到一个新的发展阶段②。

在帝制时代,中国的法律公布活动仍在缓慢发展之中。汉代政令在下达之后,地方上有"选择良吏,分部宣布诏令,令民咸知上意。"的宣法传统,更创设"粉壁"、"榜谕"等揭示方法传播法律,产生较大的历史影响③;晋武帝时期,司马炎"亲自临讲,使裴楷执读。"又曾令侍中卢双,中书侍郎张华"表抄《新律》诸死罪条目,悬之停传,以示兆庶,有诏从之。"④表现出使《晋律》如风行草偃般加以传播的意图;在此之后,宋代统治者也高度重视法律公布问题,注意榜示公告的形式让百姓大众知晓。对于一些适用的法令,要求内外官司"写录厅壁,朝夕看读"⑤,还在公告之外,常令地方父老加以宣读配合⑥;而明太祖先于洪武六年"诏刑部尚书刘惟谦详定《大明律》,每奏一篇,命揭两庑,亲加裁酌。"再于洪武三十年作《大明律·诰》,明示"刊着为令,行之既久,犯者犹众,故作《大诰》以示民,使知趋吉避凶之道。"的布法意图⑦。更基于"言直理明,人人易晓"、"人人通晓,则犯法自少矣"的理念,采取了"芟繁就简"、"直言其事"等革新举措⑧,有力推动了法律公布活动的开展。

---

① 参见聂鑫:《中国公法史讲义》,商务印书馆 2020 年版,第 19—20 页。

② 参见北京大学法学百科全书编委会、饶鑫贤等主编:《北京大学法学百科全书:中国法律思想史·中国法制史·外国法律思想史·外国法制史》,北京大学出版社 2000 年版,第 1107 页。

③ 参见徐燕斌:《汉简扁书辑考——兼论汉代法律传播的路径》,《华东政法大学学报》,2013 年第 2 期。

④ 转引自杨鸿烈:《中国法律思想史》,商务印书馆 2020 年版,第 244 页。

⑤ 参见邓小南主编:《政绩考察与信息渠道——以宋代为重心》,北京大学出版社 2008 年版,第 335 页。

⑥ 参见邓小南主编:《政绩考察与信息渠道——以宋代为重心》,北京大学出版社 2008 年版,第 447 页。

⑦ 转引自杨鸿烈:《中国法律思想史》,商务印书馆 2020 年版,第 244—245 页。

⑧ 参见杨鹤皋:《宋元明清法律思想研究》,北京大学出版社 2001 年版,157—159 页。

在此特别值得一提的是,"中国之官报,远始于唐"①,经过历代发展,到清代已经形成了由"京报、京抄、邸报、邸抄等"等构成颇为前卫完备的官报刊载体系,并规定了严格的官报公布程序②。以致梁启超曾形容当时"会典律例诸大法典,每撰成,随即颁布,而其余各种单行法令,亦以京报发表之",颇有现代官报刊载法的风范,"法人马伊耶士谓此法由我国最初发明"③。

总之,正如梁启超指出的那样,"我国数千年来,皆执法律公布主义"④,在一定程度上反映了"统治作用渐进步"⑤的政治文明演进特点。当然需要指出的是,中国传统成文法仍存在"种类不备"、"固定性太过"、"体裁不完善"、"文体不适宜"等内在局限⑥,影响到法律公布的实效。邸报、京报等最新法律公布载体方式,又长期为统治者界定为便利上下传达政令信息的单纯政治工具乃至舆情操控手段,出于防范潜在社会监督的本能,对其传播过程施加了严格的管控限制。特别是自清军入关之后,就开启了以"言禁"、"书禁"、"报禁"为核心内容的"三禁运动",即便是在康乾盛世期间,依然屡兴"报案"、以近乎严酷的高压管制措施,在法律信息传播过程中人为制造了无所不在的"寒蝉效应"⑦。这种"权力的毛细管作用",对中国法律公布制度的持续健康发展,构成潜移默化的现实制约。加之在具体实践层面,古代中国也并未真正形成近现代意义上的法律家职业阶层,取而代之的却是一批上下其手、臭名昭著的刑名恶幕,进一步加剧了帝制晚期法律公布状况的败坏,以致于杨鸿烈先生反思批判道:真正现代意义上中国"法律公布的开始,已在满清快亡的时候了"⑧。

(二) 近代时期的剧烈变动

在西方文明的冲击下,刚刚步入 20 世纪,清王朝就被迫实施了庚子新

---

① 聂鑫:《中国公法史讲义》,商务印书馆 2020 年版,第 85 页。
② 参见聂鑫:《中国公法史讲义》,商务印书馆 2020 年版,第 85 页。
③ 参见[清]梁启超:《梁启超全集》,北京出版社 1999 年版,第 1309 页。
④ 参见[清]梁启超:《梁启超全集》,北京出版社 1999 年版,第 1309 页。
⑤ [清]梁启超:《梁启超全集》,北京出版社 1999 年版,第 1283 页。
⑥ 参见[清]梁启超:《梁启超全集》,北京出版社 1999 年版,第 1310—1316 页。
⑦ 参见孔泽弘、种晓明:《清代邸报的受众、"报案"及其舆论控制》,《广西职业技术学院学报》2020 年第 4 期。
⑧ 参见杨鸿烈:《中国法律思想史》,商务印书馆 2020 年版,第 248 页。

政、丙午立宪等重大举措。以此为开端,中国的法律公布制度在短短的四十年内经历了急剧变动的过程,并在数十部宪法性文献中得到充分反映,呈现出"螺旋式上升"的历史轨迹。总体而言,它经历了以下四个阶段的曲折发展历程:

1. 晚清时期

1908 年《钦定宪法大纲》"君上大权"第三条中明确规定:"钦定颁行法律及发交议案之权。(凡法律虽经议院议决,而未奉诏命批准颁布者,不能见诸施行。)"[1]三年以后出台的《宪法重大信条十九条》虽然没有明确法律公布职权,却在第五条中规定:"宪法由资政院起草议决,由皇帝颁布之。"第十八条进一步规定:"国会议决事项,由皇帝颁布之。"[2]从竭力维护"君上大权"到被迫接受"虚君共和",清廷在预备立宪时期首鼠两端的态度直接在这两部宪法相关规定之中得到体现,最终使得相关草创制度与隶属政权一同被辛亥革命的烈火所埋葬。

2. 南京临时政府时期

1912 年 3 月,在共和肇始背景下形成的《中华民国临时约法》在第 30 条明确规定:"临时大总统代表临时政府,总揽政务,公布法律。",第 23 条、第45 条又分别规定了临时大总统对参议院议决法律案的否决权和国务员在临时大总统公布法律时的副署要求[3]。虽然相关规定存在政体设计不周、权能赋予矛盾等问题,却无损它推进制度改革的理想光芒、推进了近代中国公布制度迅速迈向新的高峰。

3. 北洋政府时期

在武夫当国的历史背景下,1913 年 10 月出台的"天坛宪草"第 63 条规定:"大总统公布法律,并监督确保其执行。"[4]同时在第 91 条明确规定了法律公布期限、第 92 条赋予大总统有限的立法否决权[5]。这些规定不仅在立

---

① 夏新华、胡旭晟整理:《近代中国宪政历程:史料荟萃》,中国政法大学出版社 2004 年版,第 127 页。
② 夏新华、胡旭晟整理:《近代中国宪政历程:史料荟萃》,中国政法大学出版社 2004 年版,第 149 页。
③ 参见夏新华、胡旭晟整理:《近代中国宪政历程:史料荟萃》,中国政法大学出版社 2004 年版,第 158—159 页。
④ 夏新华、胡旭晟整理:《近代中国宪政历程:史料荟萃》,中国政法大学出版社 2004 年版,第 445 页。
⑤ 夏新华、胡旭晟整理:《近代中国宪政历程:史料荟萃》,中国政法大学出版社 2004 年版,第 447 页。

法技术层面有一定的创新性,更在"二次革命"失败的严峻时刻依然表现出对民主共和精神和责任内阁制原则的难得坚守。

需要指出的是,受民国初年"有派系而无政党、有利害而无政纲"的不良政治生态影响,当时的国会不仅意图通过《天坛宪草》的创制限制袁世凯的权力,更在此前后存在公然藐视总统法律公布权和法案否决权的违法越权现象①。以至于北洋当局曾专门发布《总统袁世凯咨宪法会议争宪法公布权文》,指责国会超越《国会组织法》权限、违反《临时约法》第22条特别是第30条的规定,在未咨送大总统公布、侵犯大总统法定职权的情况下,就在1913年10月4日将作为法律范畴的大总统选举法案由国会宪法会议自行发布。正是在"公布一种法律,赋予宪法会议以此项宣布权,乃竟贸然行使,其蔑视本大总统之职权关系犹小,其故违民国根本之约法影响实钜"②的名义下,袁世凯获得了进一步攻击议会民主体制的口实,最终悍然以武力解散国会、撕毁"天坛宪草",取而代之的是1914年的《中华民国约法》("袁记约法"),该法第34条规定:"立法院议决之法律案,由大总统公布施行。立法院议决之法律案,大总统否认时,得声明理由,交院复议,如立法院出席议员三分二以上仍执前议,而大总统认为于内治外交有重大危害,或执行有重大障碍时,经参政院之同意,得不公布之。"③上述变化使得法律公布相关规定从体现民主共和精神的制度变革元件迅速滑向为超级总统制乃至帝制张目的专制附庸。

不过在护国运动后的拨乱反正背景下,特别是在五四运动所象征的觉醒年代,法律公布制度也完成了自我的某种回归与救赎。1919年的《中华民国宪法草案》(即"民国八年宪法草案")第51条规定中,又完全回归"天坛宪草"原则性的制度安排,明确重申"大总统公布法律,并监督确保其执行。"④该法第80、81条对法律公布期限、大总统立法否决权的规定⑤,也与

---

① 参见聂鑫:《中国公法史讲义》,商务印书馆2020年版,第287页。
② 吴宗慈:《中华民国宪法史》,于明、王捷、孔晶点校,法律出版社2013年版,第175—176页。
③ 夏新华、胡旭晟整理:《近代中国宪政历程:史料荟萃》,中国政法大学出版社2004年版,第473页。
④ 夏新华、胡旭晟整理:《近代中国宪政历程:史料荟萃》,中国政法大学出版社2004年版,第506页。
⑤ 参见夏新华、胡旭晟整理:《近代中国宪政历程:史料荟萃》,中国政法大学出版社2004年版,第507—508页。

"天坛宪草"第91、92条规定基本一致,这些规定文字即便在1923年的《中华民国宪法》("贿选宪法")中也未受触动,为该法第79、104、105条完全沿袭①。

1925年12月段祺瑞执政府主导制定的《中华民国宪法案》则在第40到42条中对法律公布程序做了极为详尽的规定:"众议院议决之法律案,大总统须于送达后二十日内公布之。""众议院议决之法律案,大总统如否认时,得于公布期内声明理由,请求复议,如众议院有总议员过半数仍执前议时,大总统应即公布之。""众议院议决之法律案,除预算外,参议院如有异议时,得于十日内将否决或修正之理由,咨由政府,提付于众议院复议之,如众议院有总议员过半数之同意,仍执前议时,大总统应即公布之。"②相关规定颇为完备、在立法技术上达到较高水平,但未及实施就为政局变动所累、最终为大革命的洪流彻底淹没。

4. 南京国民政府时期

南京国民政府的法律公布之制源于北伐前夜。1925年7月《中华民国国民政府组织法》第4条规定:"公布法令及其他关于国务之文书,由主席及主管部部长署名,其不属于各部者,由常务委员多数署名,以国民政府名义行之。"③这一规定既反映了第一次国共合作时期国民党"以俄为师"、借鉴苏维埃制度的特色、采用委员制取代大元帅府一长制的制度变革特点,也回应了孙中山去世后国民党失去领导核心、政府实行集体领导的特殊时局。1927年3月武汉国民政府在《修正中华民国国民政府组织法》第4条进一步规定:"公布法令及其文书至少须有委员三人之署名。"④

南京国民政府建立之初,在沿袭委员制和集体领导的制度表象下,法律公布主体及其权限规定却反复变更。1928年10月《中华民国国民政府组织法》第13条规定:"公布法律,发布命令,经国务会议议决,由国民政府主席及

---

① 参见夏新华、胡旭晟整理:《近代中国宪政历程:史料荟萃》,中国政法大学出版社2004年版,第527—529页。
② 夏新华、胡旭晟整理:《近代中国宪政历程:史料荟萃》,中国政法大学出版社2004年版,第539页。
③ 夏新华、胡旭晟整理:《近代中国宪政历程:史料荟萃》,中国政法大学出版社2004年版,第783页。
④ 夏新华、胡旭晟整理:《近代中国宪政历程:史料荟萃》,中国政法大学出版社2004年版,第784页。

五院院长署名行之。"①1930 年 11 月《中华民国国民政府组织法》第 13 条规定:"公布法律,由国民政府主席署名,以立法院院长之副署行之"②。1931 年 6 月《中华民国国民政府组织法》第 5 条又规定:"国民政府公布法律、发布命令。"③这一规定终于在同年 12 月公布的《修正中华民国国民政府组织法》第 5 条④、1932 年公布的《中华民国国民政府组织法》第 5 条⑤中得以延续。相关职权规定在短时间内的反复变更,从一个侧面充分揭示了在"训政"初期,蒋介石与胡汉民、汪精卫等国民党元老以及各地方实力派尔虞我诈、勾心斗角的复杂权力博弈状况。

1935 年 11 月国民党"五全大会"营造的党内"统一"气氛⑥,为蒋介石当局在结束"训政"、"还政于民"的名义下,进一步调整包括法律公布制度在内的各项体制性规定创造了契机,促成了第二年"五五宪草"的出台。在该草案中,法律公布主体由"国民政府主席"改称"总统",并在第 38 条中明确规定:"总统依法公布法律,发布命令,并须经关系院院长之副署。"⑦第 70 条更明确赋予其立法否决权:"总统对于立法院之议决案,得于公布或执行前,提交复议",并规定了具体操作程序⑧。由此可见,这份充分体现"超级总统制"规划构想的宪法草案,可谓为蒋介石他日问鼎大位量身定做,其意欲摆脱"汪主政、蒋主军"的既有权力格局,并伺机正式取代国民政府主席林森、独揽党政军大权的野望可谓昭然若揭。

可是好景不长,"五五宪草"未及实施,就因"日军入寇、制宪国大未及召集而未能通过"⑨,待到 1947 年公布实施《中华民国宪法》("蒋记宪法")之时,已成为明日黄花。由于受国统区多轮宪政运动冲击特别是受 1946 年政

---

① 夏新华、胡旭晟整理:《近代中国宪政历程:史料荟萃》,中国政法大学出版社 2004 年版,第 786 页。
② 夏新华、胡旭晟整理:《近代中国宪政历程:史料荟萃》,中国政法大学出版社 2004 年版,第 789 页。
③ 夏新华、胡旭晟整理:《近代中国宪政历程:史料荟萃》,中国政法大学出版社 2004 年版,第 790 页。
④ 夏新华、胡旭晟整理:《近代中国宪政历程:史料荟萃》,中国政法大学出版社 2004 年版,第 794 页。
⑤ 夏新华、胡旭晟整理:《近代中国宪政历程:史料荟萃》,中国政法大学出版社 2004 年版,第 797 页。
⑥ 参见茅家琦、徐梁伯,马振犊,严安林等:《百年沧桑:中国国民党史(上)》,鹭江出版社 2009 年版,第 529 页。
⑦ 夏新华、胡旭晟整理:《近代中国宪政历程:史料荟萃》,中国政法大学出版社 2004 年版,第 985 页。
⑧ 夏新华、胡旭晟整理:《近代中国宪政历程:史料荟萃》,中国政法大学出版社 2004 年版,第 987 页。
⑨ 聂鑫:《中国公法史讲义》,商务印书馆 2020 年版,第 369 页。

协会议"宪法草案案"的制约,蒋介石集团此时已经无法按照自身意愿全面贯彻"五五宪草"的制度设计初衷,导致新宪法充满妥协色彩:一方面,该宪法第37条部分采纳"五五宪草"的规定精神:"总统依法公布法律,发布命令,须经行政院院长之副署,或行政院院长及有关部会首长之副署。"①另一方面,根据该宪法第72条以及第57条的相关规定,对于已通过的立法院法律案"总统应于收到后十日内公布之",只是对行政院提出的法律复议主张享有"核可"之权②。由此折射出一种"总统有权,内阁有责",融中国"君—相制衡"传统和西方现代总统制内阁制混合政体设计于一炉的制度建构思路③。蒋氏对这种"双首长制"的政体理念颇为不满,遂很快抛出《动员戡乱时期临时条款》,企图冻结宪法实施、转而利用总统紧急处分权总揽军国大事,却无法挽救国民党政权在大陆黯然收场的悲剧宿命。

上述相关宪法规定的变化,一方面反映了蒋介石在意图实现"总统梦"的权力欲驱动下,以制定"约法"、实施"宪政"之名,逐步推动国民政府相关体制由集体元首制向个人元首制转变的历史轨迹,另一方面又反映了在各路反蒋势力、特别是在中国共产党领导的人民民主阵营的长期反抗之下,他憧憬的"雄图霸业"终成"金陵春梦"的微妙史实。

纵观四十余年的旧中国近代法律公布制度变迁史,我们能够看到政治因素鲜明的宰制作用,特别对法律公布主体及其职权等立法制度规定产生直接影响。但是需要指出的是,与此同时,中国法律公布程序特别是法律公布方式等相关立法技术规定则呈现出相对顺畅、日趋严密的发展趋势。实现了从晚清时期相关规定的轻描淡写,到北洋末期《中华民国宪法案》的缜密规定的飞跃。在此基础上,国民党当局于1928年制定《立法程序法》、次年又制定《法规制定标准法》,对法律公布程序做了更加细致的技术固定④,折射出"周虽旧邦,其命维新"的民族精神,更体现出对法律公布价值及其运作

---

① 夏新华、胡旭晟整理:《近代中国宪政历程:史料荟萃》,中国政法大学出版社2004年版,第1107页。
② 参见夏新华、胡旭晟整理:《近代中国宪政历程:史料荟萃》,中国政法大学出版社2004年版,第1108、1110页。
③ 参见聂鑫:《中国公法史讲义》,商务印书馆2020年版,第291、293页。
④ 参见夏新华、胡旭晟整理:《近代中国宪政历程:史料荟萃》,中国政法大学出版社2004年版,第800—801页。

规律某种日趋理性的认识。

(三) 现代时期的全新探索

中国共产党对现代法律公布制度的建构探索最早可追溯到 1934 年 2 月 27 日公布的《中华苏维埃共和国中央苏维埃组织法》之中。该法第 12 条规定:"中央执行委员会得颁布各种法律和法令,并施行于中华苏维埃共和国的全境。"[1]第 24 条又赋予全国苏维埃代表大会及中央执行委员会"颁布民事、刑事及诉讼等法律"以及"颁布劳动法、土地法、选举法、婚姻法、苏维埃组织法及一切单行的法律"的法定职权[2]。由此直接构成新中国相关制度的雏形。

建国之初,根据《共同纲领》特别是《中华人民共和国中央人民政府组织法》第 7 条规定,由中央人民政府委员会享有"制定并解释国家的法律,颁布法令,并监督其执行"[3]的法定职权。因此建国初期的《婚姻法》、《工会法》、《土地改革法》等重要法律均由中央人民政府主席毛泽东发布专门命令、予以公布施行[4]。

在此基础上,1954 年 9 月 20 日通过的《中华人民共和国宪法(1954 年)》第四十条明确规定:"中华人民共和国主席根据全国人民代表大会的决定和全国人民代表大会常务委员会的决定,公布法律和法令"[5]。在简洁的规定中充分体现了一种制度理性的力量。

但是好景不长,"五四宪法"实施不到 3 年,就开始遭遇"虚置化"的厄运,其所确立的法律公布制度也随之遭遇"皮之不存毛将焉附"的尴尬:据统计,在 1957 年到《中华人民共和国宪法(1975 年)》出台前的近 18 年间,作为中

---

[1] 韩延龙、常兆儒编:《革命根据地法制文献选编》(上卷),中国社会科学出版社 2013 年版,第 326 页。
[2] 参见韩延龙、常兆儒编:《革命根据地法制文献选编》(上卷),中国社会科学出版社 2013 年版,第 327 页。
[3] 中共中央文献研究室、中央档案馆编:《建党以来重要文献选编(一九二一——一九四九)》,第 26 册,中央文献出版社 2011 年版,第 751 页。
[4] 参见中共中央文献研究室编:《建国以来重要文献选编》,第 1 册,中央文献出版社 2011 年版,目录 4—7 页。
[5] 全国人大常委会法制工作委员会宪法室编:《中华人民共和国制宪修宪重要文献资料选编》,中国民主法制出版社 2021 年版,第 314 页。

国唯一享有国家立法权的全国人大,除了通过《1956年到1967年全国农业发展纲要》之外,没有制定一个法律;享有法律制定权的全国人大常委会自行通过的条例、办法也仅10个[①]。由此使得相关规定逐渐沦为"睡眠条款"。特别是由于"七五宪法"删除了设置国家主席的全部条文,这一制度在"文革"后期被完全废除。

"文革"结束以后,1978年3月通过的《中华人民共和国宪法(1978年)》则在第26条中规定:全国人民代表大会常务委员会委员长"根据全国人民代表大会或者全国人民代表大会常务委员会的决定,公布法律和法令"[②],表现出对"五四宪法"体制的局部回归。但这终究只是在国家主席制度没有恢复之下的权宜之计、导致国家元首职权行使"叠床架屋"、运行紊乱[③],特别是在具体实施过程中,还存在"有些法律没有按宪法要求由委员长公布,而是由人大常委会、人大主席团公布的。"[④]的情况,充分体现其作为"两年徘徊时期"产物的"过渡性"特点。

唯有在改革开放新时期,新中国的法律公布制度才迎来全面恢复和持续发展的真正春天:在1979年7月1日"一日七法"的立法工作助推下,特别是在其中"两法"(刑法、刑诉法)的公布作用下,新中国正式开启了由"政策治国"、"文件治国"、"长官治国"向"以公开而稳定的法律治国"的探索过程,以致当时一些秉持传统思维的政法干部不禁感慨:不同于以往依靠政策文件得心应手、灵活机动打击犯罪的状况,"两法"公布后,没有法律规定的很多行为我们就不好打击了,我们办案子就得讲程序合法了,陷入"有时鞭长莫及,有时束手束脚"的境遇[⑤]。从一个侧面彰显了法律公布的权力制约之效。

在此之后,《中华人民共和国宪法(1982年)》在恢复国家主席设置的基础上,于第80条明确规定:"中华人民共和国主席根据全国人民代表大会的

---

① 详情参见韩大元主编:《新中国宪法发展70年》,广东人民出版社2020年版,第231页。
② 全国人大常委会法制工作委员会宪法室编:《中华人民共和国制宪修宪重要文献资料选编》,中国民主法制出版社2021年版,第261页。
③ 参见韩大元主编:《新中国宪法发展70年》,广东人民出版社2020年版,第221页。
④ 周旺生:《立法学》,法律出版社2004年版,第121页。
⑤ 参见黄东海、范忠信:《春秋铸刑书刑鼎究竟昭示了什么巨变》,《法学》,2008年第2期。

决定和全国人民代表大会常务委员会的决定,公布法律"①。"八二宪法"的上述规定为法律公布相关制度的后续发展进一步开辟了道路。

不过在此后很长时间里,存在"宪法和法律没有规定公布法律的时间和方法。"②的"法律空白区",以及"多数法律由国家主席公布,也有一些则没有标明由谁公布。"③等实践问题。为了解决这些问题,2000 年《立法法》得以正式出台,并于 2015 年进一步修改,明确规定:"签署公布法律的主席令载明该法律的制定机关、通过和施行日期。"、"法律签署公布后,及时在全国人民代表大会常务委员会公报和中国人大网以及在全国范围内发行的报纸上刊登"④。由此标志着新中国法律公布制度开始走向相对成熟的阶段,更适应了信息社会的发展潮流、形成了网络电子公布法等创新性规定。

四、世界法律公布实践历程的情况总结

纵观世界法律公布实践历程,都体现出对"国民知国法"的近世文明准则的体认,展现出"人类有国家的共同生活之自觉",形成了"不告而罪是为虐"的历史理性⑤,最终终结了秘密法时代,确立了法治的底线基准,彰显了法治文明领域的全人类共同价值,具有重要的历史进步意义。

不过需要注意的是,就中国与西方法律公布实践的具体历史发展过程,其中又存在微妙的内在张力,反映了不同地域法律文化特色:

在西方法律文化的发展演进和历史层积过程中,一个不竭的推动力量

---

① 全国人大常委会法制工作委员会宪法室编:《中华人民共和国制宪修宪重要文献资料选编》,中国民主法制出版社 2021 年版,第 43 页。

② 发现这一问题的王长斌先生在词条中指出:"实践中,多数法律于通过当日公布,有的法律是通过后间隔几天公布的。全国人民代表大会及其常务委员会通过的法律是在《中华人民共和国全国人民代表大会常务委员会公报》上公布。"(参见孙国华主编:《中华法学大辞典·法理学卷》,中国检察出版社 1997 年版,第 116 页。)

③ 周旺生:《立法学》,法律出版社 2004 年版,第 121 页。例如,全国人大常委会《关于授权国务院改革工商税制发布有关税收征收条例草案试行的决定》、全国人大《关于海南行政区建制的决定》等,就没有示明由谁公布。(参见周旺生:《立法学》,法律出版社 2004 年版,第 183 页。)

④ 司法部编:《新编中华人民共和国常用法律法规全书(2021 年版)》,中国法制出版社 2020 年版,第 1—5 页。

⑤ 参见[日]穗积陈重:《法律进化论(法源论)》,黄尊三等译,中国政法大学出版社 1997 年版,第 135—136 页。

就是多元集团的存在,由此使得西方法律文化的发展演变具有强烈的社会力量驱动色彩,并对法律公布制度的演变产生直接影响:在古希腊和古罗马,平民与贵族的长期斗争构成了法律变革的重要主题,并直接促成了成文法的诞生;法国大革命,奏响了贵族革命、资产阶级革命、农民革命和城市工人革命的大合唱,正是在四大社会运动自发却又协同的复杂作用下,方才使得大革命发展到旧制度永远无法复辟的程度①,还让现代法律公布制度得以逐步确立;而俄国十月革命所象征的第四等级(无产阶级)主导的社会革命也对西方现代法治的塑造产生鲜明影响,更凸显出法律公布制度蕴含的法制教育意涵。在这纷繁复杂的法律公布实践历程中,一条贯彻其中的主线就是依托建立在现实阶级(阶层)力量对比关系基础之上的社会演进模式,其直接的实践效果就是权利在社会群体中的不断普及与发展。

　　与之相比,中国法律文化则更带有较强的国家主导色彩和鲜明的官僚文化特征。正如昂格尔指出的那样,即便是在春秋战国时代这个关键的、与现代欧洲法律史颇有几分相似的改革阶段,也"没有什么社会集团、等级或机构设法维护它们对于政府的独立性"②,最终构建起一种"趋向于帝国式的官僚国家和它的规章性的法律"③。与之相适应,中国的法律公布实践,尊奉的乃是集中统一的国家主导模式,主要是执政者鉴于"事实上家喻户晓,势有不能,而不告而罪为虐,故不得已"的权力发展需要而得以逐步生成,意图以"晓谕人民"的官方形式,达成"别黑白而定一尊"、"政令畅通"的简约治理效果,并进行了持续的政治引导和技术创新④,促进了职业化和专业化的官僚体系建构,推广了以成文法为基础的文书行政模式,确立了以一种全新的

---

① 正如有学者指出的那样:"没有贵族的反叛就不会有三级会议,没有资产阶级的反叛就没有国民议会,没有农民的反叛就不会废除'封建制',没有城市人民大众的骚动,就不会有抵抗反动势力的坚定立场,没有农民和人民大众的动乱也就没有抵御第一次反法联盟的国民自卫军。"参见[英]A·古德温:《新编剑桥世界史(第8卷):美国革命与法国革命:1763—1793年》,中国社会科学院社会历史研究所组译,中国社会科学出版社1999年版,第543—544页。
② [美]R.M.昂格尔:《现代社会中的法律》,吴玉章、周汉华译,译林出版社2001年版,第99页。
③ [美]R.M.昂格尔:《现代社会中的法律》,吴玉章、周汉华译,译林出版社2001年版,第99页。
④ 参见[日]穗积陈重:《法律进化论(法源论)》,黄尊三等译,中国政法大学出版社1997年版,第135—136页。

统治计量标准①。

　　当然,随着世界市场的开辟、全球化的展开特别是民主政治的普及,当前两大类型之间的个性差异日趋缩小,但其中隐藏的文化基因仍然在悄无声息地影响着各自的相关历史实践历程。

---

① 参见沈玮玮:《郑晋之别:春秋中晚期铸刑事件意义重释》,《法律适用》2017 年第 20 期。

第二章　法律公布的价值意涵

早在 1941 年,美国学者 Gilbert Bailey 就发现,通过公开展示法典的方法公布法律的做法,几乎是古代各大法系的普遍做法。为何得以如此? 根据他的观察,支持法律公布的有效来源的预设有如下几种[①]:

（1）**法律由上帝或理性公布**

在这种观念下,法律不过是先验道德原则的实体,而世人都能预先知晓,因为上帝直接将法律刻在世人心中。换言之,就像阿奎那所说的那样,作为理性命令的法律,应藉由谋求公共福利,由负责统治社会者指定发布[②]。

（2）**法律通过习惯公布**

所谓习惯,就是特定社群的集体记忆。每个人都能预先知晓习惯法,因为习惯源自共同体成员一致同意的特定制裁,而这种同意暗示了法律内容的预先知晓。对美国法律理论产生重要影响的国父、保守主义法学家和大法官詹姆斯·威尔逊称之为"无声却真正的法律公布"。

（3）**法律以出版形式公布**

在这种观念下,每个人都被预先设定他能通过阅读法律知晓一切要求,并且所有人都被认为有可能接触到在大众场所张贴、或以其他出版形式展现的法令,从而自觉熟悉法律。

（4）**建设性在场的想象**(The Fiction of Constructive Presence)

这一观点认为,每个人都被预设知晓法律,因为其能通过其在立法机关

[①] Gilbert·Bailey, The Promulgation of Law, *The American Political Science Review*, Vol. 35, No. 6,（Dec. , 1941）, pp. 1061.

[②] 转引自 W. Friedmann:《法理学》,杨日然等译,司法周刊杂志社 1984 年版,第 117 页。

的代表建设性地参与发现或制定法律的立法进程,并且是法律裁判过程中涉及每项举措通过的当事人。其主要源于英国中世纪后期的国会立法实践的结果。

(5)作为改革结果的公布

这一观点认为在现代法理学中,法律公布并不仅仅意味着法典化或法律出版,而是指一种建立在适用于所有法律的共通哲学基础上的全新法律观念,是一种得以将各种法律规则引向单一中心的、具有足够说服力的"理由"(reason)。

正如 Gilbert Bailey 所概括揭示的那样,上述肯定法律公布活动的论据理由,都从不同面向强调了法律公布所具有的丰富价值意涵。

一、形式特点

正如霍布斯曾经指出的那样,法律是一种通过语言文字或其他同样充分的形式宣布或表达的主权者命令[1],构成"白纸黑字的一般规则"[2],能够"在表象上对洽于一定主体的需要、欲望、要求、理想",在形式上表现出某种特殊的"存在、性状、属性、作用、特征"[3]。特别是在全体社会成员构成法的价值主体的背景下,提出了法律公布的具体形式要求,表现出以下三层特性:

(一)公开性

即强调法律规则"不能以无人知晓的内部秘密规定作为法"[4],在形式上应犹如"白纸黑字"一般透明公开、让人看得见摸得着。因为正如古谚所云,对于法律来说,清晰往往比正确更好[5]。唯有依托语言、文字或其他公开的表达形式,人们方可清楚知晓实在法的意涵,能够在无需担忧揣测立法者特

---

[1] 参见张恒山主编:《外国法学名著精要(上)》,中国法制出版社 2019 年版,第 395—397 页。

[2] 刘星:《西方法律思想:传说与学说(增订版)》,广西师范大学出版社 2019 年版,第 52 页。

[3] 参见北京大学法学百科全书编委会编,周旺生、朱苏力分册主编:《北京大学法学百科全书:法理学·立法学·法律社会学》,北京大学出版社 2010 年版,第 206 页。

[4] 北京大学法学百科全书编委会编,周旺生、朱苏力分册主编:《北京大学法学百科全书:法理学·立法学·法律社会学》,北京大学出版社 2010 年版,第 206 页。

[5] 参见[美]斯科特·夏皮罗:《合法性》,郑玉双、刘叶深译,中国法制出版社 2016 年版,第 336 页。

定意图的前提下,依照常识理性有序构建全新的法律关系,增进清晰、可预测性与自制等法律基本价值,并与法律适用过程中倡导的正确、灵活性和裁量等其他价值相平衡,逐步夯实法律的社会事实基础、构建理性的法律制度。

(二) 普遍性

即遵循法律的一般规则属性,遵循对所有人一视同仁的普遍性原则,发挥"广为告知"的功用、抑制"看人下菜碟"等不平等适法现象,夯实法律的民意基础。毕竟,正如菲尼斯指出的那样,"法律具有一个公共'形式',并在这两个方面居于法律制度('法律的……')规则理念的核心,而非个人自由裁量权('人的……')的核心"。否定这种程序和形式上的普遍适用性,就会对相关法律主体、法院乃至其他负有执法之责的官员造成不公正对待,最终影响法律的协调功能和其他指令性功能的正常行使[1]。这从反面充分说明了法律公布的普遍性价值。

(三) 正式性

即强调法律公布在本质上是一种国家专门的制度性活动的事实。正如有学者指出的那样,法律产生于官方的"制定规则"行为,只要依照一个确定的"方式和形式"制定,立法的产物作为法律就会被人们视为是有效的[2]。"他们能够知道他们法律上负有义务,只是因为规划者遵循了正确的程序。"[3]法律公布就是这样一种确定的方式形式、一种正确程序,确证它颁布的是"法律上有效的"、"根据大多数官员所接受的规则而被制定"的规范[4]。换言之,如果想知道一个规则是不是法律,基于它是否公布、如何公布的事实查明一下它是否出自官方人士的"权力手笔"即可[5]。

因此,法律公布活动的有效推进,能够在社会大众中间培育一种明辨是

[1] 参见[英]约翰·菲尼斯:《法哲学:〈菲尼斯文集〉. 第四卷》,尹超译,中国政法大学出版社 2017 年版,第 128 页。
[2] 参见[英]约翰·菲尼斯:《法哲学:〈菲尼斯文集〉. 第四卷》,尹超译,中国政法大学出版社 2017 年版,第 128 页。
[3] 参见[美]斯科特·夏皮罗:《合法性》,郑玉双、刘叶深译,中国法制出版社 2016 年版,第 273 页。
[4] 参见[美]斯科特·夏皮罗:《合法性》,郑玉双、刘叶深译,中国法制出版社 2016 年版,第 273 页。
[5] 参见刘星:《西方法律思想:传说与学说(增订版)》,广西师范大学出版社 2019 年版,第 10 页。

非、遵纪守法的"好人"品格①,强化对"凡是国家议会颁布的就是法律"、"一个规则是一个法律制度的规则,当且仅当这个规则由立法机关颁布,或者来自立法机关颁布的规则"等承认规则具体陈述的思想认同②。由此以"元规则"的形式,推动法律的有效实施,促成由"以力服人"、"以利服人"向"以理服人"的法治观念转变。充分彰显了官方颁布的正式性,夯实了相关立法和适法活动的法律基础。

综上所述,法律公布是区分法律规则和非法律规则的重要"事实"和"标尺",能够把那些基于官方人士"制定规则"行为产生的、在"白纸黑字"中得以明确的普遍性规定真正上升为法律③,充分夯实相关制度实践的事实、民意和法律基础,实现事理、情理和法理的有机融合。

二、文化意蕴

卢梭明确指出:"法律作为一种行动指南,如果不为人知而且也无法为人知,就只能成为一纸空话"④。当代学者 Clarie Grant 也指出:"并非讲不可知的法律就不会被滥用,只是说对法律的基本了解确实能够排除某些滥用法律的形式"⑤。中国学者马小红女士更明确强调:"法布于众是法治的前提。没有人人知晓的法律,就无法事断于法,也就无法以法治国。"⑥由此充分揭示了法律公布所蕴含的深刻文化价值:

(一)反映合法性的内在要求

公布法律绝不仅仅是一个有效性层面的法律文化现象,更是一种超越现实权力考量抑或单纯道德愿景的规范性命题,直接构成判断法律品质的合法性条件之一。

---

① 参见刘星:《西方法律思想:传说与学说(增订版)》,广西师范大学出版社 2019 年版,第 116 页。
② 参见刘星:《西方法律思想:传说与学说(增订版)》,广西师范大学出版社 2019 年版,第 124 页。
③ 参见刘星:《西方法律思想:传说与学说(增订版)》,广西师范大学出版社 2019 年版,第 10 页。
④ [法]卢梭:《社会契约论》,何兆武译,商务印书馆 1982 年版,第 50 页。
⑤ See Claire Grant. Promulgation and the law, *International Journal of Law in Context*, Vol. 2, No. 3, (Sep. , 2006), pp. 328.
⑥ 北京大学法学百科全书编委会,饶鑫贤等主编:《北京大学法学百科全书:中国法律思想史·中国法制史·外国法律思想史·外国法制史》,北京大学出版社 2000 年版,第 177 页。

众所周知,法律既是主权者意志的体现、却也是公共理性的反映,既是由国家权力保障的强制命令、却也是建立在道德准则之上的商谈理解[①]。其"通过各种方式管控着信赖系统"、维系着共同体内部的人际信任关系。但是"法律并不关注每一个特殊的信任关系,而是聚焦于更加一般意义上的、典型的集体参与模式",即"通过认可和保障那些促进信任关系的经验条件来提供支持",依托"权威地界定了各种组织、团体、实践、交易或是制度的特征"的调整方式,对社会这一庞杂的沟通系统起到间接支持的作用、达成"定分止争"之效[②]。

公布法律、明晰规则正是支持并促进社会信赖关系、实现多元主体有序交往和理性互动的法治运行基本方式。它关涉法治运行的社会基础,承载着创建社会有机秩序的文化功能,对社会信赖关系的正常维系具有举足轻重的作用。法律没有公布的危险后果,绝不只是简单地导致法制败坏,而是完全没有一点法制的影子。换句话说,法未公布被认为是立法者未能完成立法的首要表现。正如富勒指出的那样,公民享有了解法律的权利,不能因为其没有或不必行使而加以剥夺;知晓法律的人能间接影响其他人的行为模式;法律公布有助于对执法者的监督批评;现代法律中进行的特定形式的活动,与公众是否理解关联不大,不能据此否定法律公布的正当性[③]。不仅如此,唯有公布法律,才能明晰法律主体责任。确保各法律行为者"实际知晓或者推定知晓"其在共同体关系网中的法定责任,能够理性预见其行为可能诱发的潜在法律风险[④]。

此外,正如夏皮罗指出的那样,法律公布问题不仅关乎立法过程的评价问题,它实际上还涉及立法效果的评价问题。因为法治在实践层面是社会规划之治,法律的公开要求正是"法律规划具有社会性"的直接体现,它通过

---

① 参见[英]罗杰·科特雷尔:《法律、文化与社会:社会理论镜像中的法律观念》,郭晓明译,北京大学出版社 2020 年版,第 107 页。

② 参见[英]罗杰·科特雷尔:《法律、文化与社会:社会理论镜像中的法律观念》,郭晓明译,北京大学出版社 2020 年版,第 156—157 页。

③ 参见[美]富勒:《法律的道德性》,郑戈译,商务印书馆 2005 年版,第 61—62 页。

④ 可参见[英]罗杰·科特雷尔:《法律、文化与社会:社会理论镜像中的法律观念》,郭晓明译,北京大学出版社 2020 年版,第 265 页。

为公众所知的政策来管理大部分共同活动。正是基于法律公布所蕴含的这种社会规划属性,促进了法治的两种重要的自主利益:(1)可预测性。它使社群成员能够预测官方行动,因此有效地规划他们的生活;(2)追责制。它限制了官方行为,因此保护公民免于官员的专断和歧视行为①。换言之,如果一个制度不能正常地制定出公开颁布的标准,并且没有把这些标准适用于产生的案件之中,那么它就不能提供我们解决我们应当解决的难题所需要的指引、协调和监督②,趋于无效。

(二)发挥仪式感的凝聚作用

在中国古代,每当要公开发布法律诏书,往往要先举行庄重的开读仪式,如此方可颁行于天下③。这种对法律公布仪式感的追求也在一些国外相关事例中得到彰显。

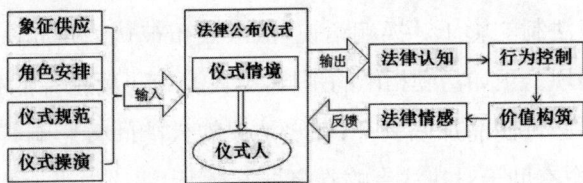

图2-1　法律公布仪式作用图④

中外各国如此表现,皆因如上图所示,在法律公布活动中,通过一系列合法化仪式的规范运行和有效展示,能够编织一张精致的象征之网,在法律象征/符号的意义表述和价值阐释过程中,凸显被公布法律的重要性、赋予其相应的仪式感,促进相应的意识形态整合、凝聚必要的政治法律认同。具体而言,国家基于相关表意符号乃至文化图腾的象征供应,辅之以周密细致的角色安排和仪式规范,并通过可视化的仪式操演,推进相关器物的"符号

① 参见[美]斯科特·夏皮罗:《合法性》,郑玉双、刘叶深译,中国法制出版社2016年版,第510—511页。
② 参见[美]斯科特·夏皮罗:《合法性》,郑玉双、刘叶深译,中国法制出版社2016年版,第512页。
③ 参见杨一凡编:《中国古代法律形式研究》,社会科学文献出版社2011年版,第437页。
④ 在此参考借鉴了王海洲先生《政治仪式:权力生产和再生产的政治文化分析》第334和366页的相关图式,特此致谢。

化"进程、有效植入一种规范化的符号象征体系,在具体情境和相关人员的微妙互动中,发挥法律公布仪式的戏剧性和审美性功能,实现文化、政制和事件的有效衔接,实现权力与合法性的有效衔接,实现历史记忆与未来期许的有效衔接,由此强化受众的法律认知、推动行为控制、达成"政治社会化"目标,更通过权力表达象征性的价值构筑,获取民众在感觉、信念、价值和态度等法律情感层面的认同①。

总之,通过法律公布活动,在合理场域内能够提供将社会权力上升为公共权威的合法性,更通过文化仪式感的合理借用,实现理性与意志、政治功用与道德信仰的有机统一,进一步彰显法律在现代国家中的正式支配地位,将抽象的法律规定充分转化为有效的规制实践。

三、运行条件

法律公布是必要的,但它不是自古即可施行的,其也是历史的产物,受到复杂的物质、精神等诸方面因素影响。穗积陈重即对此做过相关的论述。而在笔者看来,有 4 项影响条件需要注意,其分别是作为布法前提的文字条件、可靠的媒介载体、相对开明的政治条件和具有推动意义的民权条件。具体而言,其内容包括:

(一) 文字条件

法律公布制度的产生,是人类文明进步的重要标志。正如民国学者郁嶷所云:"法律公布制度一发生,即其国群文明渐进之表征也。"②而这种文明的进化表征,其突出表现就是文字的使用。矶谷幸次郎在《法学通论》中说:"在昔人文未开,文字未大用时,立法者虽制定成文法,然人民不能知晓。故此时代,概以惯习法为法律。迨社会进步,文字之用渐多,因之立法者以用文字制定法律为便利。而立法之机关,亦日加繁剧,此历史上不容疑之事迹

---

① 参见王海洲:《政治仪式:权力生产和再生产的政治文化分析》,江苏人民出版社 2016 年版,第 5、98—109、211、335 页。

② 郁嶷:《中国法制史》,震东印书馆 1931 年版,第 49 页。

也。"①无论是成吉思汗在畏兀儿文基础上创立回纥体蒙古文不久,广为知晓的《大扎撒》便应运而生,还是松赞干布令桑布扎在创立藏文的同时,便着手西藏成文法的起草和公布的历史事实,都验证了这一观点的正确性。

在文字出现之前,人类社会的法律传承,主要依靠口耳相传,辅之以象刑等绘画法加以理解。其结果是秘密法的长期盛行。例如,在古希腊从英雄政治过渡到贵族政治时期,由于受到口头传统的巨大影响,仍然奉行不成文法。"在没有成文法典的情况下,可以说,那些宣告和解释法律的人,就是制定法律的人。"公元前 7 世纪中叶,雅典仍然被口头传统宰制下的不成文法所支配,然而随着文字的增加,情况发生变化:"德拉古和梭伦改革的立法,铭刻在木板或石版上,钉在公共建筑的墙上。德拉古之后的那一代人,一旦立法,也就立即将其公示在墙上。"②徐忠明也认为,伴随着文字的产生,才有统治阶层公诸于世的法律,才进行了真正自觉的法律宣传活动,并成为一种现实的国家行为③。

(二) 媒介载体条件

虽然文字颇为重要,但如果没有理想的媒介载体,法律公布活动势必难以为继。其充分反映了物质文明的内在要求。正如有学者指出的那样,媒介技术在时间和空间上对社会政治组织形态往往能产生决定性的影响,进而在激烈的新旧交替过程中推动了法律的适用与传播:"巴比伦帝国观念兴起的原因之一,是泥版和苇管笔的文明与石头和凿刀文明的冲突。在两河流域北部,建筑、雕塑和文字使用石头,它倚重君主制和中央集权。使用泥版的宗教组织倚重时间和连续性。这样的宗教组织,必然和使用石头、倚重技术进步的军事组织产生冲突。""这样的军事组织倚重的是空间。闪米特国王与苏美尔僧侣的冲突,促进了法律的成长。法律的成长表现在汉穆拉比法典的问世之中。宗教变得更加具有弹性,更加适合武力的要求。诸神沦为秩序的棋子,井然有序,法律反过来依赖诸神。对军事组织和空间的倚

---

① [日]矶谷幸次郎、[日]美浓部达吉:《〈法学通论〉与〈法之本质〉》,王国维等译,中国政法大学出版社 2006 年版,第 89 页。
② [加]哈罗德·伊尼斯:《帝国与传播》,何道宽译,中国人民大学出版社 2003 年版,第 64 页。
③ 徐忠明、杜金:《传播与阅读:明清法律知识史》,北京大学出版社 2012 年版,第 172 页。

重,就需要法律具有普遍适用的价值。"①

当然,媒介载体技术的应用也需要一定的客观条件:

一方面,它对公布法律所需的特定资源禀赋有要求。例如,古代雅典之所以在法律公布实践领域遥遥领先于希腊世界其他各邦,不可否认其有一个极大的天然优势:当时雅典最大的特产即是石料。这些石料不仅可以用来建筑最宏伟的庙宇、最华丽的祭坛,以及雕刻最优美的神像,而且也可以制作大量公布法律所需的石板转轴。正因为雅典石料资源丰富而且质量上乘,所以雅典城市建设和发展过程中,修建了不少引以为豪的公共建筑物②,其中亦不乏许多与公布法制相关的法律建筑物。所以今日看似稀松平常的物质矿藏,当时往往是确保法律公布活动得以有效实施、令布法者避免"巧妇难为无米之炊"尴尬的重要功臣。

另一方面,仅有一定的物质原料是远远不够的,还必须有成熟过硬的技术标准做配套支撑,才能真正打造公布法律所需的理想载体。众所周知,春秋末期以晋国"铸刑鼎"为代表的成文法运动是划时代的历史事件,然而布法所需的金属鼎、特别是铁鼎的铸造是个颇为艰巨的任务:要确保将庞杂大写的刑书内容铸在铁鼎上为人识别、供人知晓,一方面固然导致铁鼎体积庞大,因此其所需流动状态的铸铁数量也极为惊人③;另一方面其在无形中对制鼎质量提出形同"刑范正,金锡美,工冶巧,火齐得"般的高标准要求。如果春秋时代没有成熟的冶铜术、并进而产生独立的铸铁冶炼技术作后盾并加以推广,布法所需的金属材料产量和质量无法得到保障,这项变法改制工作的操作难度是可想而知的,预期的法律公布目标也无法真正得以有效实现;同样,在日本明治维新后法律公布制度变革过程中,有无近代化的交通邮政工具和印刷技术作为保障,是决定其两次官报登载法改革实际运作效果迥异的重要原因之一。近年来,随着网络技术的发展,其对法律公布载体形式的补充与改造,仍是一个进行时,然而既有法律信息的发布和传播,已

---

① [加]哈罗德·伊尼斯:《帝国与传播》,何道宽译,中国人民大学出版社,2003,第55页。
② 参见厉以宁:《希腊古代经济史(上编)》,商务印书馆2013年版,第176页。
③ 事实上在晋国,当时布法所需之铁是作为军赋向民间征收方得以解决的。

呈几何般的爆炸性增长，正日益改变我们对法律形式乃至本质的想象。生产力的深刻影响可见一斑。

（三）政治条件

从东西方政体发展的历史视角来看，法律的公布往往与建立在漫长阶级斗争基础上得以逐步发展的新型政治制度紧密相联。一般而言，强大开明的新型政治体制是法律公布制度形成的有利条件。

众所周知，我国中原地区春秋战国时期的法律公布运动是与富国强兵的政治改革大势紧密相连的：郑国子产"铸刑书"，晋国赵鞅、荀寅"铸刑鼎"等举措所开启的成文法运动，也反映了"礼崩乐坏"背景下新兴地主阶级为打破传统世卿世禄的贵族政治格局、为全新的官僚政治铺路的意图，进而构成使神州从邦国体制转变为帝国体制所进行的一系列政治变革中的重要一环，顺应了时代的发展要求；而蒙藏地区的法律公布实践的启动与成吉思汗、松赞干布等人主导的强盛统一的地方性政权建设和扩张亦有不解之缘。而在西亚、俄国、日本等地依次出现和完善的法律公布制度，也往往成为展现新兴集权国家意志的得力工具。例如，著名的《汉穆拉比法典》序言中就强调，该法令是要向公众展示的，公民可以阅读，或者由他人宣读。它们并不是我们今天所理解的法律：它们是国王的决定，是一系列典型实例，而不是一种正式的原则性声明。汉穆拉比公布该法的真正目的是想要在整个巴比伦推行这部法典，代替以前各地不同的法律①。

这一情况也在西方法律文明史上以一种不同的方式得到确证。以古希腊的法律公布实践为例，正如有学者指出的那样，雅典制定法的出现与城邦民主体制的发展密不可分。不同政体状况对法律公布状况的影响，在奉行寡头制的斯巴达和民主的雅典的对比中得到充分展现：

在民主政体下，雅典人从德拉古和梭伦安置于市政厅的轴法②那里就开始懂得了成文法。他们认为这些成文法意味着雅典人从专制之下获得解

---

① 参见[英]彼得·沃森：《人类思想史：浪漫灵魂》，姜倩等译，中央编译出版社 2011 年版，第 150—151 页。
② 即刻有法律的木制或石制书版缠绕在一根垂直的轴上，人们按轴的排列顺序号来引用法律。

放,因而对其保持了长期的尊重①。特别是在智者学派启蒙运动的理性主义思想影响下伯利克里般的治国者,更是醉心于人类社会的法律,这些都由立法者明确地做出书面或口头的发布,而不是由风俗或是人性的模糊的规定②。正因为如此,在公元前5世纪的民主化高潮中,雅典人体验了一次立法狂热,他们发布了大量的法律(即使并没有被建议),乃至引发了一场实实在在的立法泛滥③。

与之形成鲜明对比的是,斯巴达没有勇气将崭新的公正法则普及于每一个生活在其国土内的民众身上。她建立了公平机制,然而仅仅惠及斯巴达人或具有完全公民权的人,因此斯巴达的立法者并未像梭伦那样"不偏不倚、强有力地庇护着彼此对抗的各方",而是牺牲一方的利益以强化另一方,由此形成了公民与非公民、统治者与被统治者之间永恒的分界线④。这种政制情况对法律公布状况也产生影响,"斯巴达人依然停留于不成文法的世外桃源之中,而雅典人却作为最初的立法者而闻名于世。"前者将"所有被视为法律的东西铭记在内心",而后者则"只把明确记载在成文法律中的东西视为法律"⑤。

无独有偶,深受希腊影响的古罗马《十二铜表法》的公布,也是贵族阶级

---

① [美]西奥多·齐奥科斯基:《正义之镜:法律危机的文学省思》,李晟译,北京大学出版社2011年版,第237—238页。就奉行直接民主制的雅典政治而言,还有一个直接原因促成法律公布制度必须实施:在梭伦立法时期,由于雅典当时没有公职的检察官,依照规定任何公民都可以对于他们认为是犯罪的人(包括官员)提出控告,也就是说,在雅典政制之下允许公民们自己从事有关私人的和公共的不公正事件的法律行动。为确保这种"大民主"的有效实施,就必须让所有的公民都知道法律。因为只有人人知法懂法,才能遵守法律,也才能根据法律去控告任何犯法的人,包括官员在内。正因为如此,梭伦才创造了一些转筒,把法律条件写在上面,人人旋转转筒就可以阅读法律条文。参见厉以宁:《希腊古代经济史(上编)》,商务印书馆2013年版,第209页。

② [美]西奥多·齐奥科斯基:《正义之镜:法律危机的文学省思》李晟译,北京大学出版社2011年版,第232页。

③ [美]西奥多·齐奥科斯基:《正义之镜:法律危机的文学省思》,李晟译,北京大学出版社2011年版,第238页。

④ [英]阿尔弗雷德·E.齐默恩:《希腊共和国——公元前5世纪雅典的政治和经济》,龚萍、傅洁莹、阙怀未译,格致出版社、上海人民出版社2011年版,第108页。

⑤ [美]西奥多·齐奥科斯基:《正义之镜:法律危机的文学省思》,李晟译,北京大学出版社2011年版,第238页。

和平民阶级长期斗争的产物①,反映了古罗马市民阶级地位上升的历史事实:为打破大祭司对法律的垄断,护民官为贫民建立了审议会制度,要求把法律诉诸文字,并予以公布。此前,大祭司长已经在用木板记录下行政官的名字和大事,后来人们要求再加上细节,其中一个目的就是要模仿希腊的模式。十人委员会在公元前451年和公元前450年起草法律,最后定名为《十二铜表法》②。西塞罗曾经赞扬道:"《十二铜表法》一本书,比全世界所有的哲学书都要更加厚重,更加权威。"③

而在当今世界,民主政治已成为世界潮流,它偏向于制定宪法、发布文告、保证新闻自由和个人权利。并分别通过完备的官僚制和政教分离的原则,有效地控制空间与时间,令法律公布制度真正进入到黄金期。

因此,如上所述,政制相对开明,亦是公布法制得以产生发展的重要政治条件。

(四) 社会条件

法律公布活动的推进,还需要某种能够支持赞助它的社会力量、某种保障它的社会土壤。换言之,它要求民众适应从单纯的法律规制客体向法律创制主体的身份地位转变,有效了解乃至参与法律治理的过程。矶谷幸次郎曾这样评价:"制定成文法,发布于人民,实由人文进步,重人民之权利而生者也"④。郁嶷亦云:"法律者,人民共由之道也。必使人民明悉其条文,然后尊勿敢犯,且以防执法者之滥用焉。故今世文明各国之法律,莫不公布有众、咸使闻知。而人民之负有遵守义务,亦自法律公布之后始也。然古代人民智能间弱,以习惯为法律,任执法者之枉纵,而举动云为。固未尝有明确之标的也。浸假民智渐启;社会组织,益趋复杂。而法律之公布应运生

---

① 矶谷幸次郎曾云:"盖罗马国内,本分为贵族平民二种。政治、法律均为贵族所掌,平民不知法律之为何,其后平民迫贵族宣示法律,而作《十二铜表法》。"参见[日]矶谷幸次郎、[日]美浓部达吉:《〈法学通论〉与〈法之本质〉》,王国维等译,中国政法大学出版社2006年版,第89页。
② [加]哈罗德·伊尼斯:《帝国与传播》,何道宽译,中国人民大学出版社2003年版,第89页。
③ [加]哈罗德·伊尼斯:《帝国与传播》,何道宽译,中国人民大学出版社2003年版,第99页。
④ [日]矶谷幸次郎、[日]美浓部达吉:《〈法学通论〉与〈法之本质〉》,王国维等译,中国政法大学出版社2006年版,第89页。

焉。"①这些论断反映出,与技术和政治变革相呼应,社会大众同期民权意识的初步觉醒,对法律公布制度的直接影响。

唯有民众自觉的权利意识之觉醒,才真正保障法律公布制度的向前发展。在古希腊的雅典,据称法律的公布"成为所有人的必修功课",其与表达公民个人见解的"出版物"一起,共同推动了一场全社会性质的政治与知性生活公开化运动的开展,一种现代意义上被称为"公共空间"的理想商谈环境得以出现,使得政治生活中的各项事务"连同行政官员的职责,都会向公众进行汇报,接受其批评。"②这又反过来进一步强化了对公布法制运作的监督和完善。

但是,我们必须看到一个毋庸置疑的事实,那就是法律一旦成文发布,必然就意味着扩散到街谈巷议之中,被赋予更多的解释或批评,反而不像仅仅停留于口头形式时那样便于使用。因此体现传统贵族精英立场的保守主义者,常常指责客观上伸张民权的法律公布运动削弱乃至消解了法的神圣性。索福克勒斯在《安提戈涅》中竭力渲染的安提戈涅所信奉传统不成文的自然法与克瑞翁所捍卫的成文的实证法之间的冲突,实际上便是当时雅典政治生活中新旧法律意识尖锐冲突的反映③。这同样在春秋战国鼎革时期叔向、孔子对子产、越鞅、荀寅等布法先驱的诘难中可见端倪。

当然,就像有学者说的那样,在民权已彰的社会条件中,尽管公布的成文法就算有自身的缺陷,但如果不遵守制定出来的法律,不管是出于私利或一时兴起有意地违背,还是因不熟悉成文法而无意地违背,都会对社会生活造成巨大的伤害,而这种危害本身比成文法因其自身的不足所带来的危害大得多。因此,在历史的转折点上,子产、梭伦这样的立法者在鱼和熊掌不可兼得的客观情况下,毅然做出权衡决断对新旧法制予以明确取舍,反映出

---

① 郁嶷:《中国法制史》,震东印书馆 1931 年版,第 49 页。
② [法]菲利浦·内莫:《民主与城邦的衰落—古希腊政治思想史讲稿》,张竝译,华东师范大学出版社 2011 年版,第 28 页。
③ 参见[美]西奥多·齐奥科斯基:《正义之镜:法律危机的文学省思》,李晟译,北京大学出版社 2011 年版,第 241—242 页;程志敏:《古典法律论——从赫西俄德到荷马史诗》,华东师范大学出版社 2013 年版,第 160—161 页。

其对历史发展潮流的自觉体认和遵从意识。

正是仰赖这四项基本的前提条件,法律公布活动才得以逐步开展,凸显出其中丰富的价值意涵乃至深厚的文化厚度。它要求我们必须认真对待法的公开性品格,打破将权力神秘化的秘密法、准秘密法迷思,超越"将法律规则的公布视作规则自身发挥教育与散播功能的一种间接的工具"[①]的狭隘理解,在顺应法律的社会化趋势同时,以法律公布活动为重要的实践支点,积极促成社会生活的法律化,努力营造全民尊法学法守法用法的浓厚氛围。

---

① 魏磊杰、张建文主编:《俄罗斯联邦民法典的过去、现在及其未来》,中国政法大学出版社 2012 年版,第 55 页。

第三章　法律公布的体系构造

　　周旺生先生曾经指出："不是随便哪个机关或人员就能公布法，也不是随便何时、随便采用何种方式，就能公布法。法的公布须由有权的机关或人员，在特定时间内，采用特定方式进行。"①法律公布原则由此在具体法律实践中逐步生成较为完整的制度形态，表现出以下几个方面的具体规范要求：

一、法律公布主体及其权限

　　关于法律公布主体的规定是世界各国宪法法律规制的重点。因为其涉及有关机关或人员的范围及权限，关乎法律公布实践的稳定性和常态化要求。因此早在公元 529 年 4 月 7 日，《查士丁尼法典》正式公布时特别强调只有皇帝才能颁布法律。法律公布仪式及相关活动成为展现法律公布主体展示权力意志、重申权力归属的重要舞台，对其诸多继任者产生直接影响②，促成了法律公布活动的顺利进行。

　　与之相对应，法律公布主体资格及权限认定上的纷争可能会加剧政治法律制度的危机：1912 年初，随着清帝下诏退位和中华民国首任临时大总统

---

① 周旺生：《立法学》，法律出版社 2004 年版，第 182 页。

② 例如，以利奥三世为代表的伊苏利亚王朝非常重视法律的创制和公布活动，其于 739 年公布的重要法典，多达十八章的《法律汇编》被沿用了 200 多年，其所颁行的《农业法》更是充分反映拜占庭数百年农业生产关系的重要法律素材。而在"拜占庭帝国黄金时代"的马其顿王朝时期，法律公布活动更得到进一步发展：巴西尔一世先后颁布了 40 卷的《法律草稿》、60 卷的《法律详解》和 40 卷的《法律介绍》，后来被翻译为斯拉夫民族多种语言，在东欧获得广泛适用；利奥六世所颁布的 60 卷的《皇帝法律》和尼基弗鲁斯二世公布的《市长立法》是重构法律体系，规制正常社会生活秩序的重要的法律。参见陈志强：《拜占庭帝国通史》，上海社会科学出版社 2013 年版，第 171—172、203—204 页。

孙中山向临时参议院辞职获准,为袁世凯掌权开辟了道路,同年3月10日,经选举当选临时大总统的袁世凯在北京宣誓就职并电达南京临时参议院。按照法理,从3月10日起,包括法律公布权在内的所有临时大总统职权应完全移交由袁世凯行使。然而,或许是防范袁世凯的心理作祟,自3月10日至4月1日,孙中山继续签发了138件法律、法令、指示、文告等正式文件。《中华民国临时约法》是当年3月11日由他签署公布的。4月1日,他还公布了《参议院法》;与此同时,在北京的袁世凯当局也不断公布许多法律政令,以致出现了同一部法律被公布两次的情况,造成了一个国家两个临时大总统并行运作、法出多门的乱象①,致使中华民国这个先天不足的亚洲第一共和国,从诞生之日起就陷入到后天失调的危机隐忧之中,主导民初政局的两大政治力量之间的分裂之芽已经悄然种下。

这正反两方面的事例,都提醒着我们,必须对法律公布主体(即谁有权公布法律)及其权限予以明确的界定,以免带来不必要的政治和法律冲突。由此催生了法的公布权,即"立法权的一种","主要指依法享有将已获通过而成为法的正式法律文本公之于众的权力。"②

就世界立法体例而言,如下表所示,根据笔者根据《世界各国宪法》等相关资料的查证,共有80个国家在宪法中设立专门条款,据此明确界定了法律公布主体及其权限问题。加上在与法律公布程序相关的宪法条文中予以附带规定的国家,共计大约有182国。其主要形态大致包括三种,即立法机关、内阁、国家元首。在这几种形态之中,由于以作为国家最高权力象征的国家元首为法律公布主体的历史传统颇为悠久,早已成为许多国家法制运作的通行惯例,所以运用最为广泛。而立法机关则因其充分代表民意的属性特征,亦有一定地位。而一些国家内阁也因为某些原因依法成为法律公布主体、享有法律公布权。

---

① 参见袁伟时:《袁世凯与国民党》,《品味·经典》2011年第1期。
② 参见北京大学法学百科全书编委会编,周旺生、朱苏力分册主编:《北京大学法学百科全书:法理学·立法学·法律社会学》,北京大学出版社2010年版,第155页。

表 3-1　世界各国法律公布主体①

法律公布主体		实行的国家个数	实行的国家
立法机关	议会集体负责	6	朝鲜、东帝汶、蒙古国、瑞士、波黑、古巴
	由议长公布	4	斯里兰卡、马绍尔、瑙鲁、几内亚比绍
内阁		3	奥地利、芬兰、瑞典
国家元首	绝对君主制国家	5	文莱、沙特、斯威士兰等
	君主立宪制国家	32	日本、澳大利亚、丹麦等
	议会制共和国	32	德国、印度、爱尔兰等
	总统制国家	98	美国、法国、俄罗斯等
	某些社会主义国家	2	越南、老挝

（国家元首列合计 169）

其具体详情如下：

（一）立法机关

卢梭曾云："国家的生存绝不是依靠法律，而是依靠立法权。"②在一些国家，根据其宪法，最高立法机关作为最具权威的民意代表机关，因之顺理成章的成为法律公布的主体，由立法机关负责人承担签署公布之责。具体而言，在奉行该立法例的 10 个国家中，又有由机构集体负责，以及令作为代表的立法机构最高负责人承担公布之责的两种情况。分类如下：

1. 由立法机关集体负责

根据各国宪法，奉行这种模式的有 6 个国家：

（1）朝鲜

1972 年朝鲜民主主义人民共和国社会主义宪法第 97 条第一款规定："最高人民会议发布法令和决议。"③

---

① 在此参考借鉴了刘琳在其 2018 年硕士毕业论文《国家主席法律公布权问题研究》中某表格的模板格式（而该表格亦参考了我个人 2014 年博士论文研究成果），并根据最新完整资料做了充分的结构性调整，特此说明并予以致谢。
② ［法］卢梭：《社会契约论》，何兆武译，商务印书馆 2003 年版，第 113 页。
③ 《世界各国宪法》编辑委员会编译：《世界各国宪法·亚洲卷》，中国检察出版社 2012 年版，第 167 页。

（2）东帝汶

2002 年东帝汶民主共和国宪法在第 73 条"立法和决议的公开"第 1 款中规定："立法和决议应当由主权机构在其官方公报中公开"，其还在该条第二款中进一步规定："上述第 1 款明确规定的立法和决议或主权机构与地方政府作出的具有普遍性的决定不公布则无效。"

（3）蒙古国

1992 年蒙古国宪法第 26 条第 3 款规定："蒙古国法律由国家大呼拉尔正式颁布，除非明文规定，自颁布之日起 10 日后生效。"①

（4）波黑

1995 年波黑宪法第 4 条"议会"第 3 款"程序"第 8 项规定："议会的决定在公开发布前不生效。"②

（5）瑞士

1999 年瑞士联邦宪法第 163 条第（1）款规定："联邦议会以联邦法律或法令的形式颁布法律条文。"③

（6）古巴

1976 年古巴宪法第 77 条中规定："全国人民政权代表大会所通过的法律从其公布之时起开始生效。"④

2. 由议长公布

明确采取这一规定国家有 4 个国家：

（1）斯里兰卡

1978 年斯里兰卡宪法第 80 条第 1 款中规定："当议长签署证明书后，由国会通过的法案即成为法律。"⑤

---

① 《世界各国宪法》编辑委员会编译：《世界各国宪法·亚洲卷》，中国检察出版社 2012 年版，第 386 页。但需要强调的是，蒙古国总统根据《蒙古国宪法》第 33 条第一款第一项之规定，依职权可对国家大呼拉尔通过的法律和其他决议的全部或部分条款予以否决。经国家大呼拉尔讨论，如 2/3 的出席委员未接受总统否决，则该法律、决议仍为有效。

② 《世界各国宪法》编辑委员会编译：《世界各国宪法·欧洲卷》，中国检察出版社 2012 年版，第 166 页。

③ 《世界各国宪法》编辑委员会编译：《世界各国宪法·欧洲卷》，中国检察出版社 2012 年版，第 575 页。

④ 《世界各国宪法》编辑委员会编译：《世界各国宪法·美洲大洋洲卷》，中国检察出版社 2012 年版，第 490 页。

⑤ 《世界各国宪法》编辑委员会编译：《世界各国宪法·亚洲卷》，中国检察出版社 2012 年版，第 517 页。

（2）马绍尔

1979 年马绍尔宪法第四章"立法机构"第 21 条中规定："议长认可法案是根据本宪法和议会规范的通过，并已在法案的副本上附上符合本条要求的许可，并在议会书记员出席的情况下，签署许可并在其上写上签署日期。"[①]

（3）瑙鲁共和国

1968 年瑙鲁宪法第 47 条"法律的颁布"规定："任何法律提案，自议长确认其已被议会通过之日起成为法律"[②]。

（4）几内亚比绍

1961 年几内亚比绍宪法第 61 条第 4 款规定：议长负有"签署和命令在官方公报上公布全国人民议会颁布的法律和决议"[③]之职责。

（二）内阁

除了立法机关，内阁也成为法律公布的主体。这种公布主体的设置安排较为契合一些议会制共和国的法制运作。具体而言，其可见于以下国家：

1. 奥地利

1920 年奥地利联邦宪法性法律第 49 条规定："联邦法律应由联邦总理在联邦法律公报上予以公布"[④]。但根据该宪法第 47 条的规定，此前法律应先由联邦总统签署确认，确认请求由联邦总理作出，并会签确认书。

2. 芬兰

1999 年芬兰共和国第 79 条第二款规定："经过批准或无须批准即可生效的法律，应由总统签署并由有关部长副署。内阁应立即在芬兰法典中公布该法律。"[⑤]

需要说明的是，根据该宪法第 77 条第一款之规定，芬兰总统应在法律呈

① 《世界各国宪法》编辑委员会编译：《世界各国宪法·美洲大洋洲卷》，中国检察出版社 2012 年版，第 1116 页。

② 《世界各国宪法》编辑委员会编译：《世界各国宪法·美洲大洋洲卷》，中国检察出版社 2012 年版，第 1140 页。

③ 《世界各国宪法》编辑委员会编译：《世界各国宪法·非洲卷》，中国检察出版社 2012 年版，第 256 页。

④ 《世界各国宪法》编辑委员会编译：《世界各国宪法·欧洲卷》，中国检察出版社 2012 年版，第 68 页。

⑤ 《世界各国宪法》编辑委员会编译：《世界各国宪法·欧洲卷》，中国检察出版社 2012 年版，第 291 页。

递之日起 3 个月内决定是否予以批准。总统可以就该法律征求最高法院或最高行政法院的意见。

3. 瑞典

根据 1974 年瑞典政府组织法第 19 条第 1 款之规定,任何正式通过的法律应由内阁迅速颁布①。但是,关于议会及其所属机构的、未纳入基本法或议会法的法律应由议会颁布。

除此之外,根据一些国家的宪法,内阁虽不是法律公布主体,却有副署之权责,这在许多议会制共和国的实际运作中较为普遍。

(三) 国家元首

国家元首公布的传统据称最早源于英国②。在世界国家宪法中,规定由国家元首承担法律公布职能的共有 169 个国家,占世界各国总数(195 国③)的 86.67%。其包括了 41 个亚洲国家(占国家总数的 85.42%)、37 个欧洲国家(约占国家总数的 84.09%)、31 个美洲国家(约占国家总数的 88.57%)、12 个大洋洲国家(约占国家总数的 85.71%)、48 个非洲国家(约占国家总数的 88.89%),其无疑成为各国宪法立法例的主流。

这 169 国中,以不同政体(亦涉及国体)为标准,可区分成绝对君主制、立宪君主制、议会共和制、总统共和制和社会主义议行合一制国家④。

在同一类政体内部,这些国家又可根据各国宪法中的不同规定,依据其

---

① 参见《世界各国宪法》编辑委员会编译:《世界各国宪法·欧洲卷》,中国检察出版社 2012 年版,第 533 页。
② 参见易有禄:《各国议会立法程序比较》,知识产权出版社 2009 年版,第 154 页。
③ 这个统计数字包括了 193 个联合国成员国和梵蒂冈、巴勒斯坦这两个联合国观察员国。具体而言国别分布如下:亚洲 48 个,欧洲 44 个,南美洲 12 个,北美洲 23 个,大洋洲 14 个,非洲 54 个。联合国成员国国别详情可参见:《联合国会员国列表》, https://zh. wikipedia. org/zh-hans/%E8%81%AF%E5%90%88%E5%9C%8B%E6%9C%83%E5%93%A1%E5%9C%8B%E5%88%97E8%A1%A8,2021 年 8 月 24 日访问。
④ 但在此需要强调的是,一国的宪法规范表达与其制度运行并不一定完全一致。举例而言,英国自 1708 年 3 月 11 日安妮女王听从阁员建议拒绝御准《苏格兰民兵法案》后,已形成惯例不行使否决权,与其相若,大多数君主立宪制或议会内阁制的国家,特别是受其影响的英联邦国家元首在实践中均不得否决国会立法,即使有否决权之规定,在日常权力运作中的确有成为"备而不用"的法律虚文的倾向。

是否享有立法否决权①、提请宪政机构进行事前合宪性审查等前置程序启动之权,还是承担纯粹的仪式性义务,或是受到内阁副署的制约,可作进一步的不同划分:

① 可行使立法否决权:87 个国家 ;

② 可呈请宪政机构进行事前性违宪审查:5 个国家;

③ 可同时享有两种前置程序的启动权:34 个国家;

④ 公布活动被设定为仪式性义务:20 个国家;

⑤ 在履行仪式性义务同时又采用副署制度的:9 个国家;

⑥ 既享有立法否决权,却又采用副署制度的:11 个国家;

⑦ 享有两种前置程序的启动权的同时却又采用副署制度的:3 个国家。

具体而言,可做如下分类:

1. 绝对君主制下的国家元首

在该政体下行使职权的国家元首②共有 5 个:阿曼苏丹、文莱苏丹、科威特埃米尔、沙特国王、斯威士兰国王。这五个国家的国家元首均可行使立法否决权,其中文莱苏丹还享有行使"直接附加修正案、无需再次发回立法院审议"的特别法定权力。这种单一而普遍的立法例,与君主在这些国家政治生活中一言九鼎的非凡地位较为契合。

2. 君主立宪制下的国家元首

在该政体下由国家元首③行使职权的国家共有 32 个:其中亚洲国家共

---

① 所谓立法否决权,是指行政机关或国家元首在收到议会通过的、要求其颁布的法案后,不于颁布,而是将其退回议会或予以搁置的权力。美国的总统立法否决权是最为典型的权力设置:其与法案签署权紧密相连,总统如同意法案,才可能签署公布;如果不同意,则可以两种方式行使立法否决权。其一,对法案不予签署而退回国会,如果国会不能以三分之二的绝对多数票推翻总统的否决,法案就不能通过生效。其二,在国会送交总统签署法案的 10 天内,国会行将闭会,总统就可用保留不签的方式予以否决(这种方式亦称"口袋否决"或"搁置否决"),而此时国会已无机会推翻总统的否决,所以这种否决比上述正式否决更为有效。但本书主要涉及讨论的,是第一种正式的立法否决权的运用。参见李店标:《立法公开研究》,吉林大学出版社 2012 年版,第 192—193 页。

② 另外梵蒂冈亦被认为属于绝对君主制国家,但因为其情况特殊,在此不予讨论。

③ 在此需要说明的是,君主立宪制根据君权和民权的力量对比,又可以分成议会制君主立宪制和二元制君主立宪制,然而目前议会制君主立宪制已占据主流。

有 8 个①,欧洲国家共有 9 个②,美洲国家共有 8 个③,大洋洲国家共有 6 个④,非洲国家有 1 个⑤。依照宪法的公布权限规定,这 32 位国家元首又可细分为:

(1) 可行使立法否决权的有 13 位:巴林国王、不丹国王、马来西亚最高元首、泰国国王、卡塔尔埃米尔、巴巴多斯总督⑥、巴哈马总督、伯利兹总督、圣基茨和尼维斯总督、圣卢西亚总督、牙买加总督、澳大利亚女王(总督)、萨摩亚国家元首(按照总理建议行使)。

(2) 可呈请宪政机构进行事前性违宪审查的有 1 位:柬埔寨国王(可将国会通过的法律在公布前送交宪法委员会进行审查)。

(3) 可同时享有两种前置程序的启动权的有 1 位:摩洛哥国王。

(4) 公布活动被设定为仪式性义务的有 9 位:丹麦国王、卢森堡大公、西班牙国王、安提瓜和巴布达总督、圣文森特和格林纳丁斯总督、所罗门总督、汤加国王、图瓦卢总督、新西兰君主(总督)。

(5) 在履行仪式性公布义务同时又采用副署制度的有 7 位:日本天皇、安道尔两大公、比利时国王、列支敦士登大公、摩纳哥亲王、荷兰国王、挪威国王。

(6) 既享有立法否决权,却又采用副署制度的有 1 位:约旦国王(相关国王敕令应由内阁首相及某位或多位相关大臣签署)。

3. 议会制共和国体制下的国家元首

在该政体下,由国家元首承担此职的共有 32 个国家,其中亚洲国家共有 7 个⑦,欧洲国家共有 19 个⑧,美洲国家有 1 个⑨,大洋洲国家共有 3 个⑩,非

---

① 其分别是:巴林、不丹、柬埔寨、卡塔尔、马来西亚、日本、泰国,约旦。
② 其分别是:安道尔、比利时、丹麦、荷兰、列支敦士登、卢森堡、摩纳哥、挪威、西班牙。
③ 其分别是:安提瓜和巴布达、巴巴多斯、巴哈马、伯利兹、圣基茨和尼维斯、圣卢西亚、圣文森特和格林纳丁斯、牙买加。
④ 其分别是:澳大利亚、萨摩亚、所罗门、汤加、图瓦卢、新西兰。需要注意的是在英联邦国家,总督以女王名义行使相应权力。
⑤ 即摩洛哥。
⑥ 在议会制共和国框架下将由巴巴多斯总统替代。
⑦ 其分别是:巴基斯坦、吉尔吉斯斯坦、尼泊尔、新加坡、伊拉克、以色列、印度。
⑧ 其分别是:阿尔巴尼亚、爱尔兰、保加利亚、波兰、德国、黑山、捷克、拉脱维亚、立陶宛、马其他、北马其顿、摩尔多瓦、葡萄牙、塞尔维亚、斯洛伐克、斯洛文尼亚、希腊、匈牙利、意大利。
⑨ 即多米尼克。
⑩ 其分别是:密克罗尼西亚、基里巴斯、瓦努阿图。

洲国家共有 2 个①。依照宪法对国家元首法律公布权限的规定,其又可细分为以下几种类型:

(1) 可行使立法否决权的有 15 位:巴基斯坦总统、吉尔吉斯斯坦总统、印度总统、阿尔巴尼亚总统、保加利亚总统、黑山总统、拉脱维亚总统、立陶宛总统、北马其顿总统、摩尔多瓦总统、塞尔维亚总统、意大利总统、多米尼克总统、密克罗尼西亚总统、博茨瓦纳总统。

(2) 可呈请宪政机构进行事前性违宪审查的有 2 位:爱尔兰总统、瓦努阿图总统。

(3) 可同时享有两种前置程序的启动权的有 4 位:波兰总统、葡萄牙总统、匈牙利总统、基里巴斯总统。

(4) 公布活动被设定为仪式性义务的有 6 位:尼泊尔总统、新加坡总统、伊拉克总统、斯洛文尼亚总统、马其他总统、埃塞俄比亚总统。

(5) 在履行仪式性义务同时又采用副署制度的有 2 位:以色列总统、德国总统。

(6) 既享有立法否决权,却又采用副署制度的有 3 位:斯洛伐克总统、捷克总统、希腊总统。

4. 总统制下的国家元首

在该政体下,共有 98 个国家的国家元首承担此职。其中亚洲国家共有 19 个②,欧洲国家共有 9 个③,美洲国家有 22 个④,大洋洲国家共有 3 个⑤,非洲国家共有 45 个⑥。依照宪法对国家元首法律公布权限的规定,其又可细

---

① 其分别是:埃塞俄比亚、博茨瓦纳。
② 其分别是:阿富汗、阿联酋、阿塞拜疆、巴勒斯坦、韩国、菲律宾、格鲁吉亚、哈萨克斯坦、黎巴嫩、马尔代夫、孟加拉国、塔吉克斯坦、土耳其、乌兹别克斯坦、亚美尼亚、也门、伊朗、印尼、叙利亚。
③ 其分别是:爱沙尼亚、白俄罗斯、冰岛、俄罗斯、法国、克罗地亚、罗马尼亚、塞浦路斯、乌克兰。
④ 其分别是:阿根廷、巴拿马、秘鲁、巴西、巴拉圭、玻利维亚、多米尼加、厄瓜多尔、哥伦比亚、哥斯达黎加、海地、洪都拉斯、美国、墨西哥、尼加拉瓜、萨尔瓦多、苏里南、特立尼达和多巴哥、危地马拉、委内瑞拉、乌拉圭、智利。
⑤ 其分别是:巴布亚新几内亚、帕劳、斐济。
⑥ 其分别是:阿尔及利亚、埃及、安哥拉、布基纳法索、贝宁、布隆迪、赤道几内亚、多哥、厄立特里亚、佛得角、冈比亚、刚果(布)、刚果(金)、吉布提、几内亚、加纳、加蓬、津巴布韦、喀麦隆、科摩罗、科特迪瓦、肯尼亚、利比亚、卢旺达、马达加斯加、马拉维、马里、毛里求斯、毛里塔尼亚、纳米比亚、莫桑比克、南非、南苏丹、尼日尔、尼日利亚、塞拉利昂、塞内加尔、塞舌尔、圣多美和普林西比、坦桑尼亚、突尼斯、乌干达、赞比亚、乍得、中非。

分为以下几种类型：

（1）可行使立法否决权的有53位，其中包括15位亚洲国家元首、4位欧洲国家元首、13位美洲国家元首、2位大洋洲国家元首、19位非洲国家元首。

其分别为：阿富汗总统、阿塞拜疆总统、菲律宾总统、格鲁吉亚总统、黎巴嫩总统、马尔代夫总统、孟加拉国总统、塔吉克斯坦总统、土耳其总统、乌兹别克斯坦总统、亚美尼亚总统、也门总统、印尼总统、阿联酋联邦元首、巴勒斯坦民族权力机构主席；白俄罗斯总统、冰岛总统、俄罗斯总统、乌克兰总统；阿根廷总统、巴西总统、巴拉圭总统、玻利维亚总统、多米尼加总统、哥伦比亚总统、洪都拉斯总统、美国总统、墨西哥总统、尼加拉瓜总统、特立尼达和多巴哥总统、危地马拉总统、智利总统；巴布亚新几内亚国家元首、帕劳总统；埃及总统、赤道几内亚总统、冈比亚总统、刚果（布）总统、加纳总统、津巴布韦总统、科摩罗总统、肯尼亚总统、利比里亚总统、马拉维总统、毛里求斯总统、纳米比亚总统、南苏丹总统、尼日利亚总统、塞拉利昂总统、坦桑尼亚总统、乌干达总统、赞比亚总统、中非总统。

（2）可呈请宪政机构进行事前性违宪审查的有2位国家元首：克罗地亚总统、阿尔及利亚总统。

（3）可启动两种前置审查程序的有29位，其中包括1位亚洲国家元首、4位欧洲国家元首、4位美洲国家元首、20位非洲国家元首。

具体可见如下：叙利亚总统；爱沙尼亚总统、法国总统、罗马尼亚总统、塞浦路斯总统和副总统；厄瓜多尔总统、海地总统、萨尔瓦多总统、委内瑞拉总统；贝宁总统、布基纳法索总统、安哥拉总统、布隆迪总统、多哥总统、刚果（金）总统、吉布提总统、几内亚总统、加蓬总统、喀麦隆总统、科特迪瓦总统、马达加斯加总统、毛里塔尼亚总统、南非总统、莫桑比克总统、塞内加尔总统、塞舌尔总统、圣多美和普林西比总统、突尼斯总统、乍得总统。

（4）公布活动被设定为仪式性义务的有4位：伊朗总统、苏里南总统、斐济总统、厄立特里亚总统。

（5）既享有立法否决权，却又采用副署制度的有7位：韩国总统、巴拿马行政长官、秘鲁总统、哥斯达黎加总统、乌拉圭总统、佛得角总统、卢旺达总统。

(6) 享有两种前置程序的启动权的同时却又采用副署制度的有 3 位:哈萨克斯坦总统、马里总统、尼日尔总统。

5. 社会主义国家的国家元首

在原理上社会主义国家都遵循议行合一制,但实际上在政体上其又各有特色。明确规定由国家元首承担法律公布职权的,除我国外,还有老挝和越南两国。

1991 年老挝人民民主共和国宪法第 60 条规定:"国会批准的法律,在批准之日起 30 日内由国家主席公布。国家主席有权要求国会在此期间重新审议法律。如果国会在重新审议后确认批准的法律,国家主席应在 15 日内公布法律。"第 67 条又规定:"公布国会批准的宪法和法律"是国家主席的的行使职权之一。

根据 1992 年越南社会主义共和国宪法第 103 条第(1)项规定,国家主席行使的职权包括:"公布宪法、法律、法令"。但根据第 92 条规定,应由越南国会主席"签署法律和国会决议"。而根据第 103 条第(7)项的规定,国家主席也仅对国会常务委员会通过的"法令"有修改建议权,而未规定其对"法律"有相似权力。由此我们可以看出,其实际上将国家主席的法律公布权设置为仪式性义务。

综上所述,我们可以看到,在进行比较的 169 个国家当中:

(1) 规定国家元首有有立法否决权的国家有 135 个(占 79.88%);

(2) 规定国家元首有权提出事前性违宪审查申请的国家有 42 个(占 24.85%);

(3) 规定国家元首的公布法活动为仪式性义务的有 29 个(占 17.16%);

(4) 规定有副署制度的国家有 23 个(占 13.61%)。

由此我们可以看出,国家元首作为法律公布主体,作为承担仪式性义务的"虚位元首"者,在宪法规范层面并不多,其受到内阁副署的制约者也不常见,其往往成为前置程序的主要启动者之一,特别是立法否决权成为国家元首最常见的法定权力。

6. 补充规定

根据上述国家宪法规定,法律通常最后都应由国家元首公布。但是,如果国家元首未能有效行使法律公布职权,应如何处理? 在各国实践中,主要依靠两种方法来处理,一是自然生效,二是议长公布。

(1) 所谓自然生效,是指当法律送达国家元首后,除法定情况外,国家元首应于规定期限内正式公布法律,否则该法将自然生效①。例如,《美利坚合众国宪法》第1条第7款中即规定:"如议案在送交总统后10日内(星期日除外)未经退还,即视为业经总统签署,该项议案即成为法律。"1991年也门共和国宪法第102条亦规定:"如果未颁布,则根据宪法无须总统颁布而视为已颁布,应立即将该法律发布于官方公报,自发布之日起两周后生效。"1992年巴拉圭共和国宪法更是在第205条以专条形式设置了"关于法案之自动颁行"的复杂规定②。

根据现有的宪法规定,采取此制度规定的有:菲律宾、缅甸、也门、印尼、阿尔巴尼亚、白俄罗斯、阿根廷、巴拉圭、厄瓜多尔、洪都拉斯、美国、乌拉圭、智利、密克罗尼西亚、帕劳、布基纳法索、几内亚、利比里亚、南苏丹、苏丹、乌干达。

另外如阿富汗、巴勒斯坦等国,依其宪法规定经前置程序再次通过的国会立法,亦自动生效。

(2) 所谓议长公布,是指在法律送达后,若无法定事由,国家元首应于规定期限内将法律正式公布,否则该法律由议长公布生效③。例如,巴西联邦共和国宪法第66条第7款规定,总统如不于48小时内公布法律,则由参议院议长公布,参议院议长如不于48小时内依法公布法律,则由参议院副议长

---

① 李惠国主编:《社会科学新方法大系》,重庆出版社1995年版,第672页。
② 该条规定:"国会通过的任何法案,行政机关若有异议,可否决该法案或者将法案退回原提议议院。若该项法案不足10项条文,须于6个工作日内退回;若该项法案超过10项但不足20项条文,须于12个工作日内退回;若该项法案超过20项条文以上,则最迟须于20个工作日内退回,如未有上述情形,视为同意该项议案。在任何情况下,法案都被认为是自动通过并且可公布为法律。"类似规定亦可见于1991年哥伦比亚共和国政治宪法第166条规定中:"当政府对议案存在反对意见时,若该议案少于20条,政府将在6日内将其退回,若议案达到21条至50条时,政府将在10日内将其退回;若多于50条,政府将在20日内将其退回。""一旦法定期限届满,政府没有以反对为由将议案退回,该议案将由总统批准和公布。若议会将法定期间内休会,总统有责任在上述期限内公布批准或不批准该议案。"
③ 李惠国主编:《社会科学新方法大系》,重庆出版社1995年版,第672页。

公布。1992年立陶宛共和国宪法第71条 第二款规定:"如果共和国总统在上述期限内既不将议会通过的法律退回议会,也不签署该法,则该法律在议会议长签署并正式公布后生效"塞尔维亚宪法第113条第四款:"如果共和国总统在宪法规定的最后期限内没有发布颁布法律的法令,法令应由国民大会主席发布。"1993年秘鲁共和国宪法第108条第一款规定:"法律草案按宪法规定的方式通过后,即送交共和国总统在15日内颁布。否则,由国会主席或常设委员会主席颁布。"2010年多米尼加共和国宪法第101条中规定:"一旦国会制定的法律已过宪法规定的最后公示期限和公布期限已过,由议院主席进行公示或视为行政机关已经公布。"1986年尼加拉瓜共和国宪法第142条固定:"共和国总统可以在收到法律草案15日内全部或部分予以否决。如其不行使这一职权,也不批准、颁发和公告草案,国民大会主席将在任何媒体公布这一法律。"

根据各国宪法规定,如果法律公布主体在法定程序下未如期公布法律,则议会议长可以签署并公布该法律有15个国家,其中行此规定的有:

2个亚洲国家:格鲁吉亚(议会议长)、韩国(国会议长)、

2个欧洲国家:立陶宛(议会议长)、塞尔维亚(国会主席)、

9个美洲国家:巴西(参议院议长或副议长)、巴拉圭(国会主席或众议院主席)、巴拿马(国民大会主席)、秘鲁(国会主席或常设委员会主席)、多米尼加(议院主席)、哥伦比亚(国会主席)、尼加拉瓜(国民大会主席)、萨尔瓦多(立法议会主席)、委内瑞拉(国民会议主席和两个副主席予以颁布,共和国总统应为其失职承担责任。)

2个非洲国家:喀麦隆(国民议会议长)、塞内加尔(国民议会议长)。

另外需要说明的是,有些国家宪法中还对国家元首的法律公布权力委托的专项规定。例如,1993年柬埔寨王国宪法第28条第二款规定:在国王身患严重疾病需到国外治疗的情形下,国王有权通过委托令将签署上述法律和王室命令的权力委托给代行国家元首之职者。这颇值得我们关注、研究和借鉴。

(四) 小结

综上所述,在世界近200个国家立法例中,有169国的宪法将国家元首

定位为法律公布主体,占总数的八成以上,这一方面是元首作为国家最高代表的传统身份象征使然,另一方面也由于其往往作为行政首长行使法定职权的现实需要,特别考虑到,如前所述,其中 135 国宪法有同时赋予其立法否决权之规定,又占此类别的近八成比例。因此由国家元首作为法律公布主体,仍为当前的世界主流。

正因为如此,《北京大学法学百科全书:宪法学·宪法学》将“公布法律”明确界定为:“议案通过或被批准而成为国家法律后由国家元首或其他有权机关将其公之于众,使之从一特定时间起对全社会发生规范效力的行为”①。《北京大学法学百科全书:法理学·立法学·法律社会学》也这样概括道:“公布法的权力在多数国家由国家元首行使,在有些国家由立法机关的领导机构行使。”②这确实是对现存状况较为准确的简明评价。

从世界各国纷繁复杂的法律公布主体及其权限规定里,我们能够看到不同立法体制的限定影响,但却依然形成了由国家元首行使法律公布权的共识常态。其根本原因在于:正所谓“有国家,就有元首”③,作为国家机构重要组成部分的国家元首是主权国家对内对外的最高代表,具有重要意义。由国家元首公布法律,既是健全立法程序本身的需要,也能强化法律的庄严性和权威性、促进法律有效实施④。

二、法律公布程序

《北京大学法学百科全书:宪法学·宪法学》在“公布法律”词条中曾就法律公布权的行使状况做了如下说明:“正常情况下,多数国家法律公布权均属国家元首,但有些国家的国家元首仅决定是否批准公布法律,而公布行为由其他特定部门进行;有些国家的议会在国家元首于法定期限内没有公布法律的,由议会自行颁布或法律自行生效;有些国家的议会在推翻国家元

---

① 北京大学法学百科全书编委会,肖蔚云、姜明安主编:《北京大学法学百科全书:宪法学·行政法学》,北京大学出版社 1999 年版,第 144 页。原文中就对“国家元首”用了不同字体颜色标注。
② 北京大学法学百科全书编委会编,周旺生、朱苏力分册主编:《北京大学法学百科全书:法理学·立法学·法律社会学》,北京大学出版社 2010 年版,第 155 页。
③ 龚祥瑞:《比较宪法与行政法》,法律出版社 2003 年版,第 175 页。
④ 参见邓世豹:《立法学:原理学与技术》,中山大学出版社 2016 年版,第 123—124 页。

首的否决后,法案自动生效,无需国家元首公布。"①这些不同的法律公布实践做法,凸显出法律公布程序的重要性和多样性。

法律公布程序历史来源已久:在古罗马,公元前120年颁布的《埃伊布提亚法》,就规定把按文书分布执法的程序规定成一个可供选择的程序,以避免按法律程序执法过火的技巧和程式。执政官颁布命令,公告任职期间的程序规则,用黑字书写,配上红字说明,写在白色木板上,置于公共论坛广场。执政官通常沿用前人的命令,再加上一点自己的修改。公元前67年颁布的《科内利亚法》要求执政官在任职期间遵守其命令办事。这些命令成为平等执法的源泉之一②。

而在当今世界各国法制运作中,规定法律公布程序亦是普遍的做法,如此行事的原因在于:"第一,从分权原则出发,希望通过特殊的法律批准程序和公布程序的途径,实现对立法机关的干预和制衡,因此其批准和公布法律的权力往往由议会以外的机关完成;第二,将通过的法律及时并郑重地向社会告示,表明调整某一方面社会关系的法律已制定或实施,有助于及时告诉人们按照法律规定的行为准则去行为;第三,法律的公布可以表现立法程序的一个完整过程,这也是各国立法传统习惯的一种延续。"③

由于各国政治体制的巨大差异,导致法律公布程序在实践中衍生出多元的运作形式,充分彰显出共性与个性、常态与变态之间的矛盾张力。

(一)普通程序

我们通常所说的法律公布程序,是法律公布主体依法履行既有职权、及时公布法律的过程。这种模式在由立法机关或国家元首承担相关仪式性义务的国家显得较为流行,能够为资本主义议会共和制乃至社会主义议行合一制度所吸纳。在这种制度设计下,用周旺生先生的话说,"在由立法机关的领导机构行使公布权的国家,公布法亦纯粹是立法过程中的一道程序,立

---

① 北京大学法学百科全书编委会,肖蔚云、姜明安主编《北京大学法学百科全书:宪法学·行政法学》,北京大学出版社1999年版,第144页。
② [加]哈罗德·伊尼斯:《帝国与传播》,何道宽译,中国人民大学出版社2003年版,第91页。
③ 曹海晶:《中外立法制度比较》,商务印书馆2004年版,第239—240页。

法机关自身一般不存在不公布自己所立之法的情况"①。法律公布主体也没有牵制或平衡议会立法的职能权限,在法律实践运作中形成了不得拒绝公布法律的惯例。

(二)前置程序

在普通程序之外,一些国家受一些法律公布主体享有实质性权力的体制影响,在实践中还出现了法律公布的前置程序,以期在不同国家机关之间发挥立法监督效果。周旺生先生为此专门指出:"公布权在许多国家同批准和签署法的权力相衔接。这些国家的国家元首或立法机关的领导机构,在批准或签署法之后,即按法定程序将法公之于众"。可在"许多由国家元首行使公布权的国家,公布权是行政方面对立法方面实行制约的一个手段。"由此反映了这些国家在权力分立的政体影响下,奉行"牵制和平衡"原则的现实②。

据统计,在宪法中创设前置程序相关规定的国家有 145 个,约占世界各国总数的 74.36%,具体而言,其可分为以下两类:

1. 行政——立法机关之间的双边架构

正如周旺生先生所言:"在许多由国家元首行使公布权的国家,公布权是行政方面对立法方面实行制约的一个手段。在这些国家,握有公布权的总统在接到议会通过的法案亦即尚未生效的法之后,如果不同意公布,可以要求议会再行审议,议会不得拒绝。但这些国家通常又规定:总统在法定时间内不公布或不颁布法,或议会根据总统要求对法再审后坚持原来意见的,议会可以自行公布或颁布法,或总统应当公布或颁布法。这些国家公布法的权力同批准法的权力一样,反映了所谓'牵制与平衡'的原则。"③在这种结构架构下,一般奉行"立法机关通过——行政机关否决并要求复议——立法机关再次通过——最终依法公布"的程序,达成分权制衡的效果。

根据本人对世界各国宪法的初步考察,大致认定有共有 99 个国家在此

---

① 周旺生:《立法学教程》,北京大学出版社 2006 年版,第 266 页。
② 参见北京大学法学百科全书编委会编,周旺生、朱苏力分册主编:《北京大学法学百科全书:法理学・立法学・法律社会学》,北京大学出版社 2010 年版,第 155 页。
③ 周旺生:《立法学教程》,北京大学出版社 2006 年版,第 266 页。

架构下设计其前置程序,约占世界各国总数的 50.77%,具体分布如下:

(1)亚洲共有 31 个国家宪法做此规定:阿富汗、阿联酋、阿曼、阿塞拜疆、巴基斯坦、巴林、不丹、巴勒斯坦、菲律宾、格鲁吉亚、韩国、吉尔吉斯斯坦、卡塔尔、科威特、老挝、黎巴嫩、马尔代夫、蒙古国、孟加拉国、缅甸、塔吉克斯坦、土耳其、土库曼斯坦、文莱①、乌兹别克斯坦、叙利亚、亚美尼亚、也门、印度、印尼、约旦。约占亚洲国家总数的 64.58%。

(2)欧洲有 18 个国家宪法做此规定:阿尔巴尼亚、爱沙尼亚、白俄罗斯、冰岛、俄罗斯、黑山、捷克、拉脱维亚、立陶宛、列支敦士登、北马其顿、摩尔多瓦、挪威、斯洛伐克、斯洛文尼亚、乌克兰、希腊、意大利,约占欧洲国家总数的 40.91%。

(3)美洲有 21 个国家做如此规定:阿根廷、巴巴多斯、巴哈马、巴拉圭、巴西、秘鲁、玻利维亚、伯利兹、多米尼加、多米尼克、格林纳达、圭亚那、美国、墨西哥、尼加拉瓜(再次通过门槛低)、圣基茨和尼维斯、苏里南(程序相反:总统提出——议会审查)、特立尼达和多巴哥、危地马拉、乌拉圭、牙买加。其占美洲国家总数的 60%。

(4)大洋洲有 5 个国家做如此规定:澳大利亚、密克罗尼西亚、帕劳、萨摩亚、汤加,约占大洋洲国家总数的 35.71%。

(5)非洲有 24 个国家做如此规定:阿尔及利亚、博茨瓦纳、布隆迪、赤道几内亚、冈比亚、加纳、津巴布韦、科摩罗、肯尼亚、利比里亚、卢旺达、马拉维、毛里求斯、摩洛哥、南苏丹、尼日利亚、塞拉利昂、斯威士兰、苏丹、索马里、坦桑尼亚(解散议会)、乌干达、赞比亚、中非,约占非洲国家总数的 44.44%。

从既有数据可以看出,亚洲国家规定这一前置程序最多(约占亚洲国家总数的 64.58%),美洲国家其次(约占美洲国家总数的 60%),非洲(约占非洲国家总数的 44.44%)、欧洲(约占欧洲国家总数的 40.91%)和大洋洲国家(约占大洋洲国家总数的 35.71%)在宪法中明文规定中与之相比较低。

总体而言,这一程序模式在威权色彩较重的绝对君主制国家(主要集中

---

① 其可直接附加修正案、无需再次发回立法院审议。

于亚洲)和实行总统制、行政权较为有力的国家更容易受到欢迎和确认。特别需要注意留意的是,欧洲国家中奉行这一程序模式的主要是东欧、中东欧以及南欧国家(包括阿尔巴尼亚、爱沙尼亚、白俄罗斯、俄罗斯、黑山、捷克、拉脱维亚、立陶宛、马其顿、摩尔多瓦、斯洛伐克、斯洛文尼亚、乌克兰、希腊等等),其原因或许是在二十世纪七八十年代"第三波民主化"爆发之前,这些国家长期受威权主义、全能主义的传统政治文化影响,以致和传统上奉行议会制、政体较为稳定的西北欧国家相比,当前它们的民主巩固程度尚有不足、政体尚不稳定的反映。特别是其中一些国家近年来日益青睐"非自由主义"政治发展模式,逐步形成依托本国传统应对后转型时期社会危机的全新思路,强化了这一偏好。

在此需要说明的是,在这一基本架构之下,各国的相关法律规定又有一定差异:大多数国家都只赋予法律公布主体一次立法否决权,但在肯尼亚、乌干达等国,公布主体可明确运用两次立法否决权;另外,在立陶宛、秘鲁等国,与在此程序下再次通过法律仍需高门槛的世界普遍做法不同,其以半数以上的普通多数决即可完成通过程序。

2. 行政——立法——护宪司法机关之间的三角关系

在行政——立法机关之间的双边架构之外,46 个国家还依宪引入护宪司法机关这个要素,在赋予法律公布主体限制性否决权的同时,又允许护宪司法机关介入法律公布的前置过程进行合宪性审查,形成三角关系的格局。这种制度关系在历史上的最早雏形或许可见于古代雅典①,并在现代国家法制中得以充分发展。然而需要说明的是,在遵循这一基本架构的国家里,护宪司法机关的名称乃至性质功能有所不同:

(1) 宪法法院:其可见于摩洛哥、波兰、葡萄牙、匈牙利、克罗地亚、罗马尼亚、厄瓜多尔、哥伦比亚、萨尔瓦多、圣多美和普林西比、智利、安哥拉、布

---

① 雅典政治素重旧典和成规。公民大会以审议政事为主,如有变更成法的议案须另由司法委员加以审订才能颁行,实际上公民大会制定新法律的事例是很少的。有些人利用公民大会通过有违旧典的"政令",常被责为僭越。执政人员如有违背成法的措施,任何一个公民都可以"违制罪"诉之于公审法庭。参见[古希腊]亚里士多德:《政治学》,吴寿彭译,商务印书馆 2009 年版,第 151 页,注释③。

隆迪、多哥、刚果(布)、刚果(金)、几内亚、加蓬、尼日尔、塞舌尔、突尼斯、南非这 22 国宪法规定。

(2) 最高宪法法院:其可见于叙利亚、塞浦路斯、马达加斯加这 3 国宪法规定。

(3) 宪法委员会:其可见于法国、柬埔寨、哈萨克斯坦、阿尔及利亚、喀麦隆、科特迪瓦、马里、毛里塔尼亚、莫桑比克、乍得、吉布提、海地、塞内加尔这 13 国宪法规定。

(4) 最高法院:其可见于爱尔兰、洪都拉斯、哥斯达黎加、基里巴斯、瓦努阿图、佛得角这 6 国宪法规定。

(5) 最高法院宪政庭:其可见于《委内瑞拉玻利瓦尔共和国宪法》规定①。

(6) 国家法院:其可见于《爱沙尼亚共和国宪法》②。

从这个分布中我们可以看出,自 1920 年奥地利宪法开创的宪法法院模式运用最为广泛,几乎占了设置事前合宪性审查的前置程序国家的半壁江山;而法国开创的宪法委员会模式为数亦然不少,特别是在前法国殖民地国家获得推广和应用;而以最高法院为护宪司法机关亦获得了一定的支持。

从上文可知,奉行该模式的有 46 个国家,这些国家往往在采纳限制性否决权的同时,又使得护宪司法机关介入法律公布的前置过程,以致形成不同的事前违宪审查的程序,带来以下复杂的类型区分:

(1) 行政机关否决复议——立法机关再次通过——行政机关仍坚持违宪异议——特定机关提出申请——护宪司法机关审查裁决:哥伦比亚(立法机关提出)、哥斯达黎加(立法机关提出)、刚果(布)(共和国总统或国会任何议院议长提出)、基里巴斯(总统提出)、瓦努阿图(总统提出)、南非(总统提出)、爱沙尼亚(总统提出)、塞浦路斯(共和国总统和副总统提出)、萨瓦尔多(总统提出)、加蓬(总统提出)。

(2) 行政机关公布前提请——护宪司法机关审查裁决——行政机关根

---

① 参见《世界各国宪法》编辑委员会编译:《世界各国宪法·美洲大洋洲卷》,中国检察出版社 2012 年版,第 877 页。

② 参见《世界各国宪法》编辑委员会编译:《世界各国宪法·欧洲卷》,中国检察出版社 2012 年版,第 40 页。

据裁决决定公布（批准、签署）与否：莫桑比克、爱尔兰、波兰、匈牙利、克罗地亚、厄瓜多尔、委内瑞拉、安哥拉、布隆迪、马达加斯加（必须提交审查）、塞舌尔、圣多美和普林西比、突尼斯。

（3）行政机关否决复议——立法机关提请——护宪司法机关建议——立法机关再次审议决定：洪都拉斯。

（4）特定主体向护宪司法机关对待公布法律提请事前违宪审查—护宪司法机关接受并作出裁决，其中包括：

① 3 个亚洲国家：叙利亚（共和国总统或 5 位人民议会议员提出法律的合宪性质疑）、柬埔寨（国王、首相、众议院议长、1/10 的国会成员，参议院议长或 1/4 的参议院成员提出）、哈萨克斯坦（哈萨克斯坦共和国总统、参议院议长、议会下院议长、议会 1/5 的代表、总理提请）；

② 3 个欧洲国家：葡萄牙（总统、总理和 1/5 的共和国议会在职议员提出）、法国（总统、总理、国民议会议长、参议院议长、60 名国民议员或 60 名参议员提出）、罗马尼亚（总统、参众两院议长、政府、高等上诉法院、人民代言人、50 名以上的众议员或 25 名以上的参议员提出）；

③ 1 个美洲国家：海地（共和国总统、参议院议长、众议院议长、15 名众议员或 10 名参议员提出申请）；

④ 14 个非洲国家：贝宁（共和国总统或国民议会任何议员提出申请）、佛得角（至少 15 名在职代表或总理提出）、摩洛哥（国王、首相、众议院议长、参议院议长或众议院 1/5 议员或参议院 40 名参议员提交）、多哥（共和国总统、总理、国民议会议长或 1/5 以上国民议员提请）、刚果（金）（共和国总统、总理、国民议会议长或者参议院议长、至少 1/10 的众议员或参议员）、吉布提（总统、国民议会议长或 10 名议会议员将其提请）、几内亚（总统、至少 1/10 以上国民议会议员或国家独立人权机构提出）、喀麦隆（共和国总统、国民议会议长、参议院议长、1/3 的国民议员或者 1/3 的参议员提出）、科特迪瓦（共和国总统、国民议会议长、议会党团或者 1/10 以上国会议员提出）、马里（共和国总统、总理、国民议会议长、国民议会 1/10 的成员、领土单位高级委员会主席、国家委员会 1/10 的成员或者最高法院院长提出）、毛里塔尼亚（总统、国民议会议长、参议院议长、1/3 的国民议会议员或 1/3 的参议院议员提

出)、尼日尔(共和国总统、总理、国民议会议长或 1/10 以上国民议会议员)、塞内加尔(共和国总统、至少 1/10 的国民议员、至少 1/10 的参议员)、乍得(共和国总统、总理、国民议会议长或 1/10 以上国民议员提请)。

就这一程序模式而言,我们可以清晰地看到,运用最广泛的是非洲国家,占据三分之二的比例。

(5) 特定机构或群体向护宪司法机关针对未公布法律行为提起宪法诉讼——护宪司法机关接受并作出决定:智利(参众两院或参众两院各 1/4 在职成员提出)。

总体而言,与行政——立法机关之间的双边架构下立法否决权设置规定情况相比,尊奉行政——立法——护宪司法机关之间的三角关系模式的设置规定的国家相对较少,只有前者数量的不到一半。这可能是司法权谦抑性特点的反映,但司法权在法律公布程序中绝非无所作为,它能做立法权和行政权的协调人、回应特定公民和组织机构对待公布法律的合法性质疑的过程,能够在权力分立的既有政体框架下,发挥居中裁判的第三方作用,实现立法权和行政权、公民和国家的有机协调。

另外需要说明的是,除了上述两种较为常见的前置程序形态,自 1920 年奥地利宪法制定以降,在一些国家宪法中还出现了公民投票表决这一特殊的前置程序规定,在这种程序下,法律公布主体(通常是国家元首)可以据此拒绝如期公布法律,转而诉诸这种直接民主的方式,质疑和对抗国会立法的法律效力。由于在这种程序之下,既有法律的性质发生了根本变化,已不是本书所谓的普通法律,所以其不在本书考察范围之内。

(三) 特别程序

除了一般程序和前置程序外,许多国家宪法中还有一些特别程序规定。其可见诸如下:

1. 法律的确认程序

在一些国家,特别强调公布法律必须经过验证确认程序。例如 1983 年萨尔瓦多共和国宪法即在第 134 条和第 136 条中做了如下特别规定:"经批准的法案必须由立法议会主席团多数议员签署;该法案一个副本交由立法议会保存,并送交两份副本给共和国总统。""共和国总统如对立法议会通过的法案无异议,应签署该法案的两份副本,一份送回立法议会,另一份存档。并指示相应的行政机关将法案全文作为法律公布。"①1979 年基里巴斯共和国宪法亦在第 66 条第八款中规定:"总统对一项法案的批准应当予以公布,与批准的法律一起,并在议会展示。"②

2. 法律的登记、保管和保存程序

法律登记、保管和保存程序古而有之。例如,中国宋代就制定了严格的法律接收登录和编集保管制度,以保证法律信息的畅通无阻。新法典制定颁布后,对于此后陆续颁发的散敕,朝廷要求"所在编录二本,一长吏主之,一法司行用"。长官离任,须将其交接给继任者。"诸路转运使、诸州,除旧编敕外,所授宣敕并依次编录。长吏以下职官受代日,递相交付。"③对于颁降的法律敕诏,州在接到后,应注明接到时间,如属应冲改法令原文者,则注于应冲改法令下;如应告知百姓者,张榜公告。主管官员需在理解法律内容的前提下,在登记册上注明签押。所受散敕分类编录登记,待朝廷春秋两季统一汇编的印册颁布后,再送入架阁库存档。如地方未能及时收到散敕,应上报朝廷或牒邻州抄录④。

就现代法律的登记和保管程序,津巴布韦、纳米比亚、南非和爱尔兰等国宪法都有相关规定。

1979 年津巴布韦宪法第 53 条"法案的登记"条款规定:

(1) 国会立法经总统签署后,国会书记官应当尽快将总统签名认证并加盖国玺的法律副本在高等法院登记处存档登记,该副本即为该项立法的确定性证据。

(2) 尽管有第(1)款的规定,国会立法可以规定全部生效或者部分生效成文法(在符合第 52 条第(6)款的条件下也包括本宪法)之修订本的公布,且

---

① 《世界各国宪法》编辑委员会编译:《世界各国宪法·美洲大洋洲卷》,中国检察出版社 2012 年版,第 689 页。
② 《世界各国宪法》编辑委员会编译:《世界各国宪法·美洲大洋洲卷》,中国检察出版社 2012 年版,第 1094 页。
③ 向佐群:《政府信息公开制度研究》,知识产权出版社 2007 年版,第 115 页。
④ 邓小南主编:《政绩考察与信息渠道—以宋代为重心》,北京大学出版社 2008 年版,第 340 页。

得进而规定——

（a）在公布后，该修订本在所有法院以及为所有目的，都是法律或者相关部分的惟一版本；

（b）按照国会立法规定的方式认证的修订本副本应当保存于高等法院登记处，且该副本为该项法律及其相关部分的确定性证据。

（3）依照本条规定，国会立法的有效性或者该法律的修正或者部分修正的有效性不受该条规定之登记或者保存的影响[①]。

与之相似，1990年纳米比亚共和国宪法第65条"法律的签署和备案"条款规定：

（1）提案经议会通过、总统签署和登报公布后成为法律，国民大会秘书长须立即整理出2份英文复印件并将其送往最高法院登记处登记，上述复印件将成为法律的正式文本。

（2）为确保上述复印件的长期使用以及工作人员的便利，公众有权利但须按照议会制定的规则查阅这些复印件[②]。

1996年南非共和国宪法第82条"法律的保管"条款也规定："法律的签署版本是该法律条文的正式标准版本，在公布后，必须委托宪法法院保管。"[③]

而1937年爱尔兰宪法第25条第四款第（五）项则规定："法案经签署并颁布为法律之后应由总统用每一种官方语言签署该法律文本，这两份被签署的文本均应送交最高法院登记处予以备案留存。经过备案的文本两种文本即成为该法律条款的确定性证据。"

在此还需要特别说明的是，有些国家在法律信息保存方面虽无明细的程序法律规定，但在实践中早有一套成熟的做法。美国即是一个鲜明的例子，其高度重视法律图书馆的作用。兴建于1800年的国会图书馆在法律信息保存活动中扮演关键角色，美国国会于1832年专门通过法案，在其中专设

---

① 参见《世界各国宪法》编辑委员会编译：《世界各国宪法·非洲卷》，中国检察出版社2012年版，第347页。

② 《世界各国宪法》编辑委员会编译：《世界各国宪法·非洲卷》，中国检察出版社2012年版，第662页。

③ 参见《世界各国宪法》编辑委员会编译：《世界各国宪法·非洲卷》，中国检察出版社2012年版，第687页。

一个方便使用的法律图书馆。之后其扮演了双重角色：一是名副其实的国会图书馆，为国会立法者提供信息服务；二是美国国家图书馆或信息博物馆，为所有公众服务，是学者和研究者的最大资源库。如今其已成为世界最大的法律专业图书馆。而对于之前的国会法案及其他法律文件，也可通过当地的"联邦指定图书馆"（Federal Depository Library）查询。目前美国1350个图书馆中，有53个地方图书馆收藏了所有联邦相关的法律文件，并对公众开放使用。此外，各相关政府部门、大学、律师事务所和法律行业协会的隶属法律图书馆也为公众提供了相关的法律信息服务①。

3. 法律公布文本的重申和更正程序

一些国家还对法律公布文本的重申和更正程序做了相应规定，前者以奥地利为代表，后者可见于萨尔瓦多宪法。

1920年奥地利联邦宪法性法律在"第49条之一"条中，规定法律公布文本重申的独特条款：

（1）对除本法之外的联邦法律，以及在联邦法律公报中公布的国家条约，联邦总理有权会同联邦主管部长在联邦法律公报中重申其现行有效的文本。

（2）上述重申令可以：

① 更正过时的的术语，采纳新的正字法；

② 对所援引的其他法律规定与现行立法不再相符的，以及其他不一致之处，加以修正；

③ 对被后来的法律规定废除，或已无规范对象的规定，作出不再有效的宣告；

④ 规定条款摘要或按字母顺序排列的条款摘要；

⑤ 在删除或增加个别规定时相应地改变条款、项等的名称，并相应地调整法律文本中援引有关条款的规定；

⑥ 整理过渡规定以及联邦法律（国家条约）仍应适用的早期文本，指明其效力范围；

（3）除另有明文规定者外，重申的联邦法律（重申的国家条约）以及重申

---

① 于丽英：《论美国法律信息事业的实践与发展》，《法律文献信息与研究》2008年第2期。

令的其他命令,自重申令公布的次日起开始生效①。

而在法律公布文本的更正方面,1983 年萨尔瓦多共和国宪法第 141 条即做了特别规定:"如法律条文在印刷上有明显错误,最迟应于 10 日内再版公布,最后公布版本为有效版本,并以新公布日作为法律生效日期。"②

正如我国学者曹海晶指出的那样:"法律一经公布,主要有四个方面的意义:一是表明法律的正式生效;二是确法律的施行日期,有的法律是在法律公布之日起开始施行,有的法律是在公布后规定一定的时期方可施行;三是意味着立法程序的结束。四是通过法律的公布,使全社会都知晓该法律,以便有关机关、组织和个人自觉地遵守和执行。"③凸显出法律公布程序沟通协调法律创制和法律实施两大法治环节的桥梁作用。

正因为如此,纵观各国宪法的相关程序规定,无论是法律公布的普通程序,前置程序,抑或其他特别程序,都体现出不同的政治体制特点乃至背后鲜明的民族个性:一般来说,在"议会主权"原则之下奉行内阁制的国家更倾向于按照普通程序公布法律;而在"三权分立"原则之下奉行总统制的国家法律公布活动更受到前置程序的牵制;而在一些近年来受"混合政体"理念影响、杂糅内阁制和总统制元素的"半总统制"国家,法律公布程序则呈现出更加复杂的面向。

但在这些令人眼花缭乱的具体规定之中,又蕴含着一种基本的制度共识,那就是确认、规范并维护法律公布的立法程序惯例和基本原则。正如《爱沙尼亚共和国宪法》第 3 条第 2 款所明确阐释的那样:"法律应当依照法律规定的程序予以公布。只有已经公布的法律,才应当予以执行。"④为此,一些国家还专门出台了专门法律以规制法律公布程序。例如,德意志联邦共和国于 1950 年 1 月 30 日出台名为《关于规范性文件的公布》的法律,详细规定了包括法律在内的一切规范性文件公布程序;美国 1895 年 1 月 12 日出

---

① 《世界各国宪法》编辑委员会编译:《世界各国宪法·欧洲卷》,中国检察出版社 2012 年版,第 68 页。
② 《世界各国宪法》编辑委员会编译:《世界各国宪法·美洲大洋洲卷》,中国检察出版社 2012 年版,第 689 页。
③ 曹海晶著:《中外立法制度比较》,商务印书馆 2004 年版,第 266 页。
④ 《世界各国宪法》编辑委员会编译:《世界各国宪法·欧洲卷》,中国检察出版社 2012 年版,第 31 页。

台专门的法律,规定了国会立法文件的公布程序、并进行了多次补充修改;瑞士于 1962 年 3 月 23 日出台的法律也规定了联邦法律的公布程序①。而俄罗斯还出台了《俄罗斯联邦宪法性法律、联邦法律、联邦会议两院文件公布和程序法》,对联邦法律的公布程序做了进一步的完善规定②。

三、法律公布期限

(一)法律公布期限的概念内涵

所谓法律公布期限,亦称法律公布时限,"法经通过或复议、批准后到公布的期间"③。它要求"法案经立法机关通过及有关方面复议或批准后,享有法律公布权的主体应当在一定的时间期限内予以公布。"④

1. 公布期限起算点争议

法律公布期限的起算节点看似细小,却不无争议。根据苏俊燮先生的总结,目前对这一问题大致有四种看法:(1) 公布权者决定公布意思时;(2) 法律在官报上刊登的日期;(3) 或官报交送到发行处时;(4) 一般民众最初可以阅读到时⑤。而李晓霞女士则特别强调,法律公布其实包括"签署公布"和"刊告"两个具体步骤,"只有经过这两个步骤,法才具备发生效力的前提。"她据此将"法律公布期限"界定为"法自通过或复议、批准后到正式刊告的时间期间"⑥。

笔者认为,由于目前当前世界皆采用官报登载法的法律公布方式,因此应以以官报刊载日期为准,确保法律公布期限的正式性和严肃性,避免在公布权者声称法律公布生效、而其却未见出版刊载的尴尬,同时可避免过分为

---

① 参见吴大英,任允正:《比较立法学》,法律出版社 1985 年版,第 202 页。
② 参见《世界各国宪法》编辑委员会编译:《世界各国宪法·欧洲卷》,中国检察出版社 2012 年版,第224 页注释④。
③ 北京大学法学百科全书编委会编,周旺生、朱苏力分册主编:《北京大学法学百科全书:法理学·立法学·法律社会学》,北京大学出版社 2010 年版,第 155 页。
④ 易有禄:《各国议会立法程序比较》,知识产权出版社 2009 年版,第 160 页。
⑤ 参见苏俊燮:《中国法律中的"公布"概念及其法律性缺陷》,《上海交通大学学报(哲学社会科学版)》2011 年第 5 期。
⑥ 北京大学法学百科全书编委会编,周旺生、朱苏力分册主编:《北京大学法学百科全书:法理学·立法学·法律社会学》,北京大学出版社 2010 年版,第 155 页。

邮政通讯传递的偶然因素所左右的危险。

2. 各国法律公布期限的宪法规定情况

正如学者指出的那样,从时间上看,就各国情况而言,法律公布的时间各不相同,有的国家有明确规定,有的国家则无明确规定。但据统计目前共有 124 个国家宪法中有涉及法律公布期限的规制内容,占世界 195 国的63.59%,居于多数。其中对法律通过后的公布期限予以明确规定的又有约110 个国家,根据法律公布期限的时间长短,又可细分为以下 25 种:

(1) 3 日内公布:洪都拉斯。

(2) 4 日内公布:突尼斯。

(3) 5 日内公布:匈牙利、巴拉圭。

(4) 不少于 5 日且不多于 7 日公布:爱尔兰。

(5) 少于 20 条的为 6 日内公布、21 条至 50 条为 10 日内公布、50 条以上的为 20 日内公布:哥伦比亚。

(6) 7 日内公布:黑山、加纳、肯尼亚。

(7) 8 日(6 个工作日)内公布:克罗地亚、斯洛文尼亚、巴拿马、海地、佛得角。

(8) 8 日到 15 日内公布:安道尔。

(9) 8 日到 30 日内公布:毛里塔尼亚。

(10) 10 日内公布:巴基斯坦、巴勒斯坦、格鲁吉亚、立陶宛、阿根廷、多米尼加、哥斯达黎加、美国、委内瑞拉、乌拉圭、密克罗尼西亚、刚果(金)。

(11) 第 10 到 21 日期间公布:拉脱维亚。

(12) 两周(14 日)内公布:阿联酋、科威特、缅甸、也门、俄罗斯、瓦努阿图、塞内加尔、塞舌尔。

(13) 15 日内公布:阿富汗、韩国、马尔代夫、孟加拉国、土耳其、伊拉克、越南、保加利亚、法国、塞尔维亚、塞浦路斯、乌克兰、西班牙、秘鲁、尼加拉瓜、萨尔瓦多、危地马拉、帕劳、埃塞俄比亚、贝宁、多哥、吉布提、喀麦隆、科摩罗、科特迪瓦、马里、尼日尔、圣多美和普林西比、乍得、中非。

(14) 18 日内公布:几内亚。

(15) 20 日内公布:阿尔巴尼亚、罗马尼亚、葡萄牙、刚果(布)、利比里亚、斯威士兰。

(16) 21 日(15 个工作日、三个星期)内公布:亚美尼亚、波兰、巴西、布基纳法索、马达加斯加、马拉维。

(17) 25 日内公布:加蓬。

(18) 28 日内公布:塞拉利昂。

(19) 30 日内公布:菲律宾、老挝、马来西亚、乌兹别克斯坦、丹麦、厄瓜多尔、墨西哥、阿尔及利亚、安哥拉、布隆迪、冈比亚、卢旺达、摩洛哥、莫桑比克、南苏丹、尼日利亚、乌干达、厄立特里亚。

(20) 1 个月内公布:哈萨克斯坦、黎巴嫩、希腊、意大利。

(21) 45 日内公布:智利。

(22) 56 日内公布:阿塞拜疆。

(23) 60 日内公布:索马里。

(24) 3 个月内公布:卡塔尔、泰国、芬兰、卢森堡。

(25) 6 个月内公布:巴林。

由此我们可以看出:在本书提及的 110 个国家中,在法律公布期限设置时间上,从 3 日到六个月不等。其中为 15 日的为最多,达到 30 个国家(如果加上"两周"或"14 日"规定的更有 38 个);而设置为 30 日的其次,有 18 个国家(如果加上"1 个月"为 22 个),而设置为 10 日(12 个)、20 日(6 个)、21 日(6 个)亦占一定比例。

表 3-2　世界各国法律公布期限规定方式分析表

规定方式	具体内容	国家数量
日期限定	"3 日内"—"10 日内"	24 个
	"两周内"—"1 月内"	75 个
	"45 日内"—"6 个月内"	8 个
时段限定	明确公布日期起点和终点	4 个(爱尔兰、安道尔、毛里塔尼亚、拉脱维亚)
节点限制	根据待公布法律条文篇幅采取不同的日期限定	1 个(哥伦比亚)

如上表所示，检视各国宪法既有不同规定，日期限定方式成为主流，其中规定"两周内"至"1 月内"公布法律也占绝对优势（里面囊括的"两周内"抑或"14 日内"、"15 日内"、"三周内"抑或"21 日内"、"一月内"抑或"30 日内"皆为高频词）。之所以这段日期成为各国法律公布期限设定的最多选项，原因或许在于便于通过的法律草案及时呈交国家元首等法律公布主体，并令其在从容阅读审议和磋商思考后，作出公布与否的审慎和庄重决定，同时也避免法律公布的过分迟滞拖延对法律确定性的消极影响，确保立法程序的及时完成，与公众稳定的法律预期契合，能达成必要的权衡效果。

此外，一些国家还通过立法明确了法律的公布期限。例如，依照《俄罗斯联邦宪法性法律、联邦法律、联邦会议两院文件公布和程序法》的规定，联邦法律应在俄罗斯联邦总统签署之日起 7 日内，由俄罗斯联邦总统送交《俄罗斯报》或《俄罗斯联邦立法汇编》正式公布。[①]。

当然需要指出的是，正如甘超英先生曾经指出的那样，虽然"公布法律的期限各国规定不一"，可"一般均为签字后立即公布"[②]，构成法治实践的常态。

（二）法律公布与法律生效的时间衔接

谈到法律公布期限，必然衍生出法律生效时间的相关问题。自第一次世界大战以降，在现代国家法制中，逐渐形成将法律生效时间与法律公布问题挂钩的通行做法。例如《波兰共和国宪法》第 88 条第一款规定："法律、法规和地方立法具有强制力的前提条件是须经过公布。"[③]塞尔维亚、格林纳达等国宪法亦有此规定。《吉尔吉斯共和国宪法》更是在第一编"宪法制度的原则"第 6 条第 4 项中专门规定："法律和其他规范性法律文件的正式公布，是其生效的必备条件。"[④]由此将这一要求上升到宪制原则高度。

---

① 转引自《世界各国宪法》编辑委员会编译：《世界各国宪法·欧洲卷》，中国检察出版社 2012 年版，第 224 页注释④。

② 参见北京大学法学百科全书编委会，肖蔚云、姜明安主编：《北京大学法学百科全书：宪法学·行政法学》，北京大学出版社 1999 年版，第 144 页。

③《世界各国宪法》编辑委员会编译：《世界各国宪法·欧洲卷》，中国检察出版社 2012 年版，第 150 页。

④《世界各国宪法》编辑委员会编译：《世界各国宪法·欧洲卷》，中国检察出版社 2012 年版，第 150 页。

为实现法律公布时间与法律生效时间的有效衔接,在法律实施时间理论的指导下,各国在具体法律实践中逐步衍生出两大处理范式:同时施行主义与异时施行主义。

1. 同时施行主义

表 3 - 3 世界各国宪法同时施行主义规定方式分析表

规定方式	具体内容	国家数量
自公布日施行	公布即生效	64 个
另定施行日期	"公布次日"—"公布 8 日后"生效	10 个
	"公布 10 日后"—"公布 15 日后"生效	11 个
	"公布 20 日后"—"公布 30 日(1 个月)后"生效	9 个

如上表所示,所谓同时施行主义,乃是无论全国各地距离的远近,一律以法律公布之日为其施行之日,或由公布之日起算,经过一定日期之后,方为全国生效施行之日。例如,《俄罗斯联邦宪法性法律、联邦法律、联邦会议两院文件公布和程序法》规定,在正式公布之日起第 10 日,联邦法律在俄罗斯联邦全境同时生效[1],便采此例。

同时施行主义可谓目前世界各国的通行原则、在 94 个国家宪法中得到明确确认,其又可分为两种情况:

(1) 法律自公布日施行

在宪法中尊奉此例者有 64 个国家,约占世界各国的三分之一。具体而言,其分布如下:

亚洲有 14 个国家:阿联酋、阿塞拜疆、不丹、哈萨克斯坦、马尔代夫、缅甸、尼泊尔、日本、沙特、斯里兰卡、泰国、文莱、乌兹别克斯坦、新加坡。约占亚洲国家总数的 29.17%。

欧洲有 9 个国家:爱尔兰、波黑、芬兰、立陶宛、马其他、摩尔多瓦、葡萄牙、斯洛伐克、希腊。约占欧洲国家总数的 20.45%。

美洲有 19 个国家:安提瓜和巴布达、巴巴多斯、巴哈马、巴拉圭、巴拿马、

---

[1]《世界各国宪法》编辑委员会编译:《世界各国宪法·亚洲卷》,中国检察出版社 2012 年版,第 247 页。

玻利维亚、伯利兹、多米尼克、格林纳达、古巴、圭亚那、美国、尼加拉瓜、圣基茨和尼维斯、圣卢西亚、圣文森特和格林纳丁斯、苏里南、特立尼达和多巴哥、牙买加。约占美洲国家总数的54.29%。

大洋洲有8个国家：巴布亚新几内亚、基里巴斯、瑙鲁、萨摩亚、所罗门、汤加、图瓦卢、新西兰。约占大洋洲国家总数的57.14%。

非洲有14个国家：博茨瓦纳、冈比亚、加纳、津巴布韦、莱索托、利比亚、马拉维、毛里求斯、纳米比亚、南非、塞拉利昂、斯威士兰、坦桑尼亚、乌干达。约占非洲国家总数的25.93%。

从以上数据可以看出，这种法律公布后"同时生效"或"马上生效"的做法，"多存在于或适合于疆域较小的国家"①，因此在大洋洲和美洲，明确作出该规定的国家甚多，或许是正因为做出如此规定的国家大体皆为加勒比海和南太平洋上的小岛国，且民情相对稳定统一，故而确立了"法公布后不需要一定的准备时间即可实施"②的基本原则。当然正如周旺生先生所言，"疆域辽阔的国家如果交通便利，所公布的法不需要准备时间即可实施的，也可实行法公布后马上生效的制度"③。哈萨克斯坦、沙特等国即属于这方面的特例。

（2）对法律在公布后另定施行日期

例如《德国基本法》第82条第2款中亦规定："各项法律和行政法规均应规定生效日期。未规定生效日期的，则其在联邦法律公报公布后的第14日起生效。"④俄罗斯联邦则在总统签署联邦法律后，送《俄罗斯报》或《俄罗斯联邦立法汇编》正式公布，并在公布之日起的第10日生效。除此之外，依据各国宪法，做相似规定的亦为数不少，有30个国家，约占世界国家总数的15.90%。其又可区分为以下几种类型：

---

① 北京大学法学百科全书编委会编，周旺生、朱苏力分册主编：《北京大学法学百科全书：法理学·立法学·法律社会学》，北京大学出版社2010年版，第155页。
② 北京大学法学百科全书编委会编，周旺生、朱苏力分册主编：《北京大学法学百科全书：法理学·立法学·法律社会学》，北京大学出版社2010年版，第155页。
③ 参见北京大学法学百科全书编委会编，周旺生、朱苏力分册主编：《北京大学法学百科全书：法理学·立法学·法律社会学》，北京大学出版社2010年版，第155页。
④ 《世界各国宪法》编辑委员会编译：《世界各国宪法·欧洲卷》，中国检察出版社2012年版，第188页。

① 公布次日生效:奥地利、摩纳哥、秘鲁。

② 公布 3 日后生效:罗马尼亚。

③ 公布 8 日后(或不早于第 8 日)生效:黑山、捷克、列支敦士登、塞尔维亚、萨尔瓦多、危地马拉。

④ 公布 10 日后生效:吉尔吉斯斯坦、爱沙尼亚、白俄罗斯、乌克兰、哥斯达黎加。

⑤ 公布 14 日后生效:拉脱维亚、肯尼亚。

⑥ 公布 15 日后(或不少于 15 日)生效:格鲁吉亚、阿尔巴尼亚、意大利、索马里。

⑦ 公布 20 日后生效:韩国、洪都拉斯。

⑧ 公布 30 日或一个月后生效:卡塔尔、科威特、蒙古国、也门、印尼、约旦、刚果(金)。

上述国家之所以采取这种"法公布后经过一定时间后生效"的立法例,原因大致有二:"或是疆域辽阔而又交通不便,或是法公布后需要时间准备才能实施"①。当然综合以上分析可以看出,各国的法律生效时间规定不一,各有千秋。不过分布在公布次日和一个月后生效的时间范围,相较于法律公布期限之同类规定明显为短,且以选择于公布 8 日后或 30 日后者为多,公布 10 日或 15 日后生效者也有一定比例,呈现相对均衡的分布态势。如此规定,根源或许在于法律生效准备期按周、按旬或按月计算,颇符合国家机构和国民记忆之习惯。

需要说明的是,无论是以公布之日或公布后明确的特定日期为生效施行时间,各国宪法往往又同时授权立法者对具体法律的生效时间做特殊规定,以便于法律的及时有效实施,反映其在此问题上的灵活性。

2. 异时施行主义

所谓异时施行主义,即以全国各地距离的远近,为施行日期的标准,或以公布之日施行,或于登载法律的公报到达之日施行,或经过一定期间后施

---

① 北京大学法学百科全书编委会编,周旺生、朱苏力分册主编:《北京大学法学百科全书:法理学·立法学·法律社会学》,北京大学出版社 2010 年版,第 155 页。

行。采此"法公布后按法到达期间计算生效时间"规定的大都是在疆域辽阔、交通邮政不便乃至各地居民分布不均的国家，为便于送达公示法律，使得边远地区国民亦能及时知晓并予以准备，故作此形式上不平等之规定①。这一原则始见于《拿破仑民法典》第 1 条中的创造性规定："国王所为的公布，在首都，视为于公布的次日为公众所知悉；在其他各省于上述日期届满后，按首都与各省首府间的距离每百公里增加一日。"②

随着技术的进步，目前在世界各国宪法中明确做此规定者极少，已成为例外补充规定。不过有些国家依然作了专门规定。如曾为法国前殖民地的柬埔寨王国，在其宪法第 93 条第一款中有如下规定：法律"应当在其签署 10 日内在金边发生法律效力、在签署 20 日内在全国生效。"③体现出对法国法相关历史遗产的某种继承和发展。当然这并未改变"同时施行主义"日益通行的大势。

四、当代法律公布制度运行争议案例及其反思

虽然在制度层面，正如有学者指出的那样，有些国家的宪法对公布法律的问题规定得相对比较详细（如奥地利、爱尔兰、德国），有些国家的宪法对公布法律的问题规定得相对比较简单（如比利时、意大利、日本、新加坡），还有的国家宪法甚至根本没有相关规定（如美国、法国）④，但依然大都形成主要依托国家元首公布法律、保障公布程序、奉行"同时施行主义"的制度运行惯例。

但是在当代世界范围内的相关实践中，依然出现了一些引人注目的法律公布争议案例，凸显出法律公布制度仍需坚持和完善的事实。

（一）联邦德国总统的否决权行使问题

众所周知，在德国《基本法》中，并没有总统否决权的设置规定。然而自

---

① 参见北京大学法学百科全书编委会编，周旺生、朱苏力分册主编：《北京大学法学百科全书：法理学·立法学·法律社会学》，北京大学出版社 2010 年版，第 155 页。
②《拿破仑民法典（法国民法典）》，李浩培、吴传颐、孙鸣岗译，商务印书馆 1979 年版，第 1 页。
③《世界各国宪法》编辑委员会编译：《世界各国宪法·亚洲卷》，中国检察出版社 2012 年版，第 268 页。
④ 参见吴大英、任允正：《比较立法学》，法律出版社 1985 年版，第 201—202 页。

联邦德国基本法施行以降,截止到 2006 年底这个奉行总理内阁制的国家已经发生 8 次总统拒绝签署法案之事例,新世纪后在前总统霍斯特·克勒任内即发生两次,2006 年 10 月其首先以违宪为由拒绝签署一项德国空中交通控制网路实行私有化之法案,同年 12 月其更是以消费者资讯法中拟加强各个地方政府对消费者咨询监查责任的做法与地方自治相抵触为由拒绝签署,引起德国乃至世界舆论的较大关注和争议①。

在德国"联邦总统虽没有立法倡议权,却是立法过程中不可或缺的重要环节。根据基本法第 82 条第 1 款,却是立法过程中不可或缺的重要环节。""基本法或联邦有关法律都未规定联邦总统在签署法律之前有审核联邦法律的职权。但实际上,豪斯总统于 1951 年、吕贝克总统于 1961 年、海涅曼总统于 1969 年和 1970 年、谢尔总统于 1976 年都对联邦法律进行过审核,并且拒绝予以签署、公布。1986 年 5 月,魏茨泽克总统不但拒绝签署关于联邦劳动局的一项法律,而且授权联邦总统府颁布文告,声明拒绝签署该法律的理由。"②

当然,正如有学者阐明的那样,德国联邦总统在立法过程中实际享有的审查权也是有限的:其不能因为政治原因制止一项法律的出台,而是只能根据争议和实际的观点从法律理由出发拒绝颁布一项法律,其法律理由建立在:(1)以往立法程序的修正,或者(2)法律内容的合适性上。至今为此,德国总统都依照这两种法律理由行使其权力③。联邦总统并非扮演宪法法院的替代角色,这对于其职位和规模较小的办公室也是不可胜任的工作。只有一项法案在整体上看起来不符合宪法时,联邦总统才不可以简单地颁布此类法律。联邦总统只是扮演着简单的过滤器功能,阻止明显不符合宪法

---

① 罗承宗:《将错就错的总统?——再访拒绝公布总统权》,台湾法学杂志,第 137 期,2009 年 10 月 1 日,第 24—25 页。

② 顾俊礼:《德国政府与政治》,扬致文化事业股份有限公司 2001 年版,第 202 页。

③ 例如,吕贝克总统是以抵触自由选择职业的基本权利为由拒绝《职工股买卖法》的;而谢尔总统以缺少联邦参议院同意的缘故拒绝颁布《兵役法》,魏茨泽克据称在 1991 年初拒绝签署飞行保险私有化的法律,因为根据基本法,这类法律应是公共服务领域内容。参见[德]沃尔夫冈·鲁茨欧:《德国政府与政治》,熊伟、王健译,北京大学出版社 2010 年版,第 251 页。

的法律,主要是作为"程序规则的保护者"①。

当然,有学者认为,事实上在各国宪法中明确规定法律公布主体在法律公布过程中"绝对不许否决议会通过之法律案者"极少(波兰1921年宪法算是一例)"。一方面,随着形势的发展,使得在西方议会制下传统上被认为仅具有"法律确认"的消极功能、有程序性的公布职务之名而无实质性的核准"职权"之实、甚至被等同于"公布义务"的法律公布权,也开始扮演了能动的积极角色。如德国联邦宪法法院在裁定总统拒绝公布法律权的判决意见上的暧昧态度,被许多学者认定其实际上已采间接的肯定立场。正如罗志渊先生多年前所观察到的那样:第一次世界大战后欧陆国家在奉行内阁制体制的情况下却往往授民选的总统以"中止的否决权"(suspensive veto)。"这种否决权在审慎考虑的运用下可使草率通过的各种法案有重行讨论的机会,诚如莫尔坚先生(Mr Morgen)所谓:凡实行议会政治(按即指责任内阁制)的国家,一个可以控制国会多数并富有经验学识的强有力的政府是预防草率立法的最好办法。在英国,政府不仅要对政府所提的法案负责,且要对它让国会所通过的一切法案负责。欧洲大陆各国政府控制立法的作用并没有如同英国运用得那么完善,但用总统的否决正可补救这一缺点。"但无论如何,一个名义上的"虚位元首"敢于行使于宪无据的权力,并否决有民意合法性基础的国会立法,总是件颇令人迟疑的事,德国联邦宪法法院对于此议题的暧昧态度,不免令人有些遗憾。

(二)美国总统签署声明运用争议案

在美国,立法否决权早在1787年中确立,法律公布亦有相应规定,然而这并不表示在美国式总统制下总统的法律公布权就得到有效规制,恰恰相反,其也存在着一些问题争议,甚至到新世纪之后,小布什政府手握法定现成的立法否决权不用,却另辟蹊径、玩弄擦边球游戏,频频祭起总统签署声明这一早已受到质疑的法宝挑战和规避国会立法,一时间引起轩然大波,促

---

① 正因为如此,2002年联邦总统劳在即便缺乏勃兰登堡州在联邦参议院的一致投票的情况下,仍签署《移民法》。参见[德]沃尔夫冈·鲁茨欧:《德国政府与政治》,熊伟、王健译,北京大学出版社2010年版,第251页。

使不少学人产生广泛忧虑,纷纷撰文探讨其合法性问题。

所谓"总统签署声明",是美国总统在签署国会通过的法案时附于其后的正式文告,它虽不具有正式的法律效力,却可以就法案的基本原则或其中的具体条款给出总统的意见和解释,并对行政部门的执法力度与手段予以指导,因而能够对法案的实施效果产生很大影响①。自十九世纪初起,在美国法制实践中,就存在总统利用挑战性签署声明来解释法案,甚至对其中一些条款提出异议的事例。但真正将这项纯粹的礼节性程序,转变为总统根据自己理解、对即将公布法律条文具体条款频繁地予以实质性内容解释,甚至表达对其合法性或可行性的怀疑、保留或否定意见的利器②,还是二十世纪八十年代以后的事情:在自命为国家立法领袖的罗纳德·里根主政期间,挑战性总统签署声明的适用频率即已明显提升,到老布什掌权时期,这一做法被认为正式成型出现,正如有学者描绘的那样:"当国会通过一项布什认为不合适或是不需要动用否决权的法律时,他会在签名的同时写下签署声明。"在其四年任期内所作出的 146 项挑战性签署声明中,其对 1991 年的《民权法》所做出的签署声明最有争议,面对这一旨在"将反歧视案件中的举证责任重担从原告方(雇员)转移至了被告方(雇主)身上"的法律,老布什却在签署声明中公开表示他"打算以超越立法者原意的方式执行这一法案",让人充分感觉到其行事理念的极端自信风格,即认为总统对法律的合宪性判断是天然有效乃至优越的。因此,有学者认为,"作为一种在不动用否决权的情况下对国会发起反抗的一种方式,签署声明成为乔治·H·W·布什对总统制所作出的最重要的贡献。"③其实际上是说,这一制度的合宪性是颇令人怀疑的。

---

① 有学者对总统签署声明下了这样一个专门定义:其是指"总统在一份已经签署过姓名的法案上写上声明,而这一声明会因为行政干预而缩小或歪曲其规定,并从而改变其原先的立法意图。"参见〔美〕阿克塞尔罗德:《美国总统制》,王佳馨译,经济科学出版社 2013 年版,第 268 页。
② 其往往在签署声明中宣称行政部门将拒绝执行、或者将以总统认为合适的方式来执行某些具体的法律条款。
③ 参见〔美〕阿克塞尔罗德:《美国总统制》,王佳馨译,经济科学出版社 2013 年版,第 267 页。

表3-4　1961—2007年9月总统签署声明的发表情况分析表①

总统	发表年限	签署声明总数	挑战性签署声明的数量	后者约占总数的百分比
肯尼迪	3年	80	1	1%
约翰逊	5年	302	11	4%
尼克松	5.7年	169	6	4%
福特	2.3年	130	10	7%
卡特	4年	247	24	10%
里根	8年	276	71	26%
老布什	4年	214	146	68%
克林顿	8年	391	105	27%
小布什	6.8年	152	118	78%

　　正所谓有其父必有其子,挑战性总统签署声明制度在经历了克林顿政府的短暂使用低谷(但在使用数量和概率方面仍均高于里根时期),在新世纪后,小布什当局又将挑战性总统签署声明运用到连老布什都自叹不如的境界(参见表上),其多次借此公开挑战国会立法的权威②,以致引起美国法学界的高度关注和争论③。

　　特别引人忧虑的是,这种情况伴随着美国"政治极化"问题的持续发酵,并未真正得以改变,在特朗普时代依然延续下来。例如,2017年7月25日和27日,美国众议院和参议院分别以近乎全票赞成的压倒性优势通过了对俄罗斯、伊朗和朝鲜三国的制裁议案。根据这项"打包制裁"议案,美国将以俄罗斯涉嫌干涉美国2016年总统选举和军事介入乌克兰危机等为由,追加对俄相关个人和实体的经济制裁,并且特别意有所指地限制了美国总统解

---

① 表格3—4参见张哲馨:《总统签署声明的发展及其对美国联邦政府权力制衡体制的影响》,《美国问题研究》2008年第1期,略有改动。需要说明的是,小布什发表总统签署声明的时间年限仅从其就任计算到2007年9月为限。

② 特别是反对党主导下国会立法。

③ 小布什的挑战性总统签署声明以数量和概率惊人、内容"大胆"而著称于世。他常常在签署声明中为己辩解(比如"反恐"斗争需要对公民信息自由予以一定限制等等)、试图摆脱国会立法所施加的诸多法律限制,还经常宣称某些法律条款"因侵犯总统权力而违宪"。

除对俄罗斯制裁的权力。当时饱受"通俄门"事件困扰、却依宪享有否决权的特朗普总统在7月27号收到议案后,获得了10天的考虑时间,如不签字议案将自动生效。在经过近一周的徘徊之后,特朗普于2017年8月2日勉强签署了该法案,但却以发表两份"总统签署声明"的方式,巧妙表达了对法案合宪性的挑战:

特朗普在第一份声明中表示,这是一份立法权侵犯行政权的法案,因为它限制了总统在未得到议会允许的情况下协商制裁的可能性,存在着"严重缺陷"。他声称:"通过限制行政权力的灵活性,这项法案使得美国在为美国人民谋求好协约的时候变得更难,而且这将使得俄罗斯与朝鲜走得更近。"在此基础上,他进一步强调:"我们议会的创立者在最初就把管理外交事务的权力放到了美国总统手中……而这项法案将证明那些先驱们的智慧。"据此暗示自己的总统权力受到了国会的不当制约。

特朗普还在第二份声明中首先表示,尽管他对该项法案表示反对,但是为了美利坚合众国的团结,他还是妥协了。但他接着却指责该项法案中的一些条款"显然违宪"。同时,他对无法通过废除奥巴马医改法案的现存国会作用表示了质疑,称不知国会是否有能力去协商好相关的制裁内容。由此竭力念叨:"这项法案存在严重缺陷,因为它侵犯了行政部门进行谈判的权力"、"在长达七年的协商之后,议会甚至不能就医保法案达成一致意见。"①

当然,一方面,从客观上讲,正如一些美国学者所言,这种程序变化总体上仍流于形式,往往只是总统重申宪法赋予总统的最高行政权而已,并未违反和改变美国宪政秩序的基本框架;但另一方面,挑战性签署声明对公布法律实施效果的明显影响也不容忽视,其反映了美国总统权力仍不断扩张膨胀的事实,特别是在非常状态下其甚至能变相修改公布法律的具体内容②,有变为一些学者所担忧的"单项否决权"的潜在危险。正如边沁所强调的那

---

① 详情参见新华网:《特朗普虽签署"打包制裁"法案 却称有"严重缺陷"》,https://m.haiwainet.cn/middle/3541090/2017/0803/content_31050867_1.html,2021年9月24日访问。
② 特别值得注意的是,自里根以来,美国的挑战性总统签署声明的数量递增与紧急事件(因对外战争和反恐行动而起)频发的时势是有一定关联的。

样:"通过任何仪式作为一种标志,使得人们了解到表达了立法者意志的这样或那样的话语(discourse),这样的仪式可以被称为鉴证签署仪式(ceremonies of authentication)。而完成了这项仪式的立法条文,则可以被称为是被鉴证签署了的"①,其意义不容小觑。而在小布什、特朗普等人的挑战性总统签署声明的环境中,"立法者"的身份话语似乎发生了转移和错位,自然颇令人侧目。

(三)俄罗斯府会法律公布大战

1997 年初,俄罗斯总统叶利钦以不符合俄罗斯国家利益为由,驳回了国家杜马通过的、并由联邦委员会赞成的《二次世界大战后转移到苏联,现在仍在俄罗斯联邦境内的文化珍品法》②。1997 年 4 月 4 日和 5 月 14 日,经过重新审议,国家杜马和联邦委员会先后投票通过了被总统否决的、未加修改的法律,并把该法提交总统签署。1997 年 5 月 21 日,叶利钦总统以俄罗斯联邦会议两院违反议会两院规定的重新审议的程序、以及重新审议时联邦会议两院没有必要多数议员出席为由,未经签署就把该法退回联邦会议两院。1997 年 6 月 10 日和 14 日,联邦会议两院又各自通过本院决议,重新将该法送交总统,坚持要求总统签署公布。1997 年 6 月 24 日,叶利钦总统再次未经审议便拒绝签署,并将法律退回联邦会议两院。在此情况下,联邦会议两院分别向联邦宪法法院提出解决与总统争议的请求,国家杜马还提出解决与总统之间关于总统是否必须签署上述联邦法律的争议请求。1998 年 4 月 6 日,俄罗斯联邦宪法法院就联邦会议两院与总统之间关于总统是否必须签署联邦法律争议一案作出裁决之指出,总统应当按照联邦宪法规定的程序签署联邦法律。叶利钦总统遵照上述裁决,如期签

---

① 参见[英]杰里米·边沁:《论一般法律》,毛国权译,上海三联书店 2013 年版,第 162 页,注 38。
② 本案发生的政治背景是二战期间,苏德双方都先后将对方珍贵文物视为战利品予以大肆劫掠。冷战结束后,德奥领导人对叶利钦总统提出了归还本国文物的请求,同样出于为追索被外国掠走的俄罗斯文物奠定先例基础的目的考量,叶利钦总统显示了同意归还的意向,不料此举却引起了俄罗斯共产党主导的俄罗斯国会两院的强烈反对,为杯葛这一进程,其迅速强行通过《二次世界大战后转移到苏联,现仍在俄罗斯联邦境内的文化珍品法》,引发这一轮激烈的府会冲突乃至宪政危机。参见刘向文:《俄国政府与政治》,五南图书出版股份有限公司 2002 年版,第 588 页。

署公布了该法律[①]。

这场俄罗斯法律公布大战的情况,凸显转型国家的常见通病:对制宪者而言,明明 1993 年宪法第 107 条白纸黑字中有只赋予俄罗斯总统一次否决权的行使,若立法机关再次以绝对多数票通过后法律即须公布的明确规定,本以为高枕无忧,谁又能料到会出现如此纰漏、造成两难之举:总统指责立法机关再次通过的法律违反国家利益,且法律通过程序违法、未达法定人数要求,没有法律效力;立法机关亦指责总统据此两次行使立法否决权也是违宪之举——尖锐的政见分歧导致府会双双坠入违宪的嫌疑泥潭,平白无故制造了一个法律公布责任的难题,颇令人遗憾,好在府会双方和 5 年前的白宫事件相比,都表现出应有的政治成熟和愿赌服输的政治理性与风度,能够在法治的轨道上据宪力争,才使这一宪政危机没有酿成更大的灾祸,乃是不幸中之大幸,而俄罗斯联邦宪法法院更不负众望,成功展现了将政治问题转化法律问题的处理艺术和技巧,将坏事变好事,创造了一个各方能接受的结局,也为世人提供了一个鲜活的法律案例与佳话,从一个侧面也反映了当时俄罗斯国家法治建设的某种进步。

(四)中国台湾地区的覆议权启动程序争议

2013 年 5 月 31 日晚,在台"立法院"第 3 会期即将休会的前 20 分钟,蓝绿"立委"以"夜袭"的方式,连夜"三读"通过了"会计法"第 99 条之 1 条文修正案,不料忙中出错,据称由于工作人员在誊写时的工作疏忽和在场全体诸"立委"审议时的集体失察,因缺失漏写一个"教"字,再次出现了荒唐的乌龙事件,与修法原意相悖,在岛内引起轩然大波,正如有观察者描绘的那样,"从蓝绿阵营到派系山头,从民代到大学教授,从颜清标到陈水扁,从地区领

---

① 参见刘向文:《俄国政府与政治》,五南图书出版股份有限公司 2002 年版,第 236、588—589 页。值得注意的是,在该案裁决中,俄罗斯联邦宪法法院在责成总统签署公布上述法律的同时也指出,签署公布该法律并不影响总统向宪法法院提出关于该法律是否违宪的询问。因此 1998 年 4 月 15 日,叶利钦总统向俄罗斯联邦宪法法院提出关于该法律是否符合俄罗斯联邦宪法、重新审议的程序是否符合联邦宪法的询问。2000 年 5 月 27 日,俄罗斯公布了俄罗斯联邦宪法法院根据俄总统询问就审查上述法律合宪性一案作出的裁决。该裁决规定,联邦会议两院得对上述法律作出部分补充修改。参见刘向文:《俄国政府与政治》,五南图书出版股份有限公司 2002 年版,第 589 页。

导入到台行政部门以及立法部门等都牵涉其中"①。

　　在此事件闹腾之初,台"行政院长"江宜桦仍一再公开明确表示"行政院"不会提起复议,然而随着事件争议的继续放大,在民意和舆论压力下,当时的民进党主席苏贞昌及中国台湾地区领导人马英九先后亲上火线出面道歉。特别是马英九在当年 6 月 7 日的公开道歉中声称:"这一点身为'中华民国''总统'与中国国民党主席,我责无旁贷。我必须承担外界所有的批评与责难,也要负起监督政府改革的责任。因此我一方面指示行政团队要与立法院党团进行必要的检讨,也决定今天召开记者向社会各界道歉。"由此责成台"行政院"对"会计法修正案"提出"覆议",在此之后,"行政院"很快在长达 10 日的法律公布期限截止前提交复议案。而台"立法院"首日"临时会"上,也以几近全数的票数(110 票),表决通过了台"行政院"移送的"会计法覆

---

① 该"条文修正案"旨在为台湾岛内民意代表的特别费和学者的研究费分别解套和有条件除罪,故欲规定:"2010 年 12 月 31 日以前各民意机关支用的研究费、公费助理费与加班费、业务费、'出国'考察费、各乡镇、市、区公所支用的村、里长事务补助费,以及各大专院校教职员、学术研究机构研究人员,支用'政府'机关补助研究计划费,其报支经办核销支用及其它相关人员财务责任视为解除,不追究其行政及民事责任,若涉刑事责任者不罚。"。然而该"草案"在台"立法院"的誊打和审议过程中却出现将"教职员"写成"职员"的此等纰漏,而根据台湾现行"大学法"相关"条文"规定,教师是不属于职员范畴的,在字面文义上这意味着属于教师行列的诸教授将被排除出此次除罪范围内,不符合修法初衷,而颜清标等涉案民代却因此获益,坐实了外界对其乃"颜清标条款"的观感印象。参见杨昆福:《台湾政坛的政治分赃与算计——聚焦台湾"会计法修法"乌龙事件》,https://net.blogchina.com/blog/article/757040697,2021 年 9 月 12 日访问。抛开该法原初立法目的的巨大内容争议不谈,中国台湾地区在形式上这种法律文字乌龙赫然醒目的怪事当时已发生不止一次,令人惊诧不已:2006 年"道路交通管理处罚条例"修正案中的"骑车要戴安全帽",法条竟误写为"开车"而贻笑大方;2011 年立法院三读修订通过的"食品卫生管理法",误把"停业"写成"歇业",造成卫生机关对黑心食品勒令歇业或停业都变成"暂停营业",立法院只好修法补正;2012 年,立法院临时会为美牛议题吵翻天,但最后三读通过条文,却是规定禁止输入"牛骨头"而非"牛头骨"。国民党议会党团最后只好赶在散会前提复议,重新二、三读补正后,才解除一场危机。参见:《立院烧饼油条有一套》,《苹果日报(台湾版)》2013 年 6 月 2 日文。文字乌龙的灾祸屡见不鲜,另外还有段落重复的笑话出现:台湾"八八水灾"后,台"行政院"迅速于 2009 年 8 月 20 日起草通过"莫拉克台风灾后重建条例",并交由"立法院"在 3 日内完成审议通过程序,立法院呈请马英九"总统"于次日,即 2009 年 8 月 28 日公布。然而在万众瞩目之下,此立法工作仍百密一疏,以致接收到此条例的"总统府"竟很快发现该条例第 16 条第 1、2、3 项与第 19 条第 1、2、9 项文字内容重复这一严重错误。但由于"行政院"院长刘兆玄表示此错误不影响该条例之适用与执行,而"立法院"负责人王金平也表示该院会尽快进行补救处理,马英九遂仍于法定日期发布"总统令",并自公布日起施行该条例。但这一行为很快就引起争议,被舆论界讥为"立法院乌龙立法、总统将错就错",对其施政产生一定的消极影响。参见罗承宗:《将错就错的总统?——再访拒绝公布总统权》,《台湾法学杂志》第 137 期,2009 年 10 月 1 日,第 21—22 页。

议案"，最终"会计法"被"打回原形"，回到"修法"前的状态。一个"教"字引发的风波，至此终于暂告段落。然而其也引起了一个重要问题的探讨：在台湾现行宪制之下，"总统"是否有拒绝公布法律权？覆议案的启动程序如何？

这必然要求对中国台湾地区的现行法律公布制度予以考察，根据"中央法规标准法"第4条规定："法律应经立法院通过，总统公布。""中华民国宪法"第三十七条（总统公布法令权）规定："总统依法公布法律，发布命令，须经行政院院长之副署，或行政院院长及有关部会首长之副署"①。该法第七十二条（公布法律）又规定："立法院法律案通过后，移送总统及行政院，总统应于收到后十日内公布之，但总统得依照本宪法第五十七条之规定办理"②。此外，在"中央法规标准法"中还规定了法的公布对法的实施的效力影响。

根据相关现行规定，行政院为覆议的发动机关，而非"总统"，但"总统"对于行政院覆议案的提出，有核可权。有学者认为，依"宪法规定，总统应依法公布法律，但法律制定程序不完备者，总统得拒绝公布"③；亦有学者认为，"总统在公布之前，如发现未践行其议事应遵循之程序，明显有抵触宪法者，总统应可拒绝公布"④。但也有学者强调，"总统"应自收到"立法院"通过法律案后十日内公布法律，除非透过复议程序进行覆议，否则应该属于违宪事项⑤。因此，综合以上相关法律我们可以认定，就规范层面而言，认为中国台湾地区领导人仅具有公布法律和"核可""行政院"提出的覆议案的仪式权力，不具有否决权的通说见解是有说服力的。

---

① 根据变更该法原三十七条部分规定的"中华民国宪法增修条文"第二条第二款："总统发布行政院院长与依宪法经立法院同意任命人员之任免命令及解散立法院之命令，无须行政院院长之副署，不适用宪法第三十七条之规定。"

② 根据"中华民国宪法增修条文"第三条第二款第二项之规定："行政院对于立法院决议之法律案、预算案、条约案，如认为有窒碍难行时，得经总统之核可，于该决议案送达行政院十日内，移请立法院覆议。立法院对于行政院移请覆议案，应于送达十五日内作成决议。如为休会期间，立法院应于七日内自行集会，并于开议十五日内作成决议。覆议案逾期未议决者，原决议失效。覆议时，如经全体立法委员二分之一以上决议维持原案，行政院院长应即接受该决议。"有台湾学者认为此项规定已经赋予"总统"核定复议权。参见谢瑞智：《中华民国宪法》（增修版），台湾商务印书馆2011年版，第135页。

③ 杨敏华：《"中华民国宪法"释论》，台湾五南图书出版股份有限公司2004年版，第177页。

④ 参见谢瑞智：《"中华民国宪法"》（增修版），台湾商务印书馆2011年版，第135页。

⑤ 参见杨东连：《法学入门》，一品文化出版社2008年版，第72页。

然而回到本案，却反映出中国台湾地区法律公布制度在实践中的某种矛盾两难：面对立法机关随意创制的带有明显文字错误的法律案，法律公布主体"将错就错"予以公布，显然影响法律权威、不孚众望；但如若法律公布主体过度发挥"核可"过程中的能动作用，甚至对行政院是否决定复议施加事实上的"监督"、"指示"的压力，又有违"宪"越权的嫌疑与争议。

（五）小结

纵观上述法律公布争议案例的出现及其发酵，其成因大致分为以下几种类型：

（1）内容规定较为简约，引发法律公布实践争议。这在德国的相关案例中得到充分体现。

（2）内容规定本身较为健全完备，却因有关方面"无事生非"、精心操弄程序细节，人为制造出争议焦点乃至法治漏洞，并伺机向法律"灰色地带"持续游移。这在美国布什父子、特朗普等人的相关争议行为中得到集中体现。

（3）内容规定本身较为健全完备，却因相关各方基于现实的政争需要而采取的违法程序行为，而在实践中变得"荒腔走板"。俄罗斯1998年府会争斗的发生就是典型事例。

（4）内容规定本身较为健全完备，却因相关各方不专业、也不敬业的法律实践态度，与政治法律实践中的非正式制度结合起来，人为制造出一些本不该发生的矛盾事件。这在中国台湾地区前些年的反面教训中得到充分体现。

这些现实的负面案例告诉我们，法律公布活动是一项审慎而严肃的法治工作，必须加以认真对待，为此必须做到以下几点：

（1）在相关制度设计层面，应进一步构建相对健全完善的法律规范，尽可能把潜在争议风险消除在萌芽状态。

（2）在相关制度执行层面，要在正视法律公布制度与国家立法体制乃至政体有机联系的事实前提下，努力构建避免政治力量不当干预的"防火墙"、从可执行程序机制上消除让"外部变量"伺机侵蚀的不稳定环节因素，保障法律公布制度运行的相对独立性和稳定性。

（3）加强对法律公布主体乃至法律创制和实施机关隶属人员的法治教育，将权力监督和道德教化结合起来，突出政治伦理和专业主义的原则要求，在法治实践层面解决"有治人无治法"的潜在问题，变"勉强公布、暗中抵制"为"认真公布、全面履职"，最终达到"良法善治"的理想境界。

总之，当前在世界范围内法律公布制度的实践状况并非完美，相关的完善工作仍在路上，要求我们从推动法治健康稳定发展的要求出发，在准确把握衔接法律创制和法律实施环节的制度宽度基础上，真正做到靶向施策、精准发力。

需要指出的是，在"议行合一"的人民代表大会制度之下，经过长期的制度实践，我国已经形成由国家元首承担公布法律职责、遵循普通程序公布法律的制度设计，由此使得中国的法律公布权不具备西方一些国家"对议会实行牵制和制衡的权力"的功能属性，"在立法实践中也从未发生国家主席拒绝公布法律的情况"①，能够依托"民主集中制"的制度优势，形成依法顺畅公布法律的治理效能。

---

① 参见北京大学法学百科全书编委会编，周旺生、朱苏力分册主编：《北京大学法学百科全书：法理学·立法学·法律社会学》，北京大学出版社 2010 年版，第 155—156 页。

第四章 法律公布的外部表现

英国著名法学家布莱克斯通曾经指出:"一项只存在于立法者头脑中的空洞的决议,既然并未由外部的文字符号加以阐明,就不能成为一部真正意义上的法律。"①虽然法律公布的具体方式相对次要,"但是,不论以何种方式公布法律,颁布者均应采用最为公开和清晰的表达方式。"②由此提出了法律公布的外部形式要求。衍生出法律公布的载体方式乃至文体格式等问题。

一、法律公布的载体方式

(一)法律公布方式的历史沿革

1. 世界范围内的法律公布方式变迁

在人类历史上,法律公布方式可谓多种多样。每一种法律公布方式都对应于一定历史条件下的相应法律传播媒介载体。

所谓媒介,又称传播渠道、信道、手段或工具。媒介是信息的搬运者,也是将传播过程中的各种因素相互连接起来的纽带③,其对法律的公布和传播活动具有重要意义:众所周知,法律文本必须通过一定的载体媒介(物理介质),予以记录、固定、公布和贮存。正如有学者指出的那样:"法律的本质及其操作方式都是以具备储存和发散功能的信息系统为条件的。因此,毫无

---

① [英]威廉·布莱克斯通:《英国法释义(第一卷)》,游云庭、缪苗译,上海人民出版社 2006 年版,第 57 页。
② [英]威廉·布莱克斯通:《英国法释义(第一卷)》,游云庭、缪苗译,上海人民出版社 2006 年版,第 58 页。
③ 刘徐州:《法律传播学》,湖南人民出版社 2010 年版,第 58 页。

疑问,信息基础以复杂和微妙的方式,在某种程度上决定和限制法律的质量和复杂性,它还决定和限制影响法律变化的规则,以及那些能够依据法律提供咨询服务的人"①。媒介对信息的清晰度和结构方式起着决定性作用,即便对人的组合与行动的尺度与形态,其也同样发挥着塑造和控制的重要作用。正因为如此,当代著名传播学者马歇尔·麦克卢汉曾经说过:"媒介即信息",即主张媒体不只是传统信息的媒介,还操纵着人们所接收的信息②。具体到法律传播问题上,正如英国学者 Ian Mcleod 所云:"过程就是结果",以什么样的载体形式公布法律,直接影响到了法律公布的效果③。

法律传播载体形式由此显得格外重要,法律公布的方式也随着人类传播技术的发展而不断更新:在法律发展史上,法律文本载体经历口耳相传的记忆法阶段、硬质材料载体的公布法初级阶段、纸张载体的公布法成熟阶段,现在正在步入虚拟载体的网络时代。每次法律公布方式的变革都是以法律传播媒介载体的演变为先导的。

在这漫长的历史岁月中,正如有学者指出的那样,石碑、泥板和铜鼎,兽皮、叶片和丝绸,还有纸张,都曾留下自己的厚重印记,书写过丰富的各种法律篇章。据说在意大利拉丁语中。"图书"一词的词源即是通过"树皮"这一事实得到证明。普林尼也曾在《自然史》中这样描述道:"在原始时代,文字最早是写在棕榈叶上的,然后是写在某些树的剥下来的树皮上。尔后公文写在铅片上,而私人文字也写在亚麻上或者刻在蜡板上:我们从荷马得知,甚至在特洛伊战争之前,已经丌始使用写字板……再后来,作为托勒密国王和尤曼尼斯国王在其各自创立图书馆方面的竞赛的结果之一,托勒密禁止纸草出口,于是在帕尔马发明了皮纸书,此后这种材料的使用广为扩散,承载人类之不朽"④。

此外,在航海大发现时代到来之前,世界各地的法律传播媒介又都表现

---

① [英]理查德·堪斯萨:《法律的未来——面临信息技术的挑战》,刘俊海等译,法律出版社 2004 年版,第 83 页。

② 庹继光、李缨:《法律传播导论》,西南交通大学出版社 2006 年版,第 202 页。

③ [英]Ian Mcleod:《法理论的基础》,杨智杰译,韦伯文化国际出版有限公司 2005 年版,第 9 页。

④ 参见[英]弗雷德里克·G. 凯尼恩:《古希腊罗马的图书与读者》,苏杰译,浙江大学出版社 2012 年版,第 224—225 页。

为自发的独立演化进程,带有强烈的民族性特征。以西方为例,在西方古典时代,尽管不排除以石头、树皮、亚麻、金属、木头、陶片、泥版等种种物体作为法律传播载体形式的现实例子,然而,最根本的传播载体形式无疑是还是纸草和皮纸。长达两千五六百年西方图书史,在材料形制上大约一千年是纸草卷子占主导,另外一千多年则是由皮纸册子的图书样式占主导。这一特点对西方法律公布和传播活动产生深远影响。

在众多法律公布方式之中,官报登载法构成当今世界法律公布方式的主流。它的雏形可追溯到古罗马时代。与古希腊为口头传统所影响束缚不同,罗马文明素以文字传统为傲。特别是在《十二表法》公布传统的影响下,公元前 95 年,执政官斯凯沃拉编纂了第一部法律文献,煌煌 24 卷之巨。公元前 59 年,凯撒担任执政官,正式在元老院创办了《记事报》,收录元老院的会议记录①,并将每天发生的政治、军事、法律事件公布在议事厅外广场上,用白色木板上的手抄文字传播政府法令、条约、司法裁判结果等内容,开创了用官报刊载法律的先例,这便是大名鼎鼎的《罗马公报》②。凯撒还提议修建一座图书馆,由瓦罗负责,"对现存的法典做摘要,合编一套精当的法律文书,使之简化"。公元前 51 年,另一位执政官卢卡斯完成了一篇论文,对执政官发布的法令进行系统的评论。

不过,官报登载法在西方真正修成正果,还是到了近世。早在欧洲中世纪末期,在纸张和印刷术革新的推动下,特别是随着新闻信息需求的日益增长,现代报刊得以出现。其刚刚诞生,官方便予以干预和控制:有些是通过政府部门直接办报的方式进行的(例如 17 世纪中期时的英国、18 世纪初期的俄国),或者是通过特许出版(例如 17 世纪三十年代的法国)的方式进行间接控制,官报便由此产生。法国是这一变革浪潮的突出代表。特别是随着王室立法之制勃兴,越来越多的成文法选集在宫廷出版。"为了让王室成文法的内容能在颁布之后尽速公告周知,法国国王很快地任命了专门的印刷商,令他们印刷、传布这些法规"。"这样一来,当时数量日增的官方传单与

---

① [加]哈罗德·伊尼斯:《帝国与传播》,何道宽译,中国人民大学出版社 2003 年版,第 101 页。
② 许光县:《中国古代法律传播模式研究——以国家传播为中心的考察》,《政法论坛》2011 年第 4 期。

招贴,在印刷的目的上,便与今天的政府公报极为相近了。"①正是在这种情况下,官报登载法在大革命期间正式得以确立,在拿破仑时代更得到进一步发展和传播。

总而言之,这种首创于近代法国的方法,如今已成为大多数国家通用的办法,许多国家都在宪法中明确规定公布法律的正式刊物,如《法兰西共和国政府公报》《意大利共和国公报》以及瑞士的《联邦公报》和《联邦法律汇编》等等,即是其中翘楚。不过需要特别说明的是,与在官报登载法下"皆用法律规定公布机关报,而以登载法令于公布机关报为公布式"的文明国家常情非常不同,在英国,法律在很长时间里无须公布,即有效力,无意间形成了"英国例外论"的其中一环。根据一些学者的说法,其原因或许在于,受议会主权思想的长期影响和大宪章以降逐步开启的自由传统,英国的立法程序很早即已公开,法律在事实上又因舆论而成立,无须特殊公布式,民众即已得知。加之英人颇受重经验而轻虚文的思维影响,因此其形成了"不设公布机关报,凡上下两院所议决之议案,经英王裁可后,即为成立"的固有法律习惯。当然其虽不采对一般人民的印刷公布法,却针对与法律有特别关系者予以印刷分配的办法:令"帝室印刷师"(Queen's Printer 或 King's Printer)印刷相关法律,加以合理分配,以满足公私两界的相关需求②。特别需要提及的是,当今英国的大多数基本立法和授权立法是由英国文书局(HMSO)作为国会法案和法律指令分别予以出版的。这些法律以相同的尺寸、教科书一样的价格销售③。这一做法也对若干英联邦国家或地区产生一定影响。

而常常被视为"东洋英国"的日本,在明治维新后却敏锐捕捉到"印刷术进步,邮政之制亦臻完备,而法令公布之法式,为之一变,文明各国乃皆设官报,登载法令,以作公布式焉。"④的时代潮流,很快形成"官报公布式,乃今日

---

① [法]费夫贺、[法]马尔坦:《印刷书的诞生》,李鸿志译,广西师范大学出版社 2006 年版,第 286—287 页。
② 参见[日]穗积陈重:《法律进化论(法源论)》,黄尊三等译,中国政法大学出版社 1997 年版,第 222—223 页。
③ [英]理查德·萨斯萨:《法律的未来——面临信息技术的挑战》,刘俊海等译,法律出版社 2004 年版,第 11 页。
④ [日]穗积陈重:《法律进化论(法源论)》,黄尊三等译,中国政法大学出版社 1997 年版,第 220 页。

文明国普通所用之公布式。"①的共识,主动吸纳官报登载法:明治十六年五月十日,日本当局发布《太政官达》第二十二号,设立文书局,宣布"凡诏敕布告、布达、达告示等诸法令,皆应刊载于官报",国家各级文武教职人员皆有购读义务,而一般人民可在驿递局购买。随后日本明治政府又多次发布相关改革法令:明治十八年改设官报局,十九年敕令第一号制定"公文式",新的法律公布制度初见雏形。到明治四十年二月一日,敕令六号出台,规定《公式令》,凡诏书、敕书、帝国宪法、皇室典范、法令命令、国际条约、预算等,均用官报发布(第十二条)。而法例第一条又规定,凡法律除特定施行时期者外,皆自公布之日起算,满二十日后施行之②。至此,日本最终完成了长达24年的法律公布改制的历史任务,并很快对整个东亚地区产生辐射影响。

2. 中国法律公布方式的沿革

(1)传统公布方式的传承与嬗变

和西方相似,在多元化的法律传播媒介助推下,中国古代法律公布方式也逐步进入到兴盛的状态之中。据相关学者的专门概括,主要包括两大类型:一是偏向时间进行纵向传播、追求"永垂不朽"价值的金属类、石质类、房壁类媒介,形成"铭金"、"刻石"、"粉壁"等独特的法律公布媒介③;二是偏向空间进行横向传播、追求"传播广度"价值的简牍类、布帛类、纸质类媒介,形成"扁书"、"露布"、"榜文"等独特的法律公布媒介④

在时间偏向型媒介的影响下,中国很早就形成了"镂之金石"的法律公布传统,持续将法律规范铭刻于青铜器或碑石上公布彰显,以备查考,以垂久远⑤。具体而言,"铭金"多为权贵专利,而"刻石"则由权贵逐渐向世俗普及,折射出官与民、公与私并行发展的趋势,由此推动了长期分流嬗变的过程:在"铭金"方面,据学者研究,早在西周时期,统治者就进行了"器以藏礼"的初步制度实践、开启"铭金纪法"的历史先河;并在春秋成文法运动逐步推进的时代背景下形成了"器以布法"的制度创新;借助战国之后铁制工具逐步推广的东风、在"物勒工名"的技术改良基础之上,秦汉正式采取"刻诏行法"的法律公布举措,产生较大影响;在"刻石"方面,先秦时期就出现"金石并重"的制度萌芽,秦代正式兴起"刻石纪功"举措,为"刻石纪法"模式的形成开辟道路,在秦汉魏晋隋年间"碑以明礼"的历史沿革上,在唐宋金元期间又实现"碑以载政"的制度发展,到明清时期形成了完备的碑禁体系,达到"碑以示禁"的历史高峰,一直延续到清末民初的转型年代,产生巨大历史影响①。

这种"镂之金石"传统还在无意之间助推了中国的成文法公布运动,为其持续发展创造了必要的前提条件。据相关学者研究考证,早在公元前564年、也就是在郑国执政子产铸刑书的28年前,宋国执政乐喜鉴于该国火灾之祸,命令司寇乐虺采取"庀刑器"的预防措施,把法律刻于以鼎为代表的青铜礼器上。而此后郑晋两国执政者更有意识地用神圣铜鼎来铸刻和公布刑书,反映了"又恐后世子孙不能知也故书之竹帛,传遗后世子孙;或恐其腐蠹绝灭,后世子孙不得而记,故琢之盘盂、镂之金石以重之"的思想寄托②。

除此之外,粉壁也是一种常见的时间偏向型媒介,它又称壁书,指"将政令法律书写于经过粉刷、可供书写的墙壁,通常位于衙署、通衢、寺观等人群流动的聚集处"。它发源于汉代,在宋元时期更成为重要的媒介传播方式③。

在空间偏向型媒介中,扁书是一种与粉壁几乎同时在汉代开始发展起来的媒介形式。只不过它不是将法律书写在墙壁上,而是以木板为"背景"加以书写并悬于高处④。在此之外的两种媒介常见形式是布帛材质的露布和纸质材质的榜文,两者之间在某种意义上有着历史上的递进关系,分别主导中国近千年的法律传播变迁,和西方"从纸草到皮纸"的变化相映成趣,反映了中国古代媒介传播技术的进步:自汉代至唐代,由于当时在社会生活中

---

① 详情可参见李雪梅:《法制"镂之金石"传统与明清碑禁体系》,中华书局2015年版,第33—168页;黄东海:《碑刻法律史的发凡之作——评〈法制"镂之金石"传统与明清碑禁体系〉》,《民主与法制时报》2020年2月6日第8版。
② 参见黄东海、范忠信:《春秋铸刑书刑鼎究竟昭示了什么巨变》,《法学》2008年第2期。
③ 参见徐燕斌:《中国古代法律传播史稿》,中国社会科学出版社2019年版,第67页。
④ 参见徐燕斌:《中国古代法律传播史稿》,中国社会科学出版社2019年版,第103页。

竹帛(抑或简帛)形式的使用居于主导,露布形式在政令乃至法律发布过程中的出现频率较高(当然榜文也以木质形式得到应用),但随着唐代以后雕版印刷刻本的出现和发展,纸张的使用频率得以提升,"露布"形式逐渐式微,获得纸张材质加持的榜文形式成为"官府运用得最多的法律公布形式"①。

在此特别需要提及的是,如前所述,中国古代也出现了官报的雏形,即唐代的"状报"。这是一种主要书写在纸上、面向地方政府的刊物,其专门用于传递中央政府法令文书、通告京城发生的各类法政信息。到宋代,正式形成了"邸报",与"状报"不同,其以"每日"、"每五日"或"逐旬"、"每月"等刊期定期制作发布,扩大了法律公布的内容范围和发行范围,连地方上士大夫知识分子也可获悉。另外,宋代还有非官办的"校报"与之相呼应配合,让公众了解中枢部门没公开的"朝廷机事"等重要法律信息。

上述重大的法律公布制度改革在明清时代得到继续发展。例如清代专设提塘官,承担"一切事件之公布者,乃付诸印行"的职责。当时"提塘官必设报房,以其所载谕旨、上奏,均亲赴都察院之六科抄录。印刷之后,转致地方官厅。"②当时的京报采取"用木板活字印刷,每册 10—12 页,册用黄色,左隅印'京报'二字,其内容首载'官门抄'(宫门录事)、次为谕旨,再次为中央地方各官厅奏折。"③当京报在地方公布时,"地方官厅令其下辖报房翻刻,颁布于其所属各处,该报房亦随时留意督抚处之动静,将这些内容印刷发行。称为'辕门报'"④。此外,当时在京报之外,还有两个可资利用、可公布法律的准官报传播"载体":"(1)抄本,官文书手写,半公半私之事业,通报快捷,信息早于京报数日,其价格亦高;(2)长本,提塘官发行,其文较长,故称长本,文笔与印刷粗糙,提供给欲详悉官文书者"⑤。通过上述做法,在这一时期,相关官报的受众范围也不断扩大,以致有学者认为到近代之前,中国的法律传播已完成从贵族传播向大众传播的飞跃⑥。

① 参见徐燕斌:《中国古代法律传播史稿》,中国社会科学出版社 2019 年版,第 137 页。
② 聂鑫:《中国公法史讲义》,商务印书馆 2020 年版,第 85 页。
③ 聂鑫:《中国公法史讲义》,商务印书馆 2020 年版,第 85 页。
④ 聂鑫:《中国公法史讲义》,商务印书馆 2020 年版,第 86 页。
⑤ 聂鑫:《中国公法史讲义》,商务印书馆 2020 年版,第 85—86 页
⑥ 参见刘徐州:《法律传播学》,湖南人民出版社 2010 年版,第 76—77 页。

（2）近代中国法律公布方式的转型

如前所述，官报刊载法已在帝制时期得以展现雏形。但真正奠定它在中国的权威地位，还是到了 20 世纪以后的事情，反映了晚清政府"以日为师"开启变法修律进程、进而逐步实行预备立宪的时代脉搏。1902 年 12 月 25 日，在当时担任直隶总督兼北洋大臣、竭力以"新政先锋"形象示人的袁世凯鼎力支持下，《北洋官报》在天津正式创办。该报凭借袁世凯集团给予的政策、物资和行政支持，有效购买先进技术设备、聘用优秀技师和工人，并采用多种渠道发行报纸①，更实行邮递制度和现代化管理模式，已经具有现代化官报的鲜明特征。特别是由于袁世凯的北洋重臣身份和直隶新政的全国示范性地位，使得该报得以开风气之先，不仅成为直隶省官方喉舌，"更实际肩负着清政府中央一级官报的部分使命"②。因此，它一改中国昔日严厉控制邸报信息的传统，花大量篇幅积极刊载"奏议、公牍、文告"等政务信息，客观上为中国法律公布方式的转变乃至政治生活法制化的发展起到积极的探路作用③。

在此基础上，光绪三十三年（1907 年）4 月，经御史赵炳麟请求，领班军机大臣、职掌考察政治馆（同年 8 月改名为"宪政编查馆"）、与袁世凯存在政治盟友关系的庆亲王奕劻上奏清廷，促使其汲取东西洋经验，承认官报的"行政之机关"地位、具有联通上下之作用，并鉴于"邸报以奏折巨多，民间报刊传闻失实"的国情现实，决定将设立官报作为政治改革的重要内容，力求以一份全国性、综合性的中央官报，达到"开民智"、"正人心"的作用④。基于这种思想认识，1907 年 10 月 26 日，中国历史上真正"第一份出中枢部门主办且公开发行的新式官报"⑤——《政治官报》在北京正式创立。它由被奕劻称为"宪政的枢纽"、依章程规定"有统一全国法律之责任"⑥的宪政编查馆主办、军机处章京华世奎主持编辑，下设官报局负责该报的"编辑、校对、印刷、

---

① 参见都海虹：《〈北洋官报〉研究》，河北大学 2018 年博士论文，第 28 页。
② 参见都海虹：《〈北洋官报〉研究》，河北大学 2018 年博士论文，第 31 页。
③ 参见都海虹：《〈北洋官报〉研究》，河北大学 2018 年博士论文，第 61—64 页。
④ 参见程河清：《清末新式官报研究》，南京师范大学 2021 年博士论文，第 81 页。
⑤ 程河清：《清末新式官报研究》，南京师范大学 2021 年博士论文，第 81 页。
⑥ 参见王人博：《寻求富强——中国近代的思想范式》，商务印书馆 2020 年版，第 200 页。

发行事宜"①。它的形式"为 16 开大小,日出一册,每册 20 余页不等"②,"开办经费(白银两万两)及常年经费由清政府和地方分担"、"专载国家政治文牍和立宪法令"③。

宣统三年(1911 年),在成立"皇族内阁"的背景下,又经此时已荣升内阁总理大臣的奕劻上奏,清廷决定将《政治官报》改为《内阁官报》,并在参考外国官报之法的基础上,重申官报的行政机关地位,明确要求"凡谕旨、法令等内容,统统由官报公布",使之正式成为公布法律命令机关,更确立了以官报到达日为法令生效日的原则,并采取一系列保障措施,构建了"一个纵向四级两类、横向遍布各地的结构严密的官报网络",以期解决既往实践中实效性低下、不能广泛传播的既有弊病④。此外,清王朝还专门制定了《"内阁官报"条例》(以下简称《条例》),对于官报登载操作做了明确规定。其对官报与衙门文书的关系、法律生效日期和官报刊登日期的衔接,作了专门规定,特别强调对未载于官报的的文书不得援引。《条例》第四条即规定:"凡未经'内阁官报'刊布之章程奏摺,有在商办报章登载者,不得援据"⑤。

民国肇始,南京临时政府公报局于 1912 年 1 月 29 日开始正式出版发行《临时政府公报》,其以"宣布法令、发表中央及各地方政事为主旨",在 1912 年 4 月 5 日因中华民国临时政府北迁以致该报停刊之前共发行 58 期,在体例、发行方式方面都与传统官报有所不同,凸显出"除旧布新"的历史转折意义⑥。著名的《中华民国临时约法》,亦刊载于该报 1912 年 3 月 11 日的第 35 号上。

袁世凯继任临时大总统后,于 1912 年 5 月 1 日创立的《政府公报》,成为北洋时期"公布法律命令之机关",承担刊载"一切法令文告、人事任免、中央与地方往来通电、议会记录"的职责,截至 1928 年 6 月北洋政府垮台停刊之

---

① 王人博:《寻求富强——中国近代的思想范式》,商务印书馆 2020 年版,第 200 页。

② 张雪根:《清末刊登政治文牍的〈政治官报〉》,《联谊报》2016 年 2 月 6 日。

③ 章开沅主编:《辛亥革命辞典》,武汉出版社 2011 年版,第 289 页。

④ 参见程河清:《清末新式官报研究》,南京师范大学 2021 年博士论文,第 82 页。

⑤ 参见孟小洁:《清代法律公布制度的局限与革新》,复旦大学 2011 年硕士论文,第 43 页。

⑥ 参见贾全胜:《北洋政府内务部公报研究(1912—1928)》,贵州师范大学 2018 年硕士论文,第 5—6 页。

前,共刊发 5663 期①,刊布"一切由国会议决经大总统命令公布之一切法律"②。

南京国民政府在 1927 年 4 月 18 日建立之后,其于同年 5 月 1 日,由其隶属的国民政府秘书处发行《国民政府公报》(宁字),后又曾发行《国民政府公报》(洛字)与《国民政府公报》(渝字)③。之所以出现后两个变种,盖因为躲避日军侵华锋芒,国府先在"一二八事变"爆发背景下、于 1932 年 1 月迁往"行都"洛阳办公十个月(因此从 1932 年 2 月 29 日到同年 11 月 30 日以"洛字"发行了第 1—73 号),后又在"八一三淞沪抗战"趋于失败的背景下、于 1937 年年底迁往"陪都"重庆苦撑待变、直到 1946 年 5 月 5 日才还都南京的缘故(因此从 1937 年 12 月 1 日到 1946 年 5 月 4 日又以"渝字"发行了第 1—1051 号)④。正因为如此,该报历经沧桑,内容与形态时有不同,但仍持续刊载国府公布的各项重要法律文件。例如,中国法制史上第一部正式生效的民法典——《中华民国民法典》五编内容就是在该报上于 1929 年 5 月、1929 年 11 月和 1930 年 12 月相继公布,并于 1931 年 5 月 5 日全部实施,最终促成了"六法"体系的构建。而随着所谓"宪政"时期的到来,"国民政府"亦改组为"总统府"。与之相呼应,该报也自 1948 年 5 月 20 日"行宪"之日起,转变为日刊《总统府公报》,由总统府第五局编辑、总统府第五局公报室发行⑤,不过却很快就伴随着国民党政权的崩溃而在中国大陆地区寿终正寝。

此外,1929 年在当时"真正负责从事立法的机关"⑥立法院之下、由立法院秘书处编辑、由立法院长胡汉民等人作为主要撰稿人的《立法院公报》也在南京创刊并发行。该报为月刊,截至 1944 年 3 月停刊时共出 140 期,对"立法院各委员会议事录、立法院会议议事录、立法院各委员会审查报告、法规、命令(院令、府令)、公牍(咨、呈、函、公函)"等内容都有刊载,颇有立法公

---

① 参见贾全胜:《北洋政府内务部公报研究(1912—1928)》,贵州师范大学 2018 年硕士论文,第 8 页。
② 参见贾全胜:《北洋政府内务部公报研究(1912—1928)》,贵州师范大学 2018 年硕士论文,第 9 页。
③ 参见王永春:《民国时期政府公报的期刊形态与史料价值》,《秘书之友》2017 年第 2 期。
④ 可参见"国民政府公报","政府公报资讯网",https://gaz.ncl.edu.tw/guide.jsp? p=G79001163,2013 年 5 月 20 日访问。
⑤ 参见王永春:《民国时期政府公报的期刊形态与史料价值》,《秘书之友》2017 年第 2 期。
⑥ 赵金康:《南京国民政府法制理论设计及其运作》,人民出版社 2006 年版,第 120 页。

开价值①。

　　综上所述,晚清民国时期早已成为历史的往昔。但中国人正是在这近五十年的实践探索基础上,真正确立了近代化的中国官报刊载制度,并使这项制度在新中国成立之后获得进一步发展乃至革新。

3. 小结

　　在漫长的社会历史变迁中,法律公布方式呈现出明显的阶段性发展特点:口耳相传这一最早盛行的法律传播方式,因为不利于法律的准确传承和适用、带来一系列弊病。因此后来被其他形式的法律传播载体所替代,无论是金石、铜鼎、泥版等硬质材料,还是纸莎草、羊皮、叶片、丝帛布匹等软质材料,都因在这种情况下顺应时代潮流而成为法律文本的载体。在古代雅典的采石业背景下,出现了梭伦依靠石板转轴公布法律的盛举;在中国春秋时代冶铁业逐步发展的背景下,出现了铸刑鼎、铸刑书等历史性的变革;纸张的发明则推动了粉壁榜谕方式的兴盛;在人类社会从石器时代、青铜器时代、铁器时代一路走来,终于步入到工业时代乃至信息时代的技术发展背景下,依托印刷术的持续发展和普及,最终在传统的呼唱法、朗读法、公簿登载法、揭示法之外,为现代官报登载法的推广开辟了道路。正如有学者总结的那样:"在古代,公布法律的方法比较简单,如在大庭广众之间朗诵法律条文、将法律条文公布于公共场所、将法律条文誊写多份以供众人传阅等等。在近代,以上这些方法只能用于非正式的传布法律。至于法律的正式公布,一般都登载于正式的公报。法律一经正式公布,人人必须遵守,不得借口不知法律而逃避遵守法律的义务"②。而在日趋成熟的互联网时代,则凭借网络这一先进的虚拟媒介,便利了公众对法律知识的接触与占有。其作为一种法律公布新型载体,向纸张在法律传播中的传统主导地位提出有力挑战。直接推动法律公布制度朝着民主性、高效性和广容性的方向进一步发展③。

---

① 参见"立法院公报",全国报刊索引,https://www.cnbksy.com/literature/literature/bcac7c8faf980f686cf8a920099689cc,2022 年 3 月 8 日访问。

② 吴大英,任允正:《比较立法学》,法律出版社 1985 年版,第 201 页。

③ 参见刘风景、龚斌:《互联网:法律文本的新载体》,《中国社会科学院研究生院学报》2006 年第 5 期。

（二）法律公布的具体方式

1. 呼唱法与朗读法

呼唱法盛行于古代希腊及罗马，当时世人常用诗歌体裁作法规，或附以音节而唱之，用以公布于人民，以期不忘。甚至按照亚里士多德的说法，古代法律在成文以前都是诗歌，即使希腊成文法出现后仍然存续其影响。"在各城邦设有宣令官。用音调公诵法律，与伶人立舞台上之用琴伴其歌无异。"①而据称在古代非洲的尼日利亚、古罗马查士丁尼时代以及中国西周时期，也都曾采取了这一法律公布方式②。

此外，与呼唱法相关的另一种更为常见的公布方法，即为朗读法。与呼唱法相似，其是在文字未兴的情况下，依靠人类自身口耳相传，来传播法律。通常是以诗歌体裁记述法律，再附以音律，或者以神话、格言以及历史典故等形式记忆和传诵。它在日本、古犹太王国、古希腊、冰岛、英国、中国等国家早期历史实践中有很大影响。

在现代国家宪法中，仍不乏对朗读法的相关规定，例如1976年特立尼达和多巴哥共和国宪法第一章第三节"紧急状态的例外"第12条"公布"条款中即规定："一、当依据本节发布的公告、通知、规章或命令不能或不便在《公报》上刊登时，总统可以促使在公共建筑上张贴通知公布其内容，或在公众中散发或口头公开宣布公告内容。二、凡符合本节公布的公告，即根据第7条列举的得到授权制定、公布或发出的所有拘禁令、宵禁令及其他法规、指示、命令可以制定、公布或发出以及针对任何人或权力部门生效，即使这样的规定还没有依照第一款公布。"③

2. 公簿登载法

所谓公簿登载法，亦可称之为登录公布式。矶谷幸次郎有云："凡制定

---

① ［日］穗积陈重：《法律进化论（法源论）》，黄尊三等译，中国政法大学出版社1997年版，第167页。
② 参见［日］穗积陈重：《法律进化论（法源论）》，黄尊三等译，中国政法大学出版社1997年版，第166页。
③ 《世界各国宪法》编辑委员会编译：《世界各国宪法·美洲大洋洲卷》，中国检察出版社2012年版，第811页。

法律,必登载之于各地之公簿,以使人民纵览,此于人民稍解文字之时始用之"①。穗积陈重还举例道:"法国王政时代,以登录新法于裁判所之公簿为公布式。登录之后,凡住在裁判所管辖区域内之人民,皆视为已知法律。然此方法,事实上无公示新法之效果,故法律之登录,或仅视为与裁可相等,即法律虽由登录而告成立,而为使人民周知起见,仍于地方裁判所或区裁判所,举行读法式以公布之也。"②充分说明该法的作用与适用局限。

3. 揭示法

揭示法,即"揭法令于公共场所,以示人民,乃古今最普通之公布式。"③其要义是通过在通衢、广场、闹市等公共场所张挂法律,以引起公众的注意。其运作前提是民众需稍微文字。

揭示法蕴含内容丰富。它的适用场所包括发法之处、行法之处、法所行之处、法能见知于人之处④,以充分实现法律公布效果为宗旨;在材料质地方面,正如穗积陈重所言,"普通多为石、金、木、纸",并根据时代进步依次演进:汉穆拉比之法,刻于石柱;格尔蒂法,见于石壁;中土春秋战国时代的子产之法、范宣子之刑书,常铸于铜鼎或铁鼎;后惯用木板撰写;纸张出现后,其也获得采用,但因为其易为风雨侵蚀,所以很长时间内并不能完全替代木板⑤;在揭示方法方面,又衍生出雕刻、壁书、高札与回览法等不同方法。

正是在揭示法的运用过程中,在中国西周时期出现了"悬法象魏"与"象魏布宪"的典故,彰显"凡法规须布告于万民时,皆揭于王宫之门阙"、"司寇正月布刑于天下,正岁又县其书于象魏,布宪于司寇,布刑则以旌节出,宣令之,于司寇县书,则亦悬之于门间,及都鄙邦国。"的理念;在公元前 536 年又出现了郑国"铸《刑书》于鼎,以为国之常法"的重大历史事件(因其载体为金

---

① [日]矶谷幸次郎、[日]美浓部达吉:《〈法学通论〉与〈法之本质〉》,王国维等译,中国政法大学出版社 2006 年版,第 91 页。

② 参见[日]穗积陈重:《法律进化论(法源论)》,黄尊三等译,中国政法大学出版社 1997 年版,第 219 页。

③ [日]穗积陈重:《法律进化论(法源论)》,黄尊三等译,中国政法大学出版社 1997 年版,第 188 页。

④ 参见[日]穗积陈重:《法律进化论(法源论)》,黄尊三等译,中国政法大学出版社 1997 年版,第 188—189 页。

⑤ 参见[日]穗积陈重:《法律进化论(法源论)》,黄尊三等译,中国政法大学出版社 1997 年版,第 189 页。

属鼎,当时公布的法律也被后人称为"金刑"),使得后世 "铭之钟鼎,铸之金石,所以远塞异端,使无淫巧也"的盛赞;更在帝制时期留下"扁书"、"粉壁"、"榜谕"、"刻石"等法律公布创新形式,将法律高挂于木板、泥墙乃至石碑之上,广为传播①。

4. 官报登载法

官报登载法作为法律公布方式规定的主流,根据现有资料,目前世界至少有 90 个国家在宪法及相关法中针对法律公布载体,作了与之有关的直接或间接规定,约占世界各国总数的 46.15%。其具体分布如下:

亚洲有 20 个国家:中国(《立法法》)、阿曼、阿联酋、东帝汶、格鲁吉亚、哈萨克斯坦、吉尔吉斯斯坦、柬埔寨、卡塔尔、科威特、马尔代夫、缅甸、沙特、泰国、乌兹别克斯坦、新加坡、亚美尼亚、也门、伊拉克、约旦。约占亚洲国家总数的 41.67%。

欧洲有 21 个国家:阿尔巴尼亚、爱尔兰、爱沙尼亚、安道尔、奥地利、保加利亚、冰岛、波兰、德国、俄罗斯(专门法律)、芬兰、捷克、克罗地亚、列支敦士登、罗马尼亚、马其他、摩尔多瓦、摩纳哥、瑞典、塞浦路斯、斯洛伐克。约占欧洲国家总数的 47.73%。

非洲有 27 个国家:埃塞俄比亚、安哥拉、博茨瓦纳、厄立特里亚、冈比亚、刚果(金)、几内亚、几内亚比绍、加纳、津巴布韦、喀麦隆、肯尼亚、莱索托、利比亚、马拉维、马里、毛里求斯、摩洛哥、莫桑比克、纳米比亚、塞拉利昂、塞舌尔、斯威士兰、索马里、突尼斯、乌干达、赞比亚。占非洲国家总数的一半。

美洲有 21 个国家:安提瓜和巴布达、秘鲁、玻利维亚、伯利兹、多米尼加、多米尼克、厄瓜多尔、哥斯达黎加、格林纳达、古巴、海地、洪都拉斯、加拿大、尼加拉瓜、萨尔瓦多、圣基茨和尼维斯、圣卢西亚、圣文森特和格林纳丁斯、苏里南、危地马拉、委内瑞拉。占美洲国家总数的 60%。

大洋洲只有 1 个国家,即所罗门。只占大洋洲国家总数的十四分之一。

由此看来,美洲奉行该制度的国家比重最大,欧洲和非洲次之,亚洲再

---

① 参见[日]穗积陈重:《法律进化论(法源论)》,黄尊三等译,中国政法大学出版社 1997 年版,第195、200—201 页;徐燕斌:《汉简扁书辑考——兼论汉代法律传播的路径》,《华东政法大学学报》2013 年第 2 期。

次,而大洋洲做如此规定者却几乎不成比例。一个可能的解释是大洋洲国家大体上都尊奉 20 世纪八十年代之前制定的宪法(斐济和新西兰是为数不多的例外),所以受当时的立宪时代风潮影响,崇尚简约风格,大都对法律公布方式规定这一其认为的细枝末节不以为意。而中南美洲许多国家都在第三波民主化浪潮影响下,于上世纪八九十代完成了重新制宪的工作,因而表现出集世界各国宪法圭臬于一身、注重细节的新取向和好做派。

特别需要强调的是,其他许多国家虽然没做明确对应规定,但根据宪法其他条款规定和具体实践情况,事实也采用此法。例如,《智利共和国宪法》第 94 条规定:"部分或全部法律、具有法律效力的命令、最高法令或初始决定被宣布违宪之日起 3 日内,应在官方日报上公布。"①从反面证明了官报登载法的巨大影响。

当代的官报刊载法得以兴盛,是与以印刷术为基础的纸媒联系在一起的。印刷术革命作为网络和数字技术出现之前最具有深远影响的信息革命,其对法律信息传播技术革新、贡献颇大,并且依托世界市场,打破了以往地理的区隔,实现了东西方法律公布活动的标准化和规范化,甚至直接促成了法律与社会生活的巨大变革。正如 Ethan Katsh 所云:"如我们所知,如果没有印刷的特性,法律不可能存在……印刷以不同方式架构了法律的能力与功能。法律并不是向公众中的许多人所认为的那样,以精确印刷为其特点,而是印刷本身,印刷影响了法律的结构、发展与发布。"②

5. 网络电子公布法

在上述传统之外,随着网络科技的发展,一种全新的法律公布方法也得到了广泛运用,成为最新的潮流,即在推动官报登载法的同时,近来得到世界各国大力推动的公报电子化服务,取得显著效果。

网络电子公布法之所以得到充分运用,大致因为有以下优点:

(1) 时效性

作为高度文明的信息时代的产物,网络公布法律速度非常快,因为不同

---

① 《世界各国宪法》编辑委员会编译:《世界各国宪法·美洲大洋洲卷》,中国检察出版社 2012 年版,第 967 页。

② [英]理查德·堪斯萨:《法律的未来——面临信息技术的挑战》,刘俊海等译,法律出版社 2004 年版,第 85 页。

于得靠人工旅行活动来传达法律的传统法律公布方式,在互联网上,法律公布后即可传至世界的任何一个角落,中间所用时间几乎为零①,并可及时予以更新。受众通过电子媒介获得的法律文本几乎都是现行有效的法律文本,这为进行在线法律宣传和研究提供便利。

(2)系统性

数据库中的资料是逐渐累积的,因此受众不必同时使用几个独立的出版物查找最新的资料。这为查阅了解相关法律信息提供了极大的便利。

(3)简易性

在电子文件中,受众一般可以很容易地在索引目录的链接指引下,从成文法的一个节转到其他节,不用费神浏览全文,就可迅速锁定所需法律信息的具体位置②。

(4)广容性

在过去,既有的法律公布媒介载体的信息容量极为有限,即使是纸张载体在当今法律膨胀的时代也显得有些应接不暇。而先进的网络技术技术却改变了以往的信息存贮方式,它通过特殊的介质存储信息,极大地扩展了信息存贮的空间,具有传统媒体无法与之比拟的信息容量。在互联网的虚拟空间里,计算机可无限度地记录贮存法律文件,沉着应对法律数量增加、法律调整范围扩张的新形势及其所带来的新挑战③。

因此,我们可以预见,世界法律传播模式正在由主动传播向传播与接受互动的阶段转变。主动传播是一种法律信息的垄断,我传你听,传什么听什么。虽然其确保了法律公布的权威性,却不能有效满足民众对法律信息的现实需求,与法律公布所追求的理想社会效果有很大差距。而在法律信息传播与接受互动的时代背景下,其能够根据受众的反馈意见,在考察公众兴趣、爱好、需要的基础上,及时对法律公布的具体方式方法做相应调整④。网

---

① 参见刘风景、龚斌:《互联网:法律文本的新载体》,《中国社会科学院研究生院学报》2006年第5期。
② [美]克里斯蒂娜·L.孔兹等:《法律研究的程序》(原书第七版),赵保庆译,中国政法大学出版社2012年版,第254—255页。
③ 参见刘风景、龚斌:《互联网:法律文本的新载体》,《中国社会科学院研究生院学报》2006年第5期。
④ 参见李振宇:《法律传播学》,中国检察出版社2004年版,第352页。

络电子公布法正是推动这一法律传播模式转变的重要利器。

当然,目前网络电子公布法在实践中仍然只是作为官报登载法和法律图书传播的补充参考予以运用,但这不应否认其将来有充分发展的无限可能与空间,特别是随着以网络和数字技术为标志的信息革命的深入发展,相关的法律规制制度也会逐渐成熟和健全,既有的法律公布运作形态无疑将会被重构,"网络革命"很有可能将会如"印刷术革命"那样,成为新时代法律公布制度革新最强有力的助推器。

(三)域外有益经验

在当前第四次工业革命蓬勃发展、大国竞争日趋激烈的现实状况下,一些国家的法律公布实践经验需要我们予以高度重视。

1. 德国

目前在公报公布法的运作中,较为成功的或许当属德国①。《德国基本法》第82条明确规定法律必须"在联邦法律公报上予以公布"②。反映了对法律公布载体方式问题的重视,并据此相应的法律公布和传播体制。

德国政府发行有两份联邦层级的官方公报,一是联邦法律公报(Bundesgesetzblatt,BGBl.),另一份为联邦公报(Bundesanzeiger,BAnz)。两者都由德国联邦法务部所发行。根据德意志联邦共和国1950年1月30日的《关于规范性文件的公布》之法律,但凡联邦的法律和联邦的其他规范性文件,都必须在《联邦法律公报》或《联邦公报》上公布。

(1)《联邦法律公报》

《联邦法律公报》主要刊登德国总统根据德国宪法,也就是德意志联邦共和国基本法规定所签署制定的联邦法律;其自1949年5月23日创刊,该刊刊号首先登载的就是于翌日生效的联邦德国《基本法》③,从此奠定了其是

---

① 以下内容参见:《德国公报发行作业简介》,http://openepaper. nat. gov. tw/epaper/org/62/epaper02_chapter04. htm,2013年5月27日访问。

② 参见《世界各国宪法》编辑委员会编译:《世界各国宪法·欧洲卷》,中国检察出版社2012年版,第188页。

③ 参见[德]Frijof Haft:《正义女神的天平——2000年来的法历史教科书》,蔡震荣等译,元照出版有限公司2009年版,第99页。

德国唯一具有权威性的立法资讯來源之基础地位。

公报内容自 1951 年起分为两部分：

一部分刊登内容以国内法为主，包含所有联邦法令（laws）、条例（ordinances）、以及依据宪法（基本法）所定的重要命令（orders）与行政通告（notices）。另包含宪法法庭依法所作出的特定决议、总统签署的协定或命令、联邦政府每日重要行政资讯、以及联邦议会（Bundestag）和联邦参议院（Bundestrat）发布之具有规范性的宣告等。

另一部分以刊登国际条约以及其他对等的法律文书等。如具有约束力之国际公约、具有法定强制力的条例规定、以及与关税有关的规定等主要资料。

另外在 1958 年至 1969 年间，《联邦法律公报》曾出版第三部分（Teil 3），名为"Sammlung des Bundesrechts"，其内容是对 1963 年间仍为有效的联邦法规所作的汇编与摘要說明，然而這部份的出版並未持续，故而德国法的法典汇编，仍散见于各自的法规之下。1949 年至 1980 年间所有联邦法律公报的内容都已制成微缩片形式，另 1949 至 1990 年间的第一与第二部分公报内容亦出版有完整的索引。

（2）《联邦公报》

《联邦公报》是德国另一份官方公报，其是德国中央用以公开及发布行政资讯之窗口，一周五个工作天每日出刊。主要刊登的资讯以经济性及行政性资讯为多。刊登内容主要分为以下部分：

① 官方资讯：包含各部会配套性的法令制定，行政规则、重要的立法解释与指示，同時会刊登最近两期的联邦法律公报的目次。

② 非官方资讯：刊登联邦议会以及机关的各式报告、技术性文件等。

③ 法定宣告：包含有关依法必须于公报中登载之资讯，例如私人公司每季的投资报表或企业在商业登记处登陆之资讯，以及行政法庭有关破产诉讼有关之各项通告。

《联邦法律公报》以及《联邦公报》皆由德国联邦法务部委托由官股占 35% 的公报出版公司所印行。《联邦公报》的校对以及编排作业系由接受委托的公报出版公司负责；而为了达到法规命令发布必须精确的要求，《联邦法律公报》则先由联邦法务部的编辑部门进行编排校对,再交由该公司印行。印制商在取得法务部的印制许可后,必须在两个工作天内印制完成。联邦法律公报依赖订阅以及订购的收入,而联邦公报的财政收入主要依赖各私人公司依法请求刊登资料的作业费。需要说明的是,德国《联邦法律公报》并非每日出刊,一周约出刊一至二次。民众可以通过纸本订阅;《联邦公报》每周一至周五出刊,但法定假日以及假日后一天停刊。纸本可依据读者之需要订阅四种不同版本。

此外,德国作为"工业革命4.0"概念的首倡者,在确保纸质版公报内容更加丰富、运作模式更加灵活的同时,近年来更在推动公报电子化服务方面成绩显著,一个重要的服务平台成果就是德国公报资讯网①。该网是德国公报资讯的整合服务窗口,通过本网站,民众除可订阅纸本公报,免费浏览电子档外,亦可针对联邦法律公报部分,加入成为该网站付费的会员,即可利用账号权限,于登入后对第一部分的公报内文电子档进行列印、下载编辑。

德国《联邦法律公报》的相关法律内容即可通过该网②免费查询及浏览第一部分的PDF全文档;当然第二部分的公报全文(国际条约等)则必须通过填写网站提供的电子表单要求取得。该网站上提供联邦法律公报电子档的范围,第一部分系由1998年起迄今,第二部分则由2002年之后才提供。《联邦公报》的电子版目次则可于德国公报资讯网上免费取得,而基本版的全文电子档则须另至联邦公报资讯网③阅读下载。

2. 美国

在德国之外,美国的法律公布制度虽然在宪法规定层面相对简略,但在实践运作方面也颇有特色。其具体表现为:"第一,通过出版《联邦公告》将最新发布的国会及政府立法公之于众,供全体公众讨论;第二,定期编纂、修订并重新公布《美国法典》。第三,美国专门设立了国会众议院法律修订咨询局和美国政府印刷局,以便从机构上保证上述制度的落实。第四,除正式

---

① 以下内容参见:《德国公报发行作业简介》,http://openepaper.nat.gov.tw/epaper/org/62/epaper02_chapter04.htm,2013年5月27日访问。
② 参见:http://www.bundesanzeiger.de/,2013年5月27日访问。
③ 参见:http://openepaper.nat.gov.tw/epaper/org/62/wexsservlet,2013年5月27日访问。

法律文本外,美国各行政机关、各法院的办公场所以及公共图书馆,都免费介绍提供各种法律文件、法律汇编索引的小册子,以供公众查阅。"①

特别值得一提的是,在美国,法律的首次公布方式较为特别,即采用单行本形式,每个法律单独印刷成小册子,首页标明公法或私法序数、批准日期和法案顺序。公法单行本在首页还要说明在美国法律全文集的出处。如果法律在总统否决的情况下由两院再通过相应程序通过的,法案仍可成为法律,但在这种情形下,该法律则是未经总统签名,这时印刷的册子中有一个在总统未签名情况下成为法律的说明,并以此代替通常的签名同意。法律单行本由联邦登记办公室和国家档案部门制作,提供有关其他法律方面的详细注脚说明。注脚说明还提供美国代码分类,以便读者能立即确定法律在哪一代码中出现。每个单行法律还包括法律的立法历史,主要由委员会的报告数量、每个议院委员会的名称、审议和通过日期,以及国会议事录的卷数、年代和日期等组成一个信息指南。法律单行本还发至两院文献室,以方便公务人员和公众查阅。他们还可从政府印刷办公室通过每年征订或个别购买方式获取,也可利用计算机网络获取②。

根据美国《电子信息自由法修正案》则要求每一个政府机关以电子数据方式为公众提供索引材料或机关指南,以方便公众提供信息申请。不仅如此,在美国法律信息资源体系中,公众可以通过书面和网络两种方式获得相关的原始法律信息。这获得了根据 NII(国家信息基础设施)和 GII(全球信息基础设施)计划所构建的完备信息基础设施的技术支持③。另外,1995 年,国会图书馆开办了免费的互联网立法信息网站——THOMAS(thomas. loc. gov.)。其公开提供了包括法律公布文本在内的最新相关法律信息或文件④。

(四) 分析与展望

尽管法律的传播方式多种多样,但正式的法律公布作为一种特殊的法

---

① 李店标:《立法公开研究》,吉林大学出版社 2012 年版,第 197 页。
② 参见曹海晶著:《中外立法制度比较》,商务印书馆 2004 年版,第 239—241 页。
③ 于丽英:《论美国法律信息事业的实践与发展》,《法律文献信息与研究》2008 年第 2 期。
④ [美]克里斯蒂娜·L. 孔兹等:《法律研究的程序(原书第七版)》,赵保庆译,中国政法大学出版社 2012 年版,第 297 页。

律传播活动,其不仅仅传递信息,更代表国家权威和意志。因此在法定的专门刊物上以公报形式刊载,成为现代社会通行的做法。

德国新闻学学者格鲁特(Otto Groth)博士在其巨著《未知的文化力——新闻学原论》中认为,报纸本质上有四个特性:定期性、综合性、现实性和公示性①。正因为报纸本身的特点,政府公报因此才在现代社会获得广泛采用、成为法律公布的主要载体;运用公报公布法,一方面其能将法律公布这一重大法律事件迅速加以传播,确保其时效性;另一方面其便于为公众了解和注意,并能准确完整地获取相关法律信息,并在在潜移默化之中对公众的法律阅读习惯产生影响。并且"将法律登载于政府的公报,作为公布,既便于阅览,复易于保存查考。"当然公报公布法也有重要局限:一方面其存在特定的空间限制,在文化、交通、经济发展落后的封闭地区,其无法获得有效实施;另一方面,对特定的社会群体,其接受范围也常常受到局限②。这决定了各国传统上往往在运用公报公布法的同时,兼采揭示法等其他方法来加以补充。

与之相比,如前所述,目前网络电子公布法虽有较为便捷、传播成本极低等优点,却仍然只获得一种补充地位,尚未真正成为正式的法律公布载体。特别是目前对于其在传播信息错误的法律责任归结和惩罚机制尚不健全,妨碍了其本应大有可为的有序发展空间。至于在其他非指定的场合公布法律,如在非指定的报刊书籍上刊登法律,在电视、广播中播报法律内容,在宣传栏张贴法律,亦都不是正式公布的方法,凸显出现有技术的某种局限性③。

不过如前所述,在工业革命4.0的形势背景下,鉴于网络电子公布法在时效性、系统性、简易性和广容性等方面的潜在优势,在公报电子化服务等具体实践和后续法律规制保障不断完善和规范基础上,有着更加光明的未来。正是鉴于这一全新公布方式充分拓宽法律公布的媒介载体的形式选择、能够迅速促进法律公布实施和传播的事实,在2015年《中华人民共和国

---

① 参见郭恒钰、许琳菲等:《德国在哪里?——联邦德国四十年》,三民书局1991年版,第122页。
② 比如盲人无法正常阅读,穷人往往不会买报、看报等等。
③ 参见周旺生:《立法学教程》,北京大学出版社2006年版,第268页。

立法法》修改时,将原第 52 条改为第 58 条,并对第 2 款中做了专门修改,明确规定:"法律签署公布后,及时在全国人民代表大会常务委员会公报和中国人大网以及在全国范围内发行的报纸上刊登"①。由此正式确立了"中国人大网"的法律公布载体地位,充分适应了信息时代的技术发展要求,使得网络电子公布法正式登堂入室,成为在奉行"在常务委员会公报上刊登的法律文本为标准文本"②的官报刊载法之外,中国法律公布方式的另一极。

在此特别需要提及的是,在我国法律法规数字化工作有序推进、网络电子公布法逐步导入的时代背景下,从 2011 年全国人大常委会研究立项开始,通过各方面"十年磨一剑"的共同努力,2021 年 2 月 24 日,国家法律法规数据库正式开通,并提供网站访问和微信小程序访问的双重服务。这一法律信息领域的"国家库""基础库",以法律信息公开的"及时性、系统性、便利性"为指引,在建成时就"收录了宪法和现行有效法律 275 件,法律解释 25 件,有关法律问题和重大问题的决定 147 件,行政法规 609 件,地方性法规、自治条例和单行条例、经济特区法规 16000 余件,司法解释 637 件,涵盖了中国特色社会主义法律体系最主要的内容",具有较强的权威性和规范性,构成全面依法治国领域的一项基础性工作,也为我国法律公布方式的进一步完善乃至转型提供了必要的技术支撑、有望成为让已公布法律真正"飞入寻常百姓家"的重要配套平台③。它从一个侧面,反映了国家对法律公布相关工作的高度重视,表现出以"朴实存精致,平凡见真章"的技术革新助力法治社会建构这一宏大目标的鲜明问题意识。

二、法律公布的文体格式

所谓文体格式,主要是指法律公布时所惯常使用的公布用语和固有的

---

① 司法部编:《新编中华人民共和国常用法律法规全书(2021 年版)》,中国法制出版社 2020 年版,第 1—5 页。

② 司法部编:《新编中华人民共和国常用法律法规全书(2021 年版)》,中国法制出版社 2020 年版,第 1—6 页。

③ 参见王晨:《建设好运用好国家法律法规数据库 为人民群众提供权威便利公共法律服务——在国家法律法规数据库开通仪式上的讲话》,中国人大网,http://www.npc.gov.cn/npc/c30834/202103/680d5da170544ea4bf666604eeea6592.shtml,2022 年 1 月 23 日访问。

程式规定。在《立法法》第 58 条第 1 款中,即有如此规定:"签署公布法律的主席令载明该法律的制定机关、通过和施行日期。"另外,法律公布时所使用的文字也在其本章范围内予以提及。而印章格式这种在中国传统公文体制下得以大放光彩的独特形式也会加以着意展现。

　　文体格式对法律公布制度并非只是修饰点缀之物,在历史上其也曾起到特定的促进作用:众所周知,在古希腊以荷马史诗为代表的口头传统一直占据主导地位,与之相对应的是不成文法盛行、法典形成缓慢,对法律公布活动也形成制约。然而到了公元前 5 世纪后期,在雅典,散文形式的出现打破了口头传统的桎梏。正如耶格尔认为的那样,散文是新型国家精神在演化过程中的表现形式。成文法以散文的发展为前提,散文的发展必须是明快而普遍有效的句子。初期的散文是对公众简明、准确的重要公告。这种新型文体格式的发展颇为迅速:公元前 470 年,雅典没有一个读者群,公元前430 年希罗多德发现自己把吟诵的历史写成书,反而更方便了,到了伯利克里时代,雅典已是"书声朗朗",成文法和法律公布的全盛时代终于到来了①。

　　《论语·子罕》中云:"法语之言,能无从乎?"无论是公布用语、使用文字还是印章格式,这些文体格式的突出特点乃是彰显立法者公布法律的权威性,令法律作为一种规则被世人所遵从。在法律传播学上,权威性通常被认为是传播者应具有被受众认可的地位、力量和威望等品质。法律公布活动作为一种特殊的法律传播行为,其特殊性在于其发布的乃是由法定的国家权力机关依照合法程序形成的法定信息。其传递的是体现法律原则、法律精神的规范,直接体现法律效力,集中反映了国家意志。与之相呼应,法律公布机关都以国家授权的集体法律传播者身份示人,其行为被赋予最高的正统性,其在职权范围公布的法律信息自然也具有最高的权威性,要求公众必须无条件地相信和服从。文体格式正是服务于这一权威的法律传播行为,确认、证明并展现法律公布机关所拥有的最高权力和地位,使之在信息

---

① [加]哈罗德·伊尼斯:《帝国与传播》,何道宽译,中国人民大学出版社 2003 年版,第 72—73 页。

传播中具有合法性和权威性①。

法律公布所采纳的文体格式,旨在从内容和形式两方面显现法律的严谨性与确定性。主要表现在以下几个方面:

(一) 法律公布用语

本书所谓法律公布用语,主要是指法律在公布时就布法缘由等问题所做的专门性说明文字,其一般连同法律文本一同公布。

法律公布用语自古便有,并被赋予了重要意涵。例如在明代公布榜文中,都以"奉圣旨"、"钦奉圣旨"的字样,以此来公布皇帝的旨意。其让我们了解,明初圣旨是皇帝诏令的官称,不仅是民间的称谓。另外明代一般以皇帝名义发布的诏令,其起首用语是"奉天承运皇帝诏曰",也是明太祖首创,体现了在诏令书写格式上金元以降简单化趋势的影响,其沿用所及达500多年,直至帝制终结②。

而在当今世界各国宪法中,根据笔者查找,共有29国对这一问题有相关的规定,其中包括2个亚洲国家③、3个欧洲国家④、13个美洲国家⑤、2个大洋洲国家⑥、9个非洲国家⑦。数量不大,却也不容忽视。具体而言,其分为两种类型:

1. 正式公布用语

许多国家在宪法中规定了明确规定了法律的正式公布用语。巴拉圭、洪都拉斯等国甚至进一步细分了法律的批准用语和公布用语。下述表格即展现了20个国家宪法所规定的法律公布正式用语情况,其具体内容如下:

---

① 参见庞继光、李缨:《法律传播导论》,西南交通大学出版社2006年版,第132、176页。
② 杨一凡编:《中国古代法律形式研究》,社会科学文献出版社2011年版,第435—437页。
③ 其分别为文莱、新加坡。
④ 其分别为拉脱维亚、挪威、斯洛伐克。
⑤ 其分别为:阿根廷、巴拉圭、巴拿马、伯利兹、多米尼加、哥伦比亚、海地、洪都拉斯、墨西哥、苏里南、委内瑞拉、乌拉圭、牙买加。
⑥ 其分别为:密克罗尼西亚、所罗门。
⑦ 其分别为:博茨瓦纳、冈比亚、津巴布韦、莱索托、毛里求斯、塞拉利昂、塞舌尔、斯威士兰、赞比亚。

表 4-1　法律公布正式用语情况表

要素\国别	宪法出处	法律公布正式用语
文莱达鲁萨兰	第 46 条	"经立法院的一致同意并由苏丹批准生效。"
拉脱维亚	第 70 条	"议会（或者人民）通过的法律,并由国家总统公布下述法律:(法律文本)。"
挪威	第 81 条	"朕,×,昭告全国:某年某月某日由挪威议会作出的下列决定业已呈朕(以下为决定正文)。朕已予同意并批准,如同朕同意并批准由朕亲手制定并加盖国玺之法律。"
阿根廷	第 84 条	"阿根廷国家参议院和众议院在举行国会会议期间,颁布或批准某某法律。"(批准格式用语)
巴拉圭	第 214 条	批准的正式格式用语是:"巴拉圭国会批准法律的生效。"公布的格式用语为:"其将作为共和国法律,公布并登载于正式记录。"
巴拿马	第 174 条	法律可以载明制定理由,并在法律正文之前采用下述格式: 国民大会 颁布:
多米尼加	第 108 条	应冠以"国民会议,以共和国的名义"的字样
哥伦比亚	第 169 条	法律标题必须与其内容内容高度对应,以下标题即揭示了该法律的内容:"哥伦比亚国会法令"
海地	第 125.1 条	应标明序号,并编入和刊印为"法律和决议公告"。
洪都拉斯	第 215 条	法律的批准应依:"特此,实施"的形式。
墨西哥	第 70 条	"墨西哥合众国国会宣告:(法律或法令的正文)。"
委内瑞拉	第 212 条	法律文本之前应注明:"委内瑞拉玻利瓦尔共和国国民会议颁布。"
乌拉圭	第 146 条	"乌拉圭东岸共和国参议院和众议院经过国会讨论后颁布:"
牙买加	第 61 条	"根据牙买加参议院和众议院的建议和同意,尊贵的女王陛下制定,并依权力颁布如下——"
所罗门	第 59 条	"由所罗门群岛国会颁布。"
冈比亚	第 100 条	应注明"由议会通过和总统颁布"

153

（续表）

要素 国别	宪法出处	法律公布正式用语
津巴布韦	第51条	颁布用语为"由津巴布韦总统和国会颁布"或者类似效果的用语
塞舌尔	第86条	颁布的措辞为"由总统和国民议会颁布"
斯威士兰	第109条	颁布用语应为"由斯威士兰国王和议会颁布"
赞比亚	第79条	标明"赞比亚议会颁布"

2. 制定用语

表4-2　法律制定用语情况表

要素 国别	宪法出处	法律公布正式用语
新加坡	第60条	"总统经新加坡国会的建议及同意,制定法律如下"
伯利兹	第82条	"经伯利兹众议院、参议院以及相同机关建议并同意,特制定如下:"
密克罗尼西亚	第9条第21款	议会制定条款是"由密克罗尼西亚联邦国家制定如下";议案在标题中只能包含一个主题;标题表达的主题之外的条款无效。
博茨瓦纳	第87条	"由博茨瓦纳国会制定"
莱索托	第78条	标记为"国会立法",其制定的表述为"莱索托国会制定"
毛里求斯	第46条	须包含有由"毛里求斯议会制定"的字样
塞拉利昂	第106条	标注制定的文字须为"由总统和出席本次议会的议员制定"
汤加	第80条	立法格式应当是:"由汤加国王和议会在国家立法机关制定如下:"
基里巴斯	第66条	议会制定法律的权力应当以议会通过法案并获得总统批准的方式行使,并且以此种方式通过的法案称为"法律"。

如上表所示,在另外一些国家宪法中,虽然没有明确规定公布用语,但却规定法律制定用语,同样在实践中能起到法律公布用语的作用。

之所以许多国家均做这类规定的原因在于：公布用语展现了法律所应具有的庄重和正式特点，赋予法律以必要的神圣性和权威性色彩。受到各国普遍的高度重视。早在古希腊时代，柏拉图就认为，相关的法律公布用语近似于"演讲的开场白"，具有"法律的序言"意涵，构成"法律的前奏"乃至"立法的第一项工作"。他还进一步解释道："因为它要发布的公告是重要的，这些话要能被人们清楚地记得，这一点具有重要意义"①。由此彰显法律的说服和告诫作用，进而通过这些由立法者发出的"说服性的话语"，"使民众接受他的命令——亦即法律——能使民众心中充满合作精神，愿意学习法律"②。及至近世，拉德布鲁赫则强调："没有什么比法律的语言更恰当地将法律命令的特征作为一种'绝对命令'、一种要求适用的、但又为其纯粹存在而无视其内容上的信服力的信条而予以描绘。"由于立法者的职能不是要去使人们信服，而是要去命令。"因此，现代法律语言表现出一种独特性，"采用了军事命令般的粗鲁口气。"③"它出色地表达了绝对命令式的庄严和命令式国家自我保障的权力意识。"④，这一点在法律公布用语的使用中得到充分反映。

使用法律公布用语同样也是持续展现国家权力合法性的宝贵机会。当颁布法律的誓词连同文本一起出现在世人面前时，这其实就是国家向国民允诺依法行事的保证书。刘邦发布"约法三章"的安民告示亦即有这个功效。通过简洁庄重的法律公布用语，为公众提供可靠法律产品资质证明的立法者，鼓励公众抛弃可能存在的顾虑、积极主动地接触并学习已公布法律。借用边沁评价叶卡捷琳娜女皇发布开明立法训令的话说，这才是主权者威严的真正展现，因为当它做出这种明确责任的表白时，其也意味着，当其在面对世人创制法律的同时，其也承诺自觉接受公众对其权力行使的限制与评价⑤。

---

① 参见［古希腊］柏拉图：《法篇》，王晓朝译，人民出版社2021年版，第111页。
② 参见［古希腊］柏拉图：《法篇》，王晓朝译，人民出版社2021年版，第111页。
③ 参见［德］拉德布鲁赫：《法学导论》，米健译，中国百科大全书出版社1997年版，第24页。
④ 参见［德］拉德布鲁赫：《法学导论》，米健译，中国百科大全书出版社1997年版，第26页。
⑤ 参见［英］吉米·边沁：《立法理论》，李贵方等译，中国人民公安大学出版社2004年版，第505页。

当然,现代民主国家的立法者们无需如前代君主般运用繁冗措辞来回顾、承诺和致谢,但在那简洁朴素的公布用语和公文程式中,却蕴藏着远胜一代明君的沉稳、自信和庄重的力量。

(二) 法律公布的文字要求

法律公布时的使用文字,看上去只是一个小问题,但实际上法律运作无小事,在这些点滴细节的流变中往往也能产生重达千钧的巨大力量。正如有学者观察到的那样,法律的传播方式在其演进过程中有两大前提特征,其一是从秘密传播到公开传播,其二便是变直接的口头传播为间接的文字传播①。第二项就充分证明了文字使用在法律公布和传播中的地位。

文字成为法律信息的符号性外壳,成为立法者获取并展现权力与权威的途径,确保了法律文本所蕴含的法律信息被清楚准确地解读,避免口头交流和传播带来的理解差异、误读乃至曲解,确保法律的确定与统一②。以至于有学者这样明确概括道:"文字是权杖的象征,是权力的伸展。"③

在法律公布活动中使用文字,要做到两点基本要求:一是必须运用通用文字,确保法制运作的统一;二是注意尊重和保护少数民族的民族文字使用习惯,维护民族团结、便于法律为各族人民所普遍知晓和遵守。

1. 通用文字的使用

在法律公布活动中使用通用文字,不仅便于法律信息交流,更是民族国家实现法制统一的内在要求。这一点在以拉丁文为通用语言的西欧中世纪后期法制发展进程中得到充分体现:拜印刷术的发明所赐,不过一百年的时间,罗马体便通行全欧,最后升格成各国通用字母,打破了过去方言林立、文字使用极为混乱的局面④;后来在法国,这种通用文字的使用得到进一步规范和发展,随着中央集权制的发展,为了改变各地方语言不统一的问题⑤、以

---

① 参见许光县:《中国古代法律传播模式研究—以国家传播为中心的考察》,《政法论坛》2011 年第 4 期。
② 参见庹继光、李缨:《法律传播导论》,西南交通大学出版社 2006 年版,第 162 页。
③ 耿相新:《中国简帛书籍史》,生活·读书·新知三联书店 2011 年版,第 308 页。
④ [法]费夫贺、[法]马尔坦:《印刷书的诞生》,李鸿志译,广西师范大学出版社 2006 年版,第 65 页。
⑤ 据说在 14——15 世纪法国使用的重要的通俗语言至少有五种。参见[法]让·皮埃尔·里乌、[法]让·弗朗索瓦·西里内利:《法国文化史(卷 1):中世纪》,杨剑译,华东师范大学出版社 2012 年版,第 342 页。

便明晰语意,从查理五世执政起,几乎所有的国王敕令都是用法语来撰写的,通过巴黎的书面语言来完成国家的统一进程①。

与之形成鲜明对比的是,如果不顾一国通用文字的实际情况,强行贯彻不符合特定时空下民众使用习惯的文字进行法律公布活动,必然妨害法律实施的实际效果,以致最终难以为继。例如,查士丁尼大帝临终前所公布的最后一部法典——《查士丁尼新律》,与前几部仍然沿用拉丁文的罗马法文献的最大区别之一,就在于其在原有做法之外,已开始使用希腊语编纂和公布法律。这充分反映了历史发展的无情铁律:尽管自诩罗马正统传人的查士丁尼大帝始终以光复罗马山河与荣光②为己任,始终坚持以故国传来的拉丁文字为法律公布时使用的官方文字,然而在其统治后期东罗马帝国统治精英构成已发生悄然剧变,其几乎全部都是希腊贵族和希腊化的小亚细亚贵族,虽然他们仍自称为"罗马人",并保持了某些古罗马传统,然而,他们使用的语言却已经以当地的希腊语为主,只有少数官员和高级知识分子偶尔会使用一些源自意大利的拉丁语,他们生活的文化环境也都是东地中海的希腊化世界③。因此,查士丁尼法典公布时的官方文字嬗变正是拜占庭帝国这种"希腊化"("东方化")发展趋势的客观反映,并被其后继者进一步继承和强化,以致到公元 627 年,拉丁语在皇家法律中的官方地位就完全被希腊语取代。这种"形势比人强"的发展格局,纵然是查士丁尼大帝这样胸怀大志又百折不挠的旷世英主最终也无力抗拒的。这一点同样可以从当代中文法律世界简体字的普遍推广一事中可看出端倪。

从这正反两方面事例,都充分说明法律公布时使用文字必须以特定时空下的通用文字为基准,方可畅通无阻,真正达到法律实施所期盼的社会效果。

---

① 参见[法]让·皮埃尔·里乌、[法]让·弗朗索瓦·西里内利:《法国文化史(卷 1):中世纪》,杨剑译,华东师范大学出版社 2012 年版,第 343 页。
② 西罗马帝国当时已经覆灭,意大利本土被蛮族占领。
③ 参见陈志强:《拜占庭帝国通史》,上海社会科学出版社 2013 年版,第 35 页。

2. 尊重并保护少数民族的民族文字使用习惯

在强调使用通用文字公布法律的同时,我们也必须注意到另一面相的基本要求,那就是必须对少数族裔的书面语言及其使用习惯予以必要的认知、尊重和运用。这一点在多民族国家里更为明显。

一方面,就宪法而言,在一些多民族、多语种的国家宪法中,都规定法律要由几种文字同时公布,甚至将其均明确规定为法律公布的官方语言:例如,刚果(金)宪法第 142 规定:"法律在颁布后 60 日的期限内以法语和 4 种民族语言发行。"喀麦隆宪法第 31 条也要求以法语和英语公布法律。而加拿大宪法第 18 条第 1 款规定:"议会的制定法、记录和刊物,用英语和法语印刷和出版,两种语言文本具有同样的权威性。"孟加拉国宪法中亦有相似规定。表现出对不同族群的国民一视同仁、促成其接近法律的理想要求。

另一方面,许多国家虽然没有这样的法律明文规定,但在实践中却一直这样做,如瑞士、前苏联、前南斯拉夫、罗马尼亚等即皆如此行事①。其意义绝不仅仅是在做形式上标榜民族团结、善待少数族群的表面官样文章。实际上,及时运用多种民族文字公布相关法律,是真正落实民族平等政策、实现各民族关系和谐稳定、共同发展的重要保障,其也是"少数服从多数、多数保护少数"的现代民主精神的要求与体现。这一点也在一些历史反面教训中得到体现:在乌克兰等一些前苏联加盟共和国境内,无论是帝俄与苏联时期在大俄罗斯主义思想影响下强行推广俄语的运动,还是在独立后在"去俄化"思维主导下试图在法律公布活动中限制乃至取消俄语使用的反向做法,不但没有达到促成民族同化融合的预期目的,反而都在一定程度上成为族群撕裂与对立的新兴导火索,加剧了社会的冲突与动荡②。

---

① 周旺生:《立法学教程》,北京大学出版社 2006 年版,第 268 页。

② 例如,苏联 1977 宪法就出现了明显疏忽,在这部新宪法中"国语"这样的概念付之阙如,但在阿塞拜疆、亚美尼亚和格鲁吉亚原先的宪法中却都有表述。虽然苏共中央书记处的负责人曾提醒最高立法者不应该排除外高加索共和国、特别是格鲁吉亚和阿塞拜疆宪法中自苏维埃政权成立后即存在的国语条款,以避免国内外消极反应。但苏共中央不以为意,要求各共和国都应奉命根据新基本法样式通过新宪法,认为这只不过是进行一种形式变动。结果在 1978 年 4 月 14 日格鲁吉亚共和国最高苏维埃代表准备就新宪法投票通过时,突然引发群众大规模抗议。全赖当时的加盟共和国领导人谢瓦尔德纳泽亲自出面进行出色的公关工作才勉强平息事态。参见[俄]姆列钦:《勃列日涅夫时代》,王尊贤译,中共党史出版社 2013 年版,第 334 页。

由此可见,及时准确的运用多种民族文字向各少数民族传播已公布的法律信息,意义重大。这充分印证了边沁的以下论断:"如果应当遵守相同法律的国家由说不同语言的不同民族组成,对应用各种相关语言表达的法典进行恰当翻译的做法是正确的。"①这对于多民族国家的团结和稳定,确保实质的公平原则,是必要的。尤其对于当今的中国,其是提高社会主义法制权威和公信力、真正贯彻民族平等的重要保障。

最后还应说明的是,随着国际交往的持续和频繁,我们还需要对法律的外文翻译工作予以重视。边沁在19世纪初叶就预见道:"应将其翻译成欧洲个主要国家的语言的做法同样也是正确的。各国的利益是如此的紧密相连,因此它们都有了解彼此法律的理由。另外,其可防范一个因忽视法律异常行事而陷入错误之境的陌生人,同时也可以保护他摆脱通过利用其大意而设伏陷害的罗网。因此其会促进商业安全,增进各国间的商业互信。其是一个呼唤直率和坦诚的进程。"②理想中法律公布的对象不应仅针对特定的共和国公民,更应包括在这片土地上合法生活工作的外国侨民和关注该国法制动态的友邦人士,这不仅是一个负责任的国家应有的风度,也是一种促成法律文化交流的良好方式,通过其有效的反馈和评价,能使得人们真正深入思考自身的优点和不足。

(三)中国布法公文中的印章格式

在待公布法律上加盖作为权力象征的印章,构成一些国家和地区法律公布史上的共有经历,其重要功能,即通过展示权力,证明法律的权威性,避免法律文书被伪造、篡改或在法律传播途中提前泄密等风险③。

在古巴比伦,其主要依靠黏土泥版材料进行书写,由此出现从象形文字向楔形文字的简化改革趋势,随着文字的成熟,石头雕刻的圆筒形印章开始

---

① 参见 Jeremy Bentham, *The Works of Jeremy Bentham*, vol. 1, New York: Russel & Russel Inc, 1962, pp. 158.

② 参见 Jeremy Bentham, *The Works of Jeremy Bentham*, vol. 1, New York: Russel & Russel Inc, 1962, pp. 158—159.

③ 秦朝时代就作出极为复杂法律规定:不同的文件由不同的文字书写,简册用大篆小篆,符传用刻符,印玺用缪篆,幡书用鸟书,公府文书用隶书,等等。另外,还规定,简书一般都在绳结处使用封泥,盖上玺印,以防途中私拆。

启用。印章上刻着个人的印记,用来表示个人身份及财产归属①。

而法国在波旁王朝治下,直到 1791 年实施的君主立项制宪法第四章第一节"法律的公布"(有 5 条之多)规定里,仍有对印章使用有如下详尽的专门规定:行政权应负责在法律上加盖国玺并公布。每一法律均应制成两份正本,皆有国王签署,司法部长副署并加盖国玺;一份存掌玺官档案库,另一份存立法议会档案库。法律的公布应用下列词句说明之:"某某(国王的姓名),上承天佑和国家宪法的规定而为法兰西人的国王,特向全体在场者和来者祝福。国民立法议会已经制定下列法令,余今予以同意并命令如下(以下应将法令原文毫无改变地逐字抄录)'兹命令一切行政机关和法庭,必须将本文登载在其记录上,必须在各郡和所辖区内宣读、公布并张贴之,必须将其作为王国法令施行之。余今签署本文件并在其上加盖国玺以资证明。'""行政权必须将法令送达各行政机关和法庭,取得送到证件,并向立法议会证明已经送到"②。

印章格式虽然在法律公布活动中适用较广,但真正将其发扬光大的是在传统中国公文格式的环境,其充分彰显中土独特的印章文化之魅力。

在中国,自古公布法律时所使用的印章皆为帝王之印,且自秦代时起用玉石镌刻成的印章,归帝王天子专用者方可称之为国玺、御宝③,故有"宝玺"之称,盖以区别于王侯将相们所用之印乃至钤记等普通官印,其制度严明,秩序井然。又因古代制印,本来金银玉器皆无不可,唯秦始皇命李斯将其所最终据有的和氏璧磨制成玺,并镌上"受命于天,既寿永昌"的字样,从此帝王之印皆用玉镌制,遂有"玉玺"之谓,一直被铸造沿用到民国时代。

---

① [加]哈罗德·伊尼斯:《帝国与传播》,何道宽译,中国人民大学出版社 2003 年版,第 26 页。
② 吴绪、杨人楩选译:《十八世纪末法国资产阶级革命》,商务印书馆 1989 年版,第 69—70 页,转引自史彤彪:《法国大革命时期的宪政理论与实践研究》,中国人民大学出版社 2004 年版,第 272 页。
③ 自秦到初唐,皆以"玺"为帝王之印的专称,然至唐代武则天时,因"玺"音近"死"而改称"宝",并一直沿用至清末。

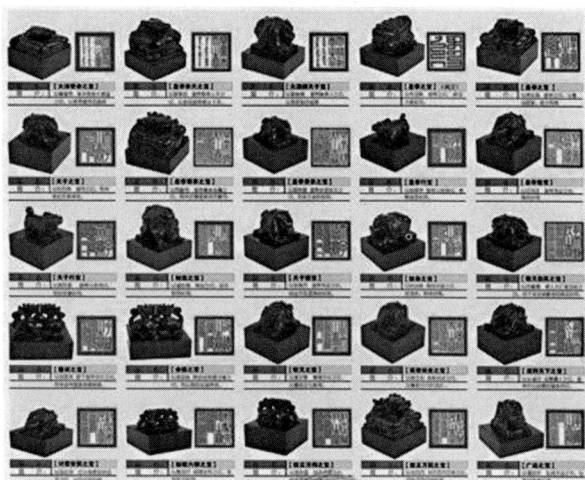

图 4 - 1　大清乾隆钦定 25 宝玺①

图 4 - 2　"皇帝之宝"②

---

① 图 4 - 1 参见 https://m. zhibitouzi. com/product-910. html，2021 年 10 月 22 日访问。
② 图 4 - 2 参见《檀香木"皇帝之宝"》，中博网，http://www.5izhongguo.com/wwsl_nr.asp? nid＝
　　1846&ctitle＝％B9％AC％CD％A2&title＝％CC％B4％CF％E3％C4％BE％A1％B0％BB％
　　CA％B5％DB％D6％AE％B1％A6％A1％B1，2021 年 10 月 22 日访问。

　　而在清二十五宝中,最重要的就是"皇帝之宝",其共有两尊:第一尊为青玉质,满文篆书。据称其刻治于皇太极时,到乾隆十三年创立成熟和规范化的满文篆书,并施之于宝玺,制度规定其"以布诏敕",皇帝颁布诏书时即钤此宝;第二尊为栴檀木质,左满文,右汉文。制度规定其"以肃法驾",在二十五宝中,据称此宝使用频率最高,钤用范围极广,其他诸宝实无以相比,成为清代实际使用最多的一方御宝,皇帝颁诏时多用之。

　　除此之外,还有几件宝玺值得特别留意:

　　一是"敕命之宝",其为碧玉质。该玺左满文,右汉文。制度规定其"以钤诰敕",于诰敕谕旨上钤用,皇帝对六品以下官员发布敕论,即钤此宝。

图 4-3 "敕命之宝"①

___

① 图 4-3 参见《[碧玉交龙纽"敕命之宝"]》,故宫博物馆网站,https://www.dpm.org.cn/collection/seal/233579.html,2021 年 10 月 22 日访问。

二是"敕正万民之宝",其为青玉质,盘龙纽。通高 10.4 厘米,印面 12.6×12.6 厘米。该玺左满文、右汉文。制度规定其"以诰四方",意即皇帝向全国百姓发出法律文告时,即钤此宝。

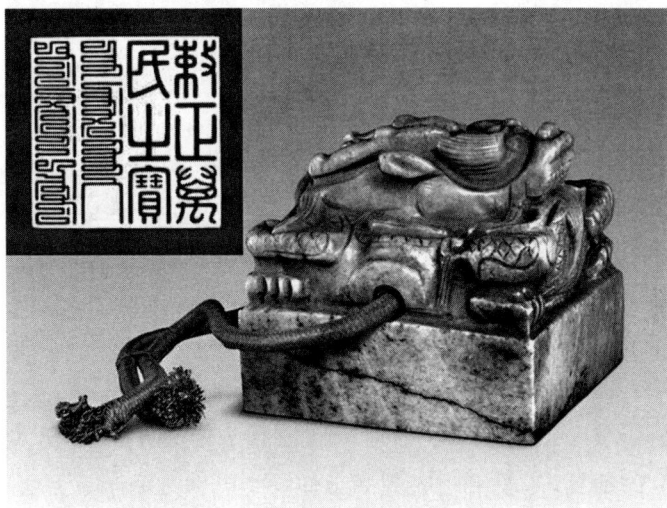

图 4-4　"敕正万民之①宝"

辛亥革命后,共和肇兴,然而用玺盖章的传统并未随帝制终结而归于陨灭。"中华民国临时大总统印"即是民国时期最早的印章。其首次应用于 1912 年 1 月 1 日晚孙中山先生在南京宣誓就任临时大总统后发布的《中华民国临时大总统宣言书》》《通告海陆军将士文》的文告中。据称在之后的 92 天里,南京临时政府所发布的一系列在近代中国历史上有重大影响的法律文件,在加签"孙文"二字的同时,都使用一方"中华民国临时大总统印"十个篆字的、长宽各 11 公分的正方形印章,以此来代行临时政府及临时大总统的全部职权。

———————————

① 图 4-4 参见《宝再多还是"药丸":清朝皇帝的"二十五宝"玉玺》,每日头条,https://kknews.cc/zh-cn/baby/g2egnpy.html,2021 年 10 月 22 日访问。

图 4-5　中华民国临时大总统印①

　　后来到了袁氏当国时代,其刚刚秉政便着手刻制宝玺,并在大总统府政事堂下成立印铸局,专职玺印的刻制工作。当时他刻制了五方玺印②,并于1912 年 11 月 6 日公布的《公文程式令》,即对布法用印,做了明确地规范要求。其中规定:"如大总统令,由大总统盖印,国务总理记人年月日副署之。"1914 年 12 月 30 日其领导下的北洋政府,还专门制定公布了《国玺、大总统印、大元帅印钤盖条例》加以规制,其中规定:"大总统印,关于授官任职各状及其他政务文书等项用之。"③到了 1915 年 12 月,袁世凯在称帝前夕,又刻制了一套帝国内容的宝玺。这套宝玺都是方四寸,金铸。另有一方玉玺,玺文是:"诞膺天命,历祚无疆"八个字。其中除了"中华帝国之玺"外,"皇帝之宝"亦是其中重要的一方,当可起布法之效。

①　图 4-5 参见《"中华民国临时大总统印"今何在?》,每日头条,https://kknews.cc/zh-sg/history/jz492l.html,2021 年 10 月 22 日访问。
②　这五方玺印分别如下:1. 中华民国之玺:白玉质,双环交互饰嘉禾纽方形玺。篆书。面四寸见方。用于国家大庆典,大政事及国际文件。2. 封策之玺:质、纽、形、书规格同上。为颁爵袭职及其他封赠等专用。3. 荣典之玺:质、纽、形、书规格同上。为颁发勋位,勋章所专用。4. 大总统印:质、纽、形、书规格同上。用于授官叙秩的委任及政事文书。5. 陆海军大元帅之印:材质、规格、书体与上同。印纽则以双环交并以虎鹰为饰。
③　王俊明:《民国时期印信制度初探》,《民国档案》1997 年第 4 期。

南京国民政府时期,对于法律公布的印章格式有进一步的规范,其可见于以下例证:

(例一)国民政府令①

兹制定中华民国刑事诉讼法公布之此令

中华民国　　[印]　　月　　　　日

主　　　席　　　　○○○

立法院院长　　　　○○○

(例二)国民政府令②

○○○○条例　○○○○治罪法均着废止此令

中华民国　　[印]　　月　　　　日

主　　　席　　　　○○○

立法院院长　　　　○○○

以上是国民政府统治时期法律公布的基本用语格式,其符合庄重权威的格式要求。

另外,国府还于1929年4月13日专门公布了《国民政府颁发印信条例》(以下简称《条例》)③,明确规定了法律公布的用印级别。该《条例》中还对各机关印章的具体尺寸、质地、铸造及撤销办法提出了明确的规制要求④,并通过《各机关请颁印信及缴销旧印办法》等补充规定予以完善。不仅如此,1941年9月21日国民政府行政院还发布了《行政机关行文署名盖章办法》,对官章的钤盖使用作了规定。当时对于印信钤盖之位置也有考究,机关印信盖在日期上,有"齐年盖月"之说,要求印信上方边沿盖平"中华民国"字样

---

① 例一格式参见郑兢毅、彭时编著:《法律大辞书补编》,法律出版社2012年版,第5页。

② 例二格式参见郑兢毅、彭时编著:《法律大辞书补编》,法律出版社2012年版,第5页。

③ 并于1943年7月6日经修订后再次公布。并在中国台湾地区继续经过多次修订完善以《印信条例》之名沿用至今。

④ 例如,该《条例》规定:国民政府及陆海空军总司令暨行政、立法、司法、考试、监察等五院之印用银质;国民政府主席、陆海空军总司令、五院院长及特任职长官之小章用牙质(1943年7月改为牙质或银质)。

之下；而长官官章则盖在长官署名之下①。正是通过这一系列规范印章的律令形式，在南京国民政府时期形成了一套较为严密完整的印章制度，对其法律公布活动，也起到了一定的促进作用。

　　新中国初期也在一定程度上继承了这一传统，又有极大的创新和变动，产生了一枚庄重的国玺，即"中华人民共和国中央人民政府之印"。这枚新中国第一大印为方形圆柄，印面边长9厘米、章体厚2.5厘米、柄长10.9厘米。在具体制作方法上，国印使用的铜料比政务院、中央军委、高检、高法等其他政府印信的密度大、粘度大、兑铵多，质地较硬。国印的柄与印体是分别制作旋接上的，铜色柔和，制作精细。国印的印文是"中华人民共和国中央人民政府之印"，背款是"中华人民共和国中央人民政府之印，1949年11月1日第一号"②。其由铜胎铸造，15个字的宋体印文搭配对称、严谨，印痕字迹隽秀清晰、美观大气，在整体造型上有一种非凡的气势。

图4-6　中华人民共和国中央人民政府之印③

---

① 王俊明：《民国时期印信制度初探》，《民国档案》1997年第4期。
② 参见《中国历代国玺实录——中华人民共和国中央人民政府之印》，博故，https://baijiahao.baidu.com/s?id=15907475186911143633&wfr=spider&for=pc，2021年10月22日访问。
③ 图4-6参见梁彬：《新中国第一枚国印诞生记》，《光明日报》2021年05月14日14版），转引自光明网，https://m.gmw.cn/baijia/2021—05/14/34842770.html，2021年10月22日访问。

1949 年 6 月新政协筹备会常务委员会成立后,周恩来就委托陈叔通邀请治印名家为新生国家政权机构治印,而国印最后的设计、镌刻者即是当时名震京城的篆刻大师张樾丞。9 月 27 日后,国印印文正式确定。10 月 27 日经毛泽东和周恩来等同志讨论审批后,国印即交付刊铸,于同月 31 日上午九时正式镌刻完成,旋即被上交使用。

在当时,中华人民共和国中央人民政府之印是国家主席或中央人民政府颁发各种法令、命令、指示和行使其他权力时钤印公文的凭证信物,意义非凡。中央档案馆中收藏的关于颁发人民革命军事委员会铜质印信一颗的"中央人民政府令"(10 月 31 日 9 时签发),是目前发现最早的钤有国印的文件。中国国家博物馆收藏的"中央人民政府命令颁布《中华人民共和国土地改革法》的发文稿"等数十件文物,也都钤有开国大印。这充分说明国印在共和国建立之初,即行使了赋予它的神圣使命,发挥了重要作用,便利了中央人民政府依照《共同纲领》规定行使"对内领导国家政权"的权威职能,并在 1950 年 2 月 6 日中央人民政府政务院颁发的《印信条例》中得到有效的确认和规范。

随着第一届全国人民代表大会的顺利召开,由此诞生的五四宪法规定国务院为最高国家权力执行机关。既有的《印信条例》已不符合变更后国家机构的日常运作需要。于是,在 1955 年出台的《中华人民共和国国务院关于国家机关印章的规定》中明确规定:"一九五〇年二月六日中央人民政府政务院颁发的印信条例,现在由于中华人民共和国宪法的公布和国家机构的变动,已不适用,应予废止。今后国家机关印章的制发和使用,依照下列的规定:一、国家机关印章为圆形。二、国家机关印章的尺度、样式和制发办法如下:(一)国印:直径七公分,中央刊国徽,国徽外刊'中华人民共和国'七字,自左而右环行(图样一——略);由国务院监制,报送中华人民共和国主席启用……"[①]至此,该印完成了其担负的历史使命,并于 1959 年 5 月被正式移交给中国革命博物馆(现中国国家博物馆)珍藏,并被保存至今。

纵观布法印章的使用史,我们可以明显看到,印章作为一种凭信物,其

---

① 参见《中华人民共和国国务院关于国家机关印章的规定》,《山西政报》1955 年第 4 期。

产生与发展同中国政府公文制度的演变密切相关,形成了一种特殊的印章文化信念:文书无印不成其为公文,不足以取信天下。印章作为政府公文的一个重要组成部分,与公文珠联璧合,缺一不可。

三、小结

总之,法律公布的外部表现形式适应了现代法律传播技术持续发展的历史趋势、在工业社会乃至信息社会的历史条件下进一步彰显了国家理性和民族精神,有力地推进了政治社会化进程。当前我们要基于第四次工业革命逐步发展的技术高度,将媒介载体技术的变革和民族优秀法律文化传统的传承有机结合起来,进一步实现法律信息的有序广泛传播。

第五章　中国法律公布实践的未来展望

一、"软约束"的制度运行现状

当代中国的法律公布制度虽然在形式规定层面具有一定基础，但在具体运行过程中，依然带有某种"软约束"的鲜明色彩，不能有效遏制公布活动及其后续过程的随意性特点。这一问题有以下三个方面的具体表现：

（一）法律公布范围受限

在中国特色社会主义法律体系基本形成、正在向中国特色社会主义法治体系建构迈进的历史时刻，我们依然要正视法律公布范围受限的客观现实。例如，在群体性事件的治理领域，"法律法规的调整在很大程度上处于空白状态"，缺乏综合性的法律法规予以调整，主要依靠《关于积极预防和妥善处置群体性事件的工作意见》、《国家大规模群体性事件应急预案》等秘密文件中的相关规定加以处理[①]。再比如，在新闻与大众传播法领域，相关的《新闻法》、《出版法》等基础性法律迟迟未能出台，在很多时候主要依靠行政法规、部门规章乃至政策规定来处理，其中包含诸多不成文内容要求，导致"新闻工作者在传播活动中的权利，如采访权、发表权等仍法无明文，没有成为具体明确的法定权利，只是习惯权利，有关权利遭到侵犯时难以得到法律的有力保护"[②]。特别是在整个非常法律制度体系之中，由于事实上成为紧急事件应对主要法律规范依据、直接触及"基本法律"相关内容、关乎公民人

---

① 参见孟涛：《中国非常法律研究》，清华大学出版社 2012 年版，第 241—242 页。
② 参见谢金文：《新闻学三维新论》，上海交通大学出版社 2016 年版，第 80 页。

身和财产权利的应急预案等内部规范性文件,因涉及"国家安全"、"社会公共安全"的特殊属性,处于不公开的状态①,带来限制民众法律知情权、规避法律问责等现实问题,凸显出未创制和公布紧急状态法的缺失②。

(二)法律公布主体履职不到位

正如有学者指出的那样,自五四宪法规定国家主席享有法律公布权以来,在剧烈的政治变动影响下,这一规定未能得到有效施行,甚至一度被废除。八二宪法虽然重新恢复了这项制度性规定,但在立法实践中,也出现过"多数法律由国家主席公布,也有一些则没有标明由谁公布。"③的情况,例如,改革开放之初"全国人大常委会《关于授权国务院改革工商税制发布有关税收征收条例草案试行的决定》、全国人大《关于海南行政区建制的决定》等,就没有示明由谁公布。"④即便是到了全面依法治国的新时代,据相关学者研究,"我国全国人大常委会制定的一些立法性决定,如《全国人民代表大会常务委员会关于实行宪法宣誓制度的决定》等,被官方归入法律范畴,却都没有'公布环节'"⑤,意即只能在《中华人民共和国全国人民代表大会常务委员会公报》上看到事后刊载的法律全文,却不见作为国家机构的国家主席依法履行布法职权、发布相应"主席令"的踪影。不能不说是一大缺憾。表明我国法律公布主体仍需进一步实现有效履职。

(三)法律公布期限界定不明

在立法简约主义的影响下,我国宪法及相关的宪法性法律在很长时间里都没有明晰法律公布期限的法定制度。在《立法法》施行前,在实践中主要采取两种方式:一是"通过当日即公布",公布《国籍法》即采取这种做法;二是"通过后间隔几天公布",在 1979 年 7 月 1 日通过、促成"一日七法"这一重要立法佳话的《刑法》、《人民法院组织法》等法律就采取这一做法⑥。在《立法法》施行

---

① 参见孟涛:《中国非常法律研究》,清华大学出版社 2012 年版,第 241—242 页。
② 参见孟涛:《中国非常法律研究》,清华大学出版社 2012 年版,第 243 页。
③ 周旺生:《立法学》,法律出版社 2004 年版,第 183 页。
④ 周旺生:《立法学》,法律出版社 2004 年版,第 183 页。
⑤ 李克杰:《法律公布是立法程序还是独立制度?》,《学术交流》2020 年第 11 期。
⑥ 可参见北京大学法学百科全书编委会编,周旺生、朱苏力分册主编《北京大学法学百科全书:法理学·立法学·法律社会学》,北京大学出版社 2010 年版,第 155 页。

后,这一情况发生一定改变,要求法律签署公布后应当"及时"在指定官报、指定网站以及全国性报纸上刊载①,可是"在通过后应在多长时间内签署公布,在多长时间内刊登,均没有具体规定"②。正如有学者指出的那样,"'及时'不仅在表述上比较模糊而颇具'弹性'",严格说来其也并非法律公布期限意义上的时间要求,可是就字义而言,"及时"一词的使用,很容易认为"刊登"行为必须在法律"通过"的当天实现。这无疑带来法律公布和生效的时间期限要求不明的危险,造成"公布"和"刊登"关系之间的关系混乱③。特别是考虑到《全国人民代表大会常务委员会公报》为不定期发行刊物、受到全国人大及其常委会开会时间和出版周期的双重制约,履行官报的"及时"刊载职能确有一定难度,更增加了问题的复杂性,引发了一些本可避免的相关争议④。

（四）后续配套保障效果欠佳

需要指出的是,近年来相关法律公布的后续配套保障效果欠佳,已经成为影响法律公开性的重要制约因素。根据中国人民大学相关机构 2018 年的专门调查,自 2015 至 2017 年这三年时间里,中国公众和专家对于法律公布后的查阅状况总体评分依次为 76.7 分、74.8 分和 74.4 分,好评率依次为 66.5%、51.3%和 51.3%,差评率则依次为 17.6%、16.9%和 19.2%。从评价结果来看,相关工作绩效呈现出一定的下滑趋势,甚至比事前了解法律草案审议内容显得还要困难⑤。由此凸显出法律公布相关工作随意性较大的

---

① 司法部编:《新编中华人民共和国常用法律法规全书(2021 年版)》,中国法制出版社 2020 年版,第 1—5 页。

② 北京大学法学百科全书编委会编,周旺生、朱苏力分册主编:《北京大学法学百科全书:法理学·立法学·法律社会学》,北京大学出版社 2010 年版,第 155 页。

③ 参见李店标:《立法公开研究》,吉林大学出版社 2012 年版,第 199 页。

④ 参见苏俊燮:《中国法律中的"公布"概念及其法律性缺陷》,《上海交通大学学报(哲学社会科学版)》2011 年第 5 期。

⑤ 参见朱景文主编:《中国人民大学中国法律发展报告.2018:2015—2017 年中国法治满意度评估》,中国人民大学出版社 2018 年版,第 70—71 页。需要指出的是,根据相关机构 2020 年的最新调查报告显示,2019 年中国公众和专家对于法律公布后的查阅状况总体评分为 76.7 分,与 2015 年的水平相当;差评率仅为 11.5%,也取得了 2015 年以来的最好水平,由此结束了三连跌的局面,呈现止跌回涨的趋势。不过这一年查阅法律的好评率依然只有 61.0%,尚未恢复到 2015 年的 66.5%的水平,说明这一变化仍需进一步观察,也唯有进一步努力,方能有持续完善的空间。(参见朱景文主编:《中国人民大学中国法律发展报告.2020:中国法治评估的理论、方法和实践》,中国人民大学出版社 2020 年版,第 97 页。)

问题,即法律公布的针对性依然不强,在形式上缺乏统一的标准和规范,具体操作比较随意,甚至有时会因为社会环境、立法机关自己的便利甚至经费问题而随意决定,给广大民众特别是有关专家以及法律专门执业者把握相关法律渊源体系带来很大障碍①。

此外,还有研究人员发现,除了《人民法院报》、《人民检察院报》、原《法制日报》等专业性法律媒体以外,国内许多在全国范围内发行的主流纸质媒体践行《立法法》第58条相应规定情况不佳,在聚焦国内外时事政治、推进地方发展宣传的同时,未能及时报道或刊载最新公布的法律。例如,《新华日报》在2017年所有新闻版块中对同年新公布的13部法律未做任何内容信息刊载,只在报道"两会"时简单提及人大修法计划。在2018年3月《监察法》通过当天,《新华日报》对这一重要法律更是采取完全"视而不见"的态度。这种情况在其他一些重要的主流媒体上也不同程度地存在②。

特别需要说明的是,在信息时代,公民获取法律最便捷、最主要的方式源于网络。但是虽然新修改的《立法法》正式明确了"中国人大网"的权威法律载体地位,但是配套措施并未真正有效跟进。打开"百度"等主要搜索引擎、通过优先推荐的搜索链接映入眼帘的有时依然是业已陈旧过时的法律条文,更有许多良莠不齐、真假参半的法律信息未经及时监管和必要矫正就在虚拟空间中加速传播,给广大民众获取真实、准确、完整的法律公布文本带来不小的现实障碍。

总之,正如既有研究指出的那样,我国现有的法律公布制度依然存在"随意性较大"的问题,有关部门对法律公布要求的认知依然存在不足、缺乏有效的硬性规范约束,容易埋下公布"失范"等问题隐患③。

二、法治主义视角下的症结剖析

从法治主义立场来看,现有的这种"软约束"的制度运行状况绝非偶然,

---

① 参见朱景文主编:《中国人民大学中国法律发展报告.2018:2015—2017年中国法治满意度评估》,中国人民大学出版社2018年版,第71—72页。

② 参见邵靖雯:《国内法律公布前后置程序的相关问题探讨》,《知识窗》2020年第5期。

③ 参见朱景文主编:《中国人民大学中国法律发展报告.2020:中国法治评估的理论、方法和实践》,中国人民大学出版社2020年版,第98页。

它事实上反映了在历史合力作用下,推进中国法治发展、构建法治中国的特殊性和艰巨性:

(一)长时段的结构性宰制

法律公布观念虽然源远流长,但它实际上是在人类近现代历史背景下才得以真正发展成通行惯例:因为它以工业文明乃至信息文明为技术前提,以法治体系的生成和发展为制度保障,并以"程序正义"、"形式理性"乃至"法律面前人人平等"等基本原则为文化内核。

但是当代中国却是一个依然身处工业化中后期、发展不平衡不充分的世界最大发展中国家,因此在很大程度上依然受到前工业社会的传统制度惯性乃至文化思维潜移默化的深刻宰制影响,并进一步延伸到法律公布相关实践中来,对相关制度的持续健康发展产生直接的阻碍作用:

一方面,虽然如前所述,中国古代很早就有"悬法象魏"的立法公开实践、也有成文法运动的有益历史经验,但由于在传统中国,"一般的社会秩序,不是靠法来维持,而是靠宗法、靠纲常、靠下层对上层的绝对服从来维持;于是,'人治'与'礼治'便被宣扬来代替'法治'。"①这种状况就为法律秘密主义的悄然延续制造了"集体无意识"的社会心理土壤。

另一方面,这一消极因素又为与特定社会制度环境相适应的、具有两千多年历史的中国官僚政治实践所强化。正如马克思曾经尖锐批判的那样,"官僚政治的普遍精神是秘密,是奥秘。保守这种秘密在官僚政治内部靠等级制,对于外界则靠它那种封闭的同业公会性质。因此,公开的国家精神及国家信念,对官僚政治来说就等于泄露它的奥秘。因此,权威是它的知识原则,而神化权威则是它的信念。"②而中国传统的专制官僚体制更是把农民等社会大众"无知、孤立、被束缚于宗法社会组织和对政治的不关心作为其存在的前提条件"③的。由于这种体制运行特点,使得在其影响下具有典型"官僚法"特征的中国传统法制,在采取法律公布主义的形式表象下,依然保有

---

① 王亚南:《中国官僚政治研究》,中国社会科学出版社1981年版,第41页。
② 中共中央马克思恩格斯列宁斯大林著作编译局编译:《马克思恩格斯全集(中文第2版)》第三卷,人民出版社2002年版,第60页。
③ 王亚南:《中国官僚政治研究》,中国社会科学出版社1981年版,第188页。

某种法律秘密主义的精神内核。正因为如此,直到晚清年间,著名的洋务派领袖张之洞依然推崇"先王用刑,临事酌断,不豫设详细条目"的秘密法传统,公开宣称"若纤悉毕载刑书,布之民间,则奸民必有挺身干法、避就、告讦诸弊,蠹吏亦有舞文鬻狱之弊",不利于"笼络民心"、维护专制统治秩序。虽然他不得不承认"随时酌断,岂得无弊",却又声称"任人之弊,弊在官;任法之弊,弊在吏。任人之弊在国家,任法之弊在奸民。两害相形取其轻,不如任人也。"由此表现出对法律公布活动背后蕴含的近现代法治价值的极度轻蔑,以及对法律"秘而不宣"、"临事酌断"等传统人治权术的高度迷恋①。

上述种种消极的社会政治传统并未随着旧中国的终结而真正终结,依然在长时段内在潜移默化之中发挥巨大的结构性宰制作用。

(二)中时段的环境影响

从中时段来看,现代中国革命、建设和改革的长期实践,在持续取得伟大社会革命成就的同时,却也促使新中国法律制度在很长时间里都处于不断变动状态,并对法律公布制度产生某种消极影响,甚至使之在特殊历史时期几乎完全停摆。以法律公布主体制度为例,正如周旺生先生描述的那样,"1954年宪法规定国家主席公布法律,1975年宪法删去了这一规定,1978年宪法规定全国人大常委会委员长公布法律"、"但在立法实践中,这些规定未能完全施行。例如,1978年宪法实施后,有些法律没有按宪法要求由委员长公布,而是由全国人大常委会、全国人大主席团公布的。"②而在八二宪法实施过程中,自1993年以后,依宪享有法律公布权的国家主席又开始经历了由纯粹的"虚位元首制"向"三位一体"领导体制下的实权元首制转变的宪法变迁,并在2018年现行宪法第五次修改中得以进一步确认。这种相关制度频繁变动的局面,虽然适应了中国式现代化深入推进的形势需要,但在某种程度上也对维护法律公布制度权威、彰显法律权威和公布价值的法治文化建构产生不利的消极影响,助长了一些相关实务部门在实践中的"随意"态度。

不仅如此,由于我国在建国以后很长时间里实行高度集中的计划经济

① 参见丁凌华主编:《中国法律思想史》,科学出版社2009年版,第223—224页。
② 周旺生主编、司法部法学教材编辑部编审:《立法学教程》,法律出版社1995年版,第121页。

体制,形成了一个空前庞大而复杂的现代官僚体系,更受到苏联"计划就是法律"的观念影响[1],在特定时期出现了以政策指令替代正式法律推进社会治理的路径依赖,不利于法律公开性的推进乃至现代法治的建构,产生某种消极的现实影响。

(三) 短时段的事件干扰

无需讳言,在特定时刻的某些突发事件,在一定程度上也影响了法律公布制度在某些领域的持续完善。以新闻法领域的立法公开活动为例,党的"十三大"报告明确提出过抓紧制定新闻出版法的要求,在此前后三个新闻法草案也相继出台。但是因为众所周知的原因,进入九十年代以后,虽然《新闻法》也曾纳入全国人大常委会的立法规划,至今依然处于有花无果的状态,对相关法律公开活动产生不利影响[2]。抛开新闻法本身极强的政策性因素影响,有关部门因国内外政治风波引发对相关立法公开活动某种现实的顾虑情绪、由此衍生出某种"只搞条例不搞法"、更加关注新闻管理的实践路径偏好,不能不说也是造成这一缺憾的重要原因。而这种情况某种意义上又在群体性事件治理等相关领域以某种方式再次重现,对包括法律公布活动在内的整个立法公开性工作的持续推进产生一定的制约影响。

三、中国法律公布制度的动态完善策论

为矫正上述现存问题,就必须在深刻把握法律公布活动背后的文化厚度、制度宽度和技术高度基础上,采取多维度、全过程的动态完善策略,其具体内容包括:

(一) 实现法律公布范围的持续拓展

正如有学者指出的那样:"现代法律是一种形式理性的抽象规范,规范的是规律性的日常行为"[3],唯有采取有效的公布行为,方能有效奠定国家法

---

[1] 用列宁的话说:计划"就是准则(任何计划都是尺度、准则、灯塔、路标)"。参见《列宁全集(中文第2版)》第41卷,人民出版社1986年版,第378页。

[2] 参见谢金文:《新闻学三维新论》,上海交通大学出版社2016年版,第77页。

[3] 孟涛:《中国非常法律研究》,清华大学出版社2012年版,第243页。

治体系运作的风险计算基础,赋予法律以确定感、赋予民众以可预期性。我们当然不否认、也不反对在新闻与大众传播领域、紧急事件治理领域等诸多领域适用具体政策法规乃至应急预案、党内秘密文件等内部规范性文件的正当性和有效性,但完全依靠此类原本只具有"补充规定"、"配套规定"特点的法律规范包打天下,终究只是法制发展不完善背景下特殊的临时现象和过渡方案,带有"特事特办"的思维印记,不能充分彰显法律的一般性、不能体现法治的系统性,尤其不能维护现代国家法律创制的公开性和法律实施的公平性。在全面依法治国新时代,我们唯有进一步拓展法律公布的范围,争取以各领域综合性法律"全覆盖"的绩效,方能最终经受得住法治中国建设评估的理性检验。

而且,从既有领域现实情况来看,经过多年实践,相关的限制、禁止性条款比较完备,已经形成比较完整的法律规制体系,完全能够应对各种风险问题挑战[1];与之相比,由于法律公布活动的相对滞后,对公民法定权利的保障却显得明显不足,不能以法律手段充分适应第四次工业革命时代激烈的国际经济、社会和文化竞争的需要。因此,我们应当适应中国特色社会主义法治体系建构的新时代要求,正确处理好维权和维稳的关系,进一步有序推进相关领域的立法公开、特别是做好与之相匹配的法律公布活动。

(二)明晰法律公布主体的法定职责

鉴于在历史实践中长期存在的法律公布主体履职不到位的问题,立法者可借鉴《委内瑞拉玻利瓦尔共和国宪法》第 216 条之规定[2],在《立法法》中明确规定法律公布主体的履职责任,确立必要的补救与追究规范:"国家主席未在法定期限内颁布法律时,由全国人大常委会委员长和国家副主席予以颁布,国家主席应为其失职承担责任。"以便起到更好的规范作用。

(三)明确规定法律公布期限

鉴于当前法律公布期限界定的缺憾,在《宪法》、《立法法》等宪法性法律

---

① 参见谢金文:《新闻学三维新论》,上海交通大学出版社 2016 年版,第 79 页。
② 参见《世界各国宪法》编辑委员会编译:《世界各国宪法·美洲大洋洲卷》,中国检察出版社 2012 年版,第 877 页。

的后续修改中,不仅要明确"及时"公布的具体时间、保障法律能够依法如期为公众了解,还要稳妥处理好其与法律生效期间的衔接关系。最好在宪法中明确规定公开和刊登法律文本的日期,如通过"国家主席署名后在几日内正式出版或发行"的方式进行明文规定,并且明确应在正式刊发后方能生效。鉴于"目前比较合理的日期应是 10—15 日内这一时间段"①的国际通行惯例、特别是采 15 日期限的国家最多的事实,笔者建议在宪法中增设"国家主席署名后在 15 日内正式出版或发行"的内容规定,以期与法律公布程序的完善规定相匹配,为待公布法律的事先合宪性审查提供足够充裕的时间。

(四)完善后续的配套传播机制

为解决当前法律公布后传播范围不广、查阅状况欠佳的不良状况,建议采取以下改进方法:一方面充分发挥官报刊载平台的作用,加快全国人大常委会公报的发行速度、增加其发行量;另一方面要进一步明晰"在全国范围内发行的报纸上刊登"②的《立法法》规定内涵,建议充分发挥身为中央政法委机关报、又构成"中央全面依法治国委员会及其办公室的主要宣传平台,党领导全面依法治国工作的重要舆论阵地"③的《法治日报》的作用,依托这份充分体现政法工作特色的全国性报纸便捷的发行速度和广大的发行量,来弥补全国人大常委会公报刊载的不足。在此基础上,再发挥《法制晚报》、《民主与法制时报》、《检察日报》、《人民法院报》、《人民公安报》等其他全国性的纸质媒介平台;最后,还要充分发挥"中国人大网"的官网平台作用,并以 2021 年 2 月国家法律法规数据库的正式开通为契机,进一步推进法律公布的数字化、网络化、智能化转型工作,实现和"法制网"等其他权威电子网络平台相配合,并注意与"百度网"等重要网络搜索引擎、"今日头条"等通用信息平台之间的协调联动,促进网络法律传播环境的净化与优化,通过有效的普法舆论宣传,拉近民众与已公布新法的距离。由此在实现法律信息资

---

① 参见李店标:《立法公开研究》,吉林大学出版社 2012 年版,第 199 页。
② 司法部编:《新编中华人民共和国常用法律法规全书(2021 年版)》,中国法制出版社 2020 年版,第1—5 页。
③ 参见《〈法治日报〉简介》,http://www.legaldaily.com.cn/legaldaily-introduction/legaldailyintro.htm,2021 年 8 月 9 日访问。

源整合和及时动态更新的基础上,提供更加权威便利的公共法律服务,使之能够成为法治建设与信息化工作有机融合的标杆范例。

总结

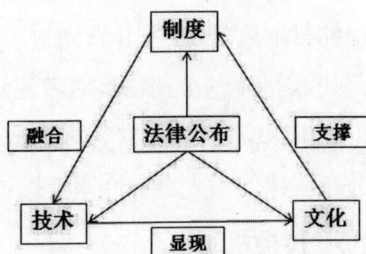

图 5-1　法律公布实践内容结构图

　　如上图所示,法律公布实践不仅仅是一种冷冰冰的制度安排。它在本质上反映了人类过一种法治生活的理性选择和生存智慧,承载着特定的文化、制度和技术意涵:它依托法治文化实现对相关制度安排的有效支撑,并在合法正式的制度框架内实现与法律公布技术的有机融合,并借助先进可靠的媒介技术在法律公布的具体实践中显现"看得见的正义",最终达成传递法律内容乃至法治精神的文化发展目标。

　　当前,在新时代全面依法治国新征程开启之际,我们要有文化认同、要有制度观念、更要有技术理性,能够秉持法治思维和法治方式,在信息革命的大潮中积极实现法律公布活动的创新升级,在相关的法律文化仪式、体系架构乃至媒介技术上充分彰显"中国智慧"、提供"中国方案"。

参考文献

一、中文文献

1. 中文论文类

（1）期刊论文

敖俊德：《公布法律是立法的必经程序——兼评董璠舆〈公布法律不是立法的一道程序〉》，《人大工作通讯》，1996 年第 13 期。

戴建国：《宋代法律制定、公布的信息渠道》，《云南社会科学》，2005 年第 2 期。

董珍祥：《法律公布的几个问题》，《人大工作通讯》，1994 年第 1 期。

董璠舆：《公布法律不是立法的一道程序》，《人大工作通讯》，1996 年第 8 期。

董璠舆：《日本的立法机关与法律的公布》，《日本学论坛》，2000 年第 2 期。

耿相新：《出版的革命》，《现代出版》，2013 年第 5 期。

蒋凌昊：《比较〈法制日报〉和〈法制晚报〉——浅析中国法制类报纸的现状和出路》，《三峡大学学报（人文社会科学版）》，2010 年 8 月（第 32 卷增刊）。

何勤华：《〈汉穆拉比法典〉与古巴比伦》，《检察风云》，2014 年第 2 期。

黄东海、范忠信：《春秋铸刑书刑鼎究竟昭示了什么巨变》，《法学》，2008 年第 2 期。

刘风景、龚斌：《互联网:法律文本的新载体》，《中国社会科学院研究生

179

院学报》,2006 年第 5 期。

李雪梅:《昭昭千载——碑石上的法律(上)》,《中国法律评论》,2017 年第 5 期。

李克杰:《法律公布是立法程序还是独立制度?》,《学术交流》,2020 年第 11 期。

罗承宗:《将错就错的总统? ——再访拒绝公布总统权》,《台湾法学杂志》,第 137 期(2009 年 10 月 1 日)。

施显松:《评卡夫卡的〈法的门前〉》,《德语学习》,2000 年第 2 期。

沈玮玮:《郑晋之别:春秋中晚期铸刑事件意义重释》,《法律适用》,2017 年第 20 期。

苏俊燮:《中国法律中的"公布"概念及其法律性缺陷》,《上海交通大学学报(哲学社会科学版)》,2011 年第 5 期。

吴大英、任允正:《论法律的公布》,《求是学刊》,1981 年第 3 期。

王俊明:《民国时期印信制度初探》,《民国档案》,1997 年第 4 期。

武树臣、马小红:《中国成文法的起源》,《学习与探索》,1990 年第 6 期。

夏正林:《论法律文本及其公布》,《政治与法律》,2021 年第 1 期。

许光县:《中国古代法律传播模式研究—以国家传播为中心的考察》,《政法论坛》,2011 年第 4 期。

徐国栋:《查士丁尼及其立法事业——兼论法典法的弊端及补救》,《法律科学》,1990 年第 5 期。

徐国栋:《古罗马的法学教育及其案例法》,《江汉论坛》,2016 年第 1 期。

徐燕斌:《汉简扁书辑考—兼论汉代法律传播的路径》,《华东政法大学学报》,2013 年第 2 期。

徐燕斌:《殷周法律公布形式论考》,《暨南学报(哲学社会科学版)》,2013 年第 12 期。

于丽英:《论美国法律信息事业的实践与发展》,《法律文献信息与研究》,2008 年第 2 期。

于兆波:《略论法律公布的前置程序和后置程序》,《东岳论丛》,2010 年第 5 期。

袁承东:《公布和刊载法律法规应严谨规范》,《人大研究》,2007 年第 5 期。

袁伟时:《袁世凯与国民党》,《品味·经典》,2011 年第 1 期。

詹镇荣:《总统对"违宪法律"之拒绝公布权?》,《月旦法学教室》,第 46 期 (2006 年 10 月)。

张晋藩:《中国古代官民知法守法的法律宣传》,《行政管理改革》,2020 年第 1 期。

张乃根:《论条约批准的宪法程序修改》,《政治与法律》,2004 年第 1 期。

张雪根:《清末刊登政治文牍的〈政治官报〉》,《联谊报》,2016 年 2 月 6 日。

张哲馨:《总统签署声明的发展及其对美国联邦政府权力制衡体制的影响》,《美国问题研究》,2008 年第 1 期。

张中秋、张明新:《传统中国普法活动及其研究初探》,《江苏警官学院学报》,2007 年第 5 期。

朱红林:《战国时期国家法律的传播——竹简秦汉律与〈周礼〉比较研究》,《法制与社会发展》,2009 年第 3 期。

庄世同:《法律的图像:一种人文主义的分析与诠释》,《台大法学论丛》,2011 年第 4 期。

(2)学位论文

程河清:《清末新式官报研究》,南京师范大学 2021 年博士论文。

丁天立:《南京国民政府立法院研究(1928—1946)》,南京大学 2020 年博士论文。

都海虹:《〈北洋官报〉研究》,河北大学 2018 年博士论文。

孔正毅:《清代邸报研究》,中国人民大学 2011 年博士论文。

贾全胜:《北洋政府内务部公报研究(1912—1928)》,贵州师范大学 2018 年硕士论文。

孟小洁:《清代法律公布制度的局限与革新》,复旦大学 2011 年硕士论文。

罗军桑布:《论松赞干布时期吐蕃法律制度》,山东大学 2012 年硕士论文。

（3）翻译论文

［法］让－路易·安贝翰:《民法典的制定历史:民法典,拿破仑的?》,石佳友译,《法学家》2004 年第 2 期。

［荷］扬·斯密茨:《信息社会下的民法典——兼论法典化之时代使命》,罗浏虎译,《求是学刊》2015 年第 1 期。

［美］查尔斯·W·詹森:《法案的最后修改、批准和法律的公布——美国如何制定法律(四)》,曹海晶、滕鑫曜译,《楚天主人》2002 年第 1 期。

2. 著作类

（1）教材

丁凌华主编:《中国法律思想史》,科学出版社,2009 年版。

高鸿钧、赵晓力主编,马剑银副主编:《新编西方法律思想史(古代、中世纪、近代部分)》,清华大学出版社,2015 年版。

谷春德、史彤彪:《西方法律思想史》,中国人民大学出版社,2004 年版。

管欧:《法学绪论》,五南图书出版股份有限公司,1997 年版。

郭建主编:《中国法律思想史(第二版)》,复旦大学出版社,2018 年版。

郁嶷:《中国法制史》,震东印书馆,北平,1931 年版。

杨东连:《法学入门》,一品文化出版社,2008 年版。

周旺生主编、司法部法学教材编辑部编审:《立法学教程》,法律出版社,1995 年版。

周旺生:《立法学教程》,北京大学出版社,2006 年版。

（2）专著

曹海晶:《中外立法制度比较》,商务印书馆,2004 年版。

陈志强:《拜占庭帝国通史》,上海社会科学出版社,2013 年版。

程志敏:《古典法律论——从赫西俄德到荷马史诗》,华东师范大学出版社,2013 年版。

邓小南主编:《政绩考察与信息渠道—以宋代为重心》,北京大学出版社,2008 年版。

华热·多杰:《藏族古代法新论》,中国政法大学出版社,2010 年版。

奇格:《蒙古古代法制史》,辽宁民族出版社,1999年版。

耿相新:《中国简帛书籍史》,生活·读书·新知三联书店,2011年版。

郭恒钰、许琳菲等:《德国在哪里?——联邦德国四十年》,三民书局,1991年版。

郭成康:《十八世纪的中国政治》,昭明出版社,2001年版。

顾俊礼:《德国政府与政治》,扬致文化事业股份有限公司,2001年版。

韩大元主编:《新中国宪法发展70年》,广东人民出版社,2020年版。

韩延龙主编:《法律史论集》(第1卷),法律出版社,1998年版。

韩延龙主编:《法律史论集》(第2卷),法律出版社,1999年版。

焦应达:《苏联法学教育研究》,法律出版社,2015年版。

黄华均:《蒙古族草原法的文化诠释——〈卫拉特法典〉及卫拉特法的研究》,中央民族大学出版社,2006年版。

井上彻、杨振红编:《中日学者论中国古代城市社会》,三秦出版社,2007年版。

李龙主编:《西方法学经典命题》,江西人民出版社,2006年版。

留金锁著,浩斯巴特尔、包阿拉塔译:《蒙古族全史(第一卷)》,辽宁民族出版社,2011年版。

刘向文:《俄国政府与政治》,五南图书出版股份有限公司,2002年版。

刘徐州:《法律传播学》,湖南人民出版社,2010年版。

刘星:《西方法律思想:传说与学说(增订版)》,广西师范大学出版社,2019年版。

聂鑫:《中国公法史讲义》,商务印书馆,2020年版。

居正:《法律哲学导论》,商务印书馆,2012年版。

厉以宁:《希腊古代经济史》,商务印书馆,2013年版。

[清]梁启超:《梁启超全集》,北京出版社,1999年版。

李浩培、吴传颐、孙鸣岗:《拿破仑法典(法国民法典)》,商务印书馆,1997年版。

李振宇:《法律传播学》,中国检察出版社,2004年版。

李店标:《立法公开研究》,吉林大学出版社,2012年版。

李雪梅:《法制"镂之金石"传统与明清碑禁体系》,中华书局,2015年版。

罗志渊:《立法程序论》,正中书局,1974年版。

罗成典:《立法技术论》(修订四版),文笙书局,1991年版。

罗传贤:《立法程序与技术》,五南图书出版股份有限公司,2006年版。

吕思勉:《吕思勉读史札记》,上海古籍出版社,2005年版。

孟涛:《中国非常法律研究》,清华大学出版社,2012年版。

内蒙古典章法学与社会学研究所编:《〈成吉思汗法典〉及原论》,商务印书馆,2007年版。

钱存训:《书于竹帛——中国古代的文字记录》,上海书店出版社,2003年版。

瞿同祖:《中国法律与中国社会》,商务印书馆,2010年版。

沈宗灵:《现代西方法律哲学》,法律出版社,1983年版。

沈有忠:《威玛宪政变奏曲——半总统制宪法的生命史》,五南图书出版股份有限公司,2009年版。

史彤彪:《法国大革命时期的宪政理论与实践研究》,中国人民大学出版社,2004年版。

庹继光、李缨:《法律传播导论》,西南交通大学出版社,2006年版。

王人博:《寻求富强——中国近代的思想范式》,商务印书馆,2020年版。

王亚南:《中国官僚政治研究》,中国社会科学出版社,1981年版。

王振先:《中国占代法理学》,山西人民出版社,2015年版。

闻一:《俄罗斯通史(1917—1991)》,上海社会科学院出版社,2013年版。

魏磊杰、张建文主编:《俄罗斯联邦民法典的过去、现在及其未来》,中国政法大学出版社,2012年版。

王海洲:《政治仪式:权力生产和再生产的政治文化分析》,江苏人民出版社,2016年版。

吴大英、刘瀚等:《中国社会主义立法问题》,群众出版社,1984年版。

吴大英、任允正、李林:《比较立法制度》,群众出版社,1992年版。

吴宗慈:《中华民国宪法史》,于明、王捷、孔晶点校,法律出版社,2013年版。

杨鹤皋:《宋元明清法律思想研究》,北京大学出版社,2001年版。

杨国桢、陈支平:《明史新编》,昭明出版社,1999年版。

杨敏华:《"中华民国宪法"释论》,台湾五南图书出版股份有限公司,2004年版。

杨一凡编:《中国古代法律形式研究》,社会科学文献出版社,2011年版。

易有禄:《正当立法程序研究》,中国社会科学出版社,2009年版。

杨鸿烈:《中国法律思想史》,商务印书馆,2020年版。

易有禄:《各国议会立法程序比较》,知识产权出版社,2009年版。

余定宇:《寻找法律的印迹—从古埃及到美利坚》,法律出版社,2004年版。

向佐群:《政府信息公开制度研究》,知识产权出版社,2007年版。

谢瑞智:《"中华民国宪法"》(增修版),台湾商务印书馆,2011年版。

谢金文:《新闻学三维新论》,上海交通大学出版社,2016年版。

徐晓光:《藏族法制史研究》,法律出版社,2001年版。

徐公喜主编:《理学家法律思想研究》,吉林人民出版社,2006年版。

徐燕斌:《中国古代法律传播史稿》,中国社会科学出版社,2019年版。

徐忠明、杜金:《传播与阅读:明清法律知识史》,北京大学出版社,2012年版。

臧嵘:《中国古代驿站与驿传》,商务印书馆,1997年版。

赵金康:《南京国民政府法制理论设计及其运作》,人民出版社,2006年版。

张秀民:《张秀民印刷史论文集》,印刷工业出版社,1988年版。

张秀民:《中国印刷史》,上海人民出版社,1989年版。

张寿民:《俄罗斯法律发达史》,商务出版社,2000年版。

张恒山主编:《外国法学名著精要》,中国法制出版社,2019年版。

朱景文主编:《中国人民大学中国法律发展报告.2018:2015—2017年中国法治满意度评估》,中国人民大学出版社,2018年版。

朱景文主编:《中国人民大学中国法律发展报告.2020:中国法治评估的理论、方法和实践》,中国人民大学出版社,2020年版。

（3）工具书

辞海编辑委员会编纂：《辞海2(彩图珍藏本)》，上海辞书出版社，1999年版。

《韩非子》，高华平、王齐洲、张三夕译注，中华书局，2010年版。

姜士林、鲁仁、刘政等主编：《世界宪法全书》，青岛出版社，1997年版。

李惠国主编：《社会科学新方法大系》，重庆出版社，1995年版。

全国人大常委会法制工作委员会宪法室编：《中华人民共和国制宪修宪重要文献资料选编》，中国民主法制出版社，2021年版。

北京大学法学百科全书编委会，饶鑫贤等主编：《北京大学法学百科全书：中国法律思想史·中国法制史·外国法律思想史·外国法制史》，北京大学出版社，2000年版。

孙国华主编：《中华法学大辞典·法理学卷》，中国检察出版社，1997年版。

《世界各国宪法》编辑委员会编译：《世界各国宪法》，中国检察出版社，2012年版。

司法院大法官书记处编辑：《德国联邦宪法法院裁判选辑（十一）》，"司法院"，2004年版。

司法部编：《新编中华人民共和国常用法律法规全书(2021年版)》，中国法制出版社，2020年版。

汪翰章主编：《法律大辞典》，陈颐点校，上海人民出版社，2014年版。

夏新华、胡旭晟整理：《近代中国宪政历程·史料荟萃》，中国政法大学出版社，2004年版。

夏征农、陈至立主编，曹建明、何勤华编著：《大辞海·法学卷（修订版）》，上海辞书出版社，2015年版。

北京大学法学百科全书编委会，肖蔚云、姜明安主编：《北京大学法学百科全书：宪法学·行政法学》，北京大学出版社，1999年版。

章开沅主编：《辛亥革命辞典》，武汉出版社，2011年版。

郑竞毅、彭时编著：《法律大辞书补编》，法律出版社，2012年版。

北京大学法学百科全书编委会编，周旺生、朱苏力分册主编：《北京大学法学百科全书：法理学·立法学·法律社会学》，北京大学出版社，2010

年版。

朱福惠、王建学主编:《世界各国宪法文本汇编·亚洲卷》,厦门大学出版社,2012年版。

（4）译著

中共中央马克思恩格斯列宁斯大林著作编译局编译:《马克思恩格斯全集(中文第2版)》第三卷,人民出版社,2002年版。

〔美〕阿克塞尔罗德:《美国总统制》,王佳馨译,经济科学出版社,2013年版。

〔古希腊〕柏拉图:《法篇》,王晓朝译,人民出版社,2021年版。

〔美〕博西格诺等:《法律之门》,邓子滨译,华夏出版社,2002年版。

〔美〕尼尔·波兹曼:《娱乐至死》,章艳译,广西师范大学出版社,2004年版。

〔英〕威廉·布莱克斯通:《英国法释义(第一卷)》,游云庭、缪苗译,上海人民出版社,2006年版。

〔英〕吉米·边沁:《立法理论》,李贵方等译,中国人民公安大学出版社,2004年版。

〔英〕杰里米·边沁:《论一般法律》,毛国权译,上海三联书店,2013年版。

〔美〕哈罗德·伯尔曼:《信仰与秩序:法律与宗教的复合》,姚剑波译,中央编译出版社,2011年版。

〔美〕詹姆斯·亨利·布雷斯特德:《文明的征程》,李静新、周惠来译,江苏凤凰文艺出版社,2021年版。

〔美〕W. Friedmann:《法理学》,杨日然、耿云卿、苏永钦、焦与铠、陈适庸合译,司法周刊杂志社,1984年版。

〔美〕富勒:《法律的道德性》,郑戈译,商务印书馆,2005年版。

〔法〕费夫贺、〔法〕马尔坦:《印刷书的诞生》,李鸿志译,广西师范大学出版社,2006年版。

〔英〕约翰·菲尼斯:《自然法与自然权利》,董娇娇等译,中国政法大学出版社,2005年版。

[英]约翰·菲尼斯:《法哲学:〈菲尼斯文集〉. 第四卷》,尹超译,中国政法大学出版社,2017 年版。

[法]菲斯泰尔·德·古朗士《古代城市:希腊罗马宗教、法律及制度研究》,吴晓群译,上海人民出版社,2006 年版。

[英]弗里德利希·冯·哈耶克:《通往奴役之路》,王明毅等著,中国社会科学出版社,1997 年版。

[英]H. L. A. 哈特:《法律的概念》,张文显译,中国大百科全书出版社,1996 年版。

[英]爱德华·M. 哈里斯:《民主雅典的法治实践》,陈锐、尹亚军、钟文财译,浙江大学出版社,2021 年版。

[德]黑格尔:《法哲学原理》,范扬、张企泰译,商务印书馆,1961 年版。

[澳]迈克尔·黑德:《叶夫根尼·帕舒卡尼斯——一个批判性的再评价》,刘蔚铭译,法律出版社,2012 年版。

[德]Frijof Haft:《正义女神的天平——2000 年来的法历史教科书》,蔡震荣、郑善印、周庆东译,元照出版有限公司,2009 年版。

[日]矶谷幸次郎、[日]美浓部达吉:《〈法学通论〉与〈法之本质〉》,王国维等译,中国政法大学出版社,2006 年版。

[英]理查德·堪斯萨:《法律的未来——面临信息技术的挑战》,刘俊海等译, 法律出版社,2004 年版。

[英]弗雷德里克·G·凯尼恩:《古希腊罗马的图书与读者》,苏杰译,浙江大学出版社,2012 年版。

[英]罗杰·科特雷尔:《法律、文化与社会:社会理论镜像中的法律观念》,郭晓明译,北京大学出版社,2020 年版。

[美]克里斯蒂娜·L·孔兹等:《法律研究的程序》(原书第七版),赵保庆译,中国政法大学出版社,2012 年版。

[德]古斯塔夫·拉德布鲁赫:《法学导论》,米健译,中国百科大全书出版社,1997 年版。

[英]约瑟夫·拉兹:《法律的权威——关于法律与道德论文集》,朱峰译,法律出版社,2005 年版。

[法]卢梭:《社会契约论 一名:政治权利的原理》,何兆武译,商务印书馆,2003 年版。

[德]海因里希·罗门:《自然法的观念史和哲学》,姚中秋译,上海三联书店,2007 年版。

[德]沃尔夫冈·鲁茨欧:《德国政府与政治》,熊伟、王健译,北京大学出版社,2010 年版。

[法]让·皮埃尔·里乌、[法]让·弗朗索瓦·西里内利:《法国文化史(卷 1):中世纪》,杨剑译,华东师范大学出版社,2012 年版。

[英]亨利·萨姆奈·梅因:《古代法》,沈景一译,商务印书馆,1959 年版。

[俄]姆列钦:《勃列日涅夫时代》,王尊贤译,中共党史出版社,2013 年版。

[英]Ian Mcleod:《法理论的基础》,杨智杰译,韦伯文化国际出版有限公司,2005 年版。

[法]菲利浦·内莫:《民主与城邦的衰落—古希腊政治思想史讲稿》,张竝译,华东师范大学出版社,2011 年版。

[古希腊]普鲁塔克:《希腊罗马英豪列传》,席代岳译,安徽人民出版社,2012 年版。

[美]西奥多·齐奥科斯基:《正义之镜:法律危机的文学省思》,李晟译,北京大学出版社,2011 年版。

[英]阿尔弗雷德·E··齐默恩:《希腊共和国——公元前 5 世纪雅典的政治和经济》,龚萍、傅洁莹、阙怀未译,格致出版社、上海人民出版社,2011 年版。

[法]菲利普·热斯塔茨、[法]克里斯托弗·雅曼:《作为一种法律渊源的学说——法国法学的历程》,朱明哲译,中国政法大学出版社,2020 年版。

[日]穗积陈重:《法律进化论》,黄尊三等译,中国政法大学出版社,1997 年版。

[英]雷蒙德·瓦克斯:《法哲学:价值与事实》,谭宇生译,译林出版社,2013 年版。

[英]雷蒙德·瓦克斯:《法律》,殷源源译,译林出版社,2016 年版。

[英]彼得·沃森:《人类思想史:浪漫灵魂》,姜倩等译,中央编译出版社,2011 年版。

[澳]维拉曼特:《法律导引》,张智仁、周伟文译,上海人民出版社,2003 年版。

[美]斯科特·夏皮罗:《合法性》,郑玉双、刘叶深译,中国法制出版社,2016 年版。

[俄]伊·亚·伊林:《法律意识的实质》,徐晓晴译,清华大学出版社,2005 年版。

[加]哈罗德·伊尼斯:《帝国与传播》,何道宽译,中国人民大学出版社,2003 年版。

[加]哈罗德·伊尼斯:《传播的偏向》,何道宽译,中国人民大学出版社,2003 年版。

[英]乔纳森·伊斯雷尔:《法国大革命思想史:从〈人的权利〉到罗伯斯庇尔的革命观念》,民主与建设出版社,2020 年版。

[古希腊]亚里士多德:《政治学》,吴寿彭译,商务印书馆,2009 年版。

[伊朗]志费尼:《世界征服者史(上册)》,何高济译,内蒙古人民出版社,1980 年版。

[美]周绍明:《书籍的社会史:中华帝国晚期的书籍与士人文化》,何朝晖译,北京大学出版社,2009 年版。

二、外文文献

1. 外文论文

Christopher Kutz, Secret Law and the Value of Publicity, *Ratio Juris*, Vol. 22, No. 6, (June, 2009), pp. 197 - 217.

Claire Grant, Promulgation and the law, *International Journal of Law in Context*, Vol. 2, No. 3, (Sep., 2006), pp. 321 - 331.

Claire Grant, Secret Law, *Ratio Juris*, Vol. 25, (Sep., 2012), pp. 301 - 317.

Curtis A. Bradley & Eric A. Posner，Presidential Signing Statement and Executive Power，*Constitutional Commentary*. Vol. 23，(July,2006)，pp. 307－364.

Meir Dan－Cohen，Decision Rules and Conduct Rules：On Acoustic Separation in Criminal Law，*Harvard Law Review*，Vol. 97，No. 3，(Jan.，1984)，pp. 625－677.

Gilbert·Bailey，The Promulgation of Law，*The American Political Science Review*，Vol. 35，No. 6，(Dec.，1941)，pp. 1059－1084.

Pablo E. Navarro，Promulgation and Derogation of Legal Rules，*Law and Philosophy*，Vol. 12，No. 4，(Nov.，1993)，pp. 385－394.

2. 外文著作

Dio Cassius. *Roman History*，Volume VII：Books 56—60，Earnest Cary(trans.)，London：William Heinemann Ltd,1924.

Csaba Varga，*Comparative Legal Cultures*，Aldershot：Dartmouth Publishing Company,1992.

Jeremy Bentham，*The Works of Jeremy Bentham*，vol. 1，New York：Russel & Russel Inc，1962.

Jules L. Coleman，*The Practice of Principle：In Defence of a Pragmatist Approach to Legal Theory*，New York：Oxford University Press，2001.

附　录

附录一　世界各国宪法关于法律公布的相关条文

本部分共收录 192 个国家(其中包括 46 个亚洲国家、43 个欧洲国家、54 个非洲国家、35 个美洲国家以及 14 个大洋洲国家)宪法中关于法律公布的相关条文。除特别标注外,相关译文主要参考《世界各国宪法》编辑委员会编译的 4 卷本《世界各国宪法》(中国检察出版社 2012 年版)。

一、亚洲

1. 中国

《中华人民共和国宪法》

第八十条　中华人民共和国主席根据全国人民代表大会的决定和全国人民代表大会常务委员会的决定,公布法律,任免国务院总理、副总理、国务委员、各部部长、各委员会主任、审计长、秘书长,授予国家的勋章和荣誉称号,发布特赦令,宣布进入紧急状态,宣布战争状态,发布动员令。

2. 阿富汗①

《阿富汗伊斯兰共和国宪法》

第 64 条

总统的权力和义务如下:

---

① 2021 年 8 月 15 日,塔利班武装时隔 20 年再次占领阿富汗首都喀布尔,宣布成立"阿富汗伊斯兰酋长国"。但并未启动全新的制宪程序,只得暂时执行阿富汗末代国王查希尔时期的 1964 年宪法,也尚未获得国际承认。本书在此参考的仍是该国 2004 年的宪法文本。

16. 签署法律和立法法令；

第 94 条

法律是指经国会两院批准、总统签署的文件,本宪法另有规定的除外。

总统如果不同意国会所通过的议案,可在收到议案之日起 15 日内以适当的理由退回。

如果期间届满或下院再次以 2/3 的绝对多数通过该议案,则该议案视同总统已经签署,即刻生效。

3. 阿曼

《阿曼苏丹国国家基本法》

第 42 条　苏丹行使如下职责：

11. 颁布和批准法律；

第 58—35 条　政府制定的法律草案应提交阿曼委员会以通过或修订,然后直接提交苏丹以颁布。对于阿曼委员会对法律草案的修订,苏丹有权将其返还至阿曼委员会以对其重新审议,然后再次提交苏丹。

第 74 条　法律应在颁布之日起的两周内在官方公报发布,未另外注明日期的,则在发布之日起执行。

4. 阿塞拜疆

《阿塞拜疆共和国宪法》

第 97 条　将法律提交签署的期限

1. 在法律通过之日起 14 日内,应当将法律提交阿塞拜疆共和国总统签署。

2. 被宣布为紧急法律草案的法律草案,应当在法律草案通过之日起 24 小时内提交给阿塞拜疆共和国总统签署。

第 98 条　阿塞拜疆共和国议会文件的生效

阿塞拜疆共和国议会文件的生效法律和阿塞拜疆共和国议会的决议自公布之日起生效。但是,法律和阿塞拜疆共和国议会的决议本身另有规定的除外。

第 109 条　阿塞拜疆共和国总统的权限

阿塞拜疆共和国总统有权：

（19）签署和颁布法律；

第 110 条　法律的签署

1. 阿塞拜疆共和国总统应当在法律提交之日起 56 日内签署法律。如果阿塞拜疆共和国总统对法律持有异议，则他可以不签署法律，并在上述期限内将法律连同其反对意见一并退回给阿塞拜疆共和国议会。

2. 如果阿塞拜疆共和国总统不签署宪法性法律，则它们不能生效。如果阿塞拜疆共和国议会重新以 95 票多数通过原来以 83 票多数通过的法律，以 83 票多数通过原来以 63 票多数通过的法律，则上述法律在再次表决后生效。

5. 阿联酋

《阿拉伯联合酋长国宪法》

第 54 条　联邦元首行使以下权力：

4. 经最高酋长院批准后，签署和颁布实施联邦法律、法令和决议；

第 110 条

根据本章和本宪法其他相关条款的规定，出台联邦法律。

经过以下程序后，法案成为法律：

1. 内阁议会准备一项法案，并将它提交给联邦国民议会；

2. 内阁议会将法案提交给联邦元首批准；

3. 交给最高酋长院通过；

4. 在最高酋长院通过后，联邦元首签署和出台法律。

本款中的"法案"，指由内阁议会提交给联邦元首的草案，其中包括由联邦国民议会起草的修正案。

如果需要颁布联邦法律，而国民议会正在休会，联邦内阁议会可以通过最高酋长院和联邦元首签署它们，但必须在第一次会议中告知联邦议会。

第 111 条　法律被最高酋长院批准后，自其经联邦元首签署之日起最迟两周内应在政府公报上予以公布。

自该法公布于政府公报之日起一个月内该法生效实施，但另行规定生效日期的除外。

6. 巴基斯坦

《巴基斯坦伊斯兰共和国宪法》

［第 75 条总统对议案的同意］

第 1 款　当议案呈递总统同意时,总统应在［10］日内,第 1 项同意议案;或第 2 项如果该议案不是财政议案,将连同其要求重新考虑该议案或其具体规定,并附带修改意见的咨文返回顾问委员会(议会)。

第 2 款　总统将议案返回顾问委员会(议会)后,顾问委员会(议会)联席会议应重新考虑议案,如果顾问委员会(议会)经两院多数成员到场投票后再次通过,无论是否修改,都被视为两院为了宪法的目的通过该议案并呈递给总统,总统必须在 10 日内批准法案,未能及时批准的视为已经批准。

第 3 款　总统批准［或视为批准］议案后,议案成为法律,称为顾问委员会(议会)法案。

第 4 款　顾问委员会(议会)法案或这些法案中的规定,不会只因为法案没有根据宪法,并未能满足宪法上要求的那些建议、事先准许或同意而变得无效。

7. 巴林

《巴林王国宪法》

第 35 条

1. 国王享有提议修改宪法和创议立法的权利,负责批准和颁布法律。

2. 如果协商议会和众议院将法律上呈国王达六个月,国王未将法律返还两院重新审议,该法律即被视作已获得国王的批准并予以发布。

3. 在照顾到修宪特殊条款的同时,如果国王在上一款规定的期限内以附有说明理由的法令将法律草案返还给协商议会和众议院,要求其重新审议,则该审议须在本届会期或下届会期中完成。

4. 如果协商议会、众议院或国民议会中的任何一方的 2/3 议员仍然同意该草案,国王应批准该草案,并在第二次通过后一个月内发布该法律。

8. 不丹

《不丹王国宪法》

第 13 条　议案的通过

第 1 款　议会通过的议案需经国王同意后生效。

第 6 款　当另一议院也通过议案时,该议院应在通过该议案之日起 15 日内将议案提请国王同意。

第 7 款　当另一议院未通过议案时,该议院应将议案协同修正案或反对重新审议意见退回该议案原本产生的议院。如果该议案之后获得通过,应当在获得通过之日起 15 日内将议案提请国王同意。

第 8 款　当提交议案的议院拒绝处理来自另一议院的修正案或拒绝审议时,该议院应将议案提交国王,由国王命令议院重新审议并在联席会议上投票。

第 9 款　当另一议院在下一届议会结束时既不通过也不退回议案,该议案将视为通过,提交该议案的议院应在 15 日内将议案提请国王同意。

第 10 款　当国王不同意批准议案时,国王应将议案协同修正案或反对重新审议意见退回,并在联合大会针对该议案投票。

第 11 款　当在联席会议重新审议或通过议案时,议案应重新提请国王同意,据此该法案应获批准。

9. 朝鲜

《朝鲜民主主义人民共和国社会主义宪法》

第 97 条　最高人民会议发布法令和决议。

最高人民会议发布的法令和决议,须经出席会议代议员的过半数通过,以举手表决方式进行。

宪法的修改和补充,须经最高人民会议 2/3 以上代议员赞成。

10. 东帝汶

《东帝汶民主共和国宪法》

第 73 条　立法和决议的公开

1. 立法和决议应当由主权机构在其官方公报上公开。

2. 上述第 1 款明确规定的立法和决议或主权机构与地方政府作出的具有普遍性的决定不公开则无效。

3. 其他立法和决议的公开形式以及不公开的后果由法律决定。

11. 菲律宾

《菲律宾共和国 1987 年宪法》

第 6 条　立法机关

第 27 款　(1)国会所通过的各项法案在成为法律之前,应呈总统。若总统批准,则应予签署;反之,则应予否决并将原法案连同其反对理由退回提出该法案的议院,其应将反对理由如实记入议事记录并着手重新审议该法案。若经重新审议后,该议院以其全体议员的 2/3 以上多数批准通过原法案,则应将该法案连同总统的反对理由移送另一院,另一院应以同样的方式重新审议;若另一院也以其全体议员的 2/3 以上多数通过原法案,则该法案立即成为法律。在此情形下,各议院的表决以赞成票或反对票为之,并应将投赞成票或投反对票的议员的姓名记入议事记录。总统应在法案送达之日起 30 日内告知提出该法案的议院其否决了该项法案,否则,则视同该法案已经总统签署而成为法律。

(2) 总统对所有拨款、税收或关税法案的具体项目享有否决权,但是,该否决权不得影响其未反对的项目。

12. 格鲁吉亚

《格鲁吉亚宪法》

第 68 条

1. 由议会通过的法律草案,应当在 7 日内送达格鲁吉亚总统。

2. 总统应当在 10 日内签署并公布法律,或者将法律草案连同阐明理由的反对意见一并退还给议会。

3. 如果总统将法律草案退还议会,则议会应当将总统的意见付诸表决。为通过此类法律草案,应当具备本宪法第 66 条规定的法定票数。如果总统的反对意见被通过,则应当将法律草案的最终文本送达总统,后者应当在 7 日内签署并公布法律。

4. 如果议会没有采纳总统的建议,则应当将法律草案的最初文本付诸表决。如果议会以其全体代表的 3/5 多数投票赞成法律或组织法,则该法律或组织法被视为通过。如果议会以其全体代表的 2/3 多数投票赞成本宪法的修正案,则该宪法修正案被视为通过。

5. 如果总统在法定期限内未公布法律,则议会议长可以签署并公布该法律。

6. 法律在官方出版物公布之时起的第 15 日生效。但是,法律规定了其他期限的情况除外。

13. 哈萨克斯坦

《哈萨克斯坦共和国宪法》①

第 44 条　哈萨克斯坦共和国总统:

(2) 确定共和国议会及两院的例行选举和非例行选举;召集议会的第一次会议,并接受议会代表向哈萨克斯坦人民的宣誓;召集议会的非例行会议;在 1 个月的期限内签署议会参议院呈送的法律,颁布法律,或者将法律或法律的个别条款退回议会进行重新审议和表决;

第 62 条

1. 议会以哈萨克斯坦共和国法律、议会决议、参议院和议会下院决议的形式通过的法律文件,在共和国全境都具有约束力。

2. 共和国的法律在共和国总统签署后生效。

8. 共和国法律文件和其他规范性法律文件的制定、提交、审议、公布和付诸实施的程序,由专门法律、议会及其两院的议事规章予以规定。

第 72 条

1. 宪法委员会根据哈萨克斯坦共和国总统、参议院议长、议会下院议长、议会 1/5 的代表、总理的请求:

(2) 在总统签署议会通过的法律之前,审议法律是否符合共和国宪法;

14. 吉尔吉斯斯坦

《吉尔吉斯共和国宪法》

第 64 条

2. 总统:

(1) 签署和公布法律;将法律连同其反对意见一并退回议会;

---

① 《哈萨克斯坦宪法》自 1995 年制定以来屡经修改,特别是 2022 年 6 月在全民公决投票中以 77.18% 的支持率通过的最新宪法修正案,据称又对现行宪法三十多处内容予以补充修订,凸显出该国在政治体制上的复杂变迁。本书在此参考的乃是该国 2007 年的宪法文本。

第 81 条

1. 由议会通过的法律，应当在 14 日内送交总统签署。

2. 总统在收到法律之日起 1 个月内签署法律，或者将法律连同其反对意见一并退回议会以进行重新审议。关于共和国预算的法律、关于税收的法律，总统必须签署。

3. 如果在重新审议时未加任何修改的宪法性法律文本或法律文本再次由议会以其全体代表的 2/3 多数通过，则总统应当自收到法律之日起 14 日内签署。总统在法律规定的期限内拒不签署再次获得通过的未加任何修改的宪法性法律文本或法律文本时，议会议长可以在 10 日内签署该法律，并予以公布。

第 82 条

法律自在机关正式出版物上正式公布之日起满 10 日期满后发生法律效力。但是，法律本身另有规定的情况，或者法律的生效程序法另有规定的情况除外。

15. 韩国

《大韩民国宪法》

第 53 条：

① 国会通过的法律案移送到政府 15 日内，由总统公布。

② 对法律案有异议时，总统可在第①款规定的期间内，附异议书退回国会要求重新审议。国会闭会期间按相同方式处理。

③ 总统不得要求重新审议法律案的一部分，或修改法律草案后要求重新审议。

④ 要求重新审议时，国会应再次审议。如议员过半数出席，且出席议员的 2/3 以上赞成维持原决议时，该法律案即确定为法律。

⑤ 总统在第①款规定的期间内未公布或未要求重新审议的，该法律案即确定为法律。

⑥ 总统应按第④款和第⑤款的规定，及时公布法律。按照第⑤款确定为法律后，或按第④款确定为法律并提交政府后，总统在 5 日内未予公布的，该法律由国会议长公布。

⑦ 除特殊规定外,法律自公布之日起 20 日后生效。

16. 柬埔寨

《柬埔寨王国宪法》

第 28 条(新,1999 年 3 月修正)

国王应签署公布宪法的法律、众议院通过的法律和参议院审查的法律以及签署由内阁提出的王室命令。

在国王身患严重疾病需到国外治疗的情形下,国王有权通过委托令将签署上述法律和王室命令的权力委托给代行国家元首之职者。

第 93 条(新,1999 年 3 月修正)

由众议院批准的、参议院最终审查的、国王签署公布的法律应当在其签署 10 日内在金边发生法律效力,在签署 20 日内在全国生效。

紧急法律自公布之日起即在全国生效。

国王签署公布的法律应当在官方报刊上刊登,并向全国人民宣布。

17. 卡塔尔

《卡塔尔国永久宪法》

第 67 条

埃米尔行使以下职权:

2. 批准并颁布法律。非经埃米尔批准,不得颁布法律;

第 106 条

所有法律草案由协商议会通过并上呈埃米尔批准。

如果埃米尔不批准法律草案,则在上呈埃米尔后的 3 个月内以不批准为由返还议会。如果法律草案在上一条所规定的期限内返还给议会后,协商议会仍然以议会议员的 2/3 多数同意该草案,埃米尔则应批准并颁布该法律草案。埃米尔可以在必要的时候为实现国家最高利益下令终止该法律的有效性。如果草案没有获得 2/3 多数的同意,则不能在该会期中重新审议。

第 142 条

法律经批准后发布,颁布后两周内公布于官方公报,自发布之日起一个月后生效,除非法律对生效日期另有规定。

18. 科威特

《科威特国宪法》

第65条

埃米尔享有法律的建议权、批准权和颁布权。

法律的颁布应在国民议会将法律上呈埃米尔后30日内进行。紧急情况下,该期限减至7日。法律紧急性质的确定由议会的多数议员决定。

法定假期不计入法律的颁布期限中。

如果超过规定的颁布期限而国家元首没有要求对其重新进行审议,该法律则被认为已批准并颁布。

第66条

要求重新审议法律草案应以说明了原因的法令提出。如果第二次国民议会以2/3的议员通过该草案,埃米尔则批准该草案并在草案提交给他后的30日内颁布该法律。如果没有以2/3议员通过,则禁止在同一会期中再次审议该草案。如果在另一次会期中多数议员再次通过该草案,埃米尔须予以批准并在提交给他后的30日内予以颁布。

19. 老挝

《老挝人民民主共和国宪法》

第60条 国会批准的法律,在批准之日起30日内由国家主席公布。国家主席有权要求国会在此期间重新审议法律。如果国会在重新审议后确认批准的法律,国家主席应在15日内公布法律。

第67条(新)

国家主席行使下列职权:

1. 公布国会批准的宪法和法律;

20. 黎巴嫩

《黎巴嫩共和国宪法》

第56条(根据1927年10月17日颁布的宪法性法律和1990年9月21日颁布的宪法性法律修正)

共和国总统在已获得最终同意的法律移交政府后的一个月内颁布该法律并要求予以公布。议会认为须紧急颁布的法令,共和国总统应在5日内颁布并提出公布法令的要求。

共和国总统颁布法令并提出公布法令的要求。共和国总统有权就议会采纳的任何决议在议会递交总统的 15 日内要求内阁重新审议该决议。如果内阁坚持该被采纳的决议,或逾期未颁布法令或重新审议法令,则认为该决议或法令具有法律效力并应予以公布。

第 57 条(根据 1927 年 10 月 17 日颁布的宪法性法律和 1990 年 9 月 21 日颁布的宪法性法律修正)

通报内阁后,共和国总统仅有一次在颁布法律的规定期限内要求重新审议法律的权力。总统的上述要求不得被拒绝。当总统行使该权力时,应停止颁布该法律直到再次审议该法律并由议会全体合法议员的绝对多数通过该法律。

如果逾期未颁布该法律或重新审议该法律,则该法律具有法律效力并应予以公布。

第 58 条(根据 1927 年 10 月 17 日颁布的宪法性法律和 1990 年 9 月 21 日颁布的宪法性法律修正)

对于送交的法令,由内阁同意,政府决定须紧急审议的法律草案可以在将其提交议会 40 日后并且在将其加入一般会议的工作日程并当众宣读后而未被议会通过时,共和国总统可以在得到内阁的同意后颁布该法令使之生效。

21. 马尔代夫

《马尔代夫共和国宪法》

第 61 条　法律与法规的公布

第 1 款　一切要求公民与政府政策遵守的法律、法规、政府命令,应当予以公布并提供给公众。

第 2 款　没有人可被施以任何刑罚,除非根据已公之于众并规定了犯罪及其相应刑罚的法规或在法规授权下制定的规章,否则任何人不得被施以刑罚。

第 3 款　一切关于政府决策与行动的信息应当公开,由人民议会通过的法律宣布为国家秘密的信息除外。

第4款　每位公民享有获得由政府持有的关于他的一切信息的权利。

第91条　总统的同意或退回重新审议

第1款　人民议会通过的每一项议案应当自其通过之日起7日内提交总统批准同意,总统应当在收到之日后15日内,同意该项议案或退回该项议案重新审议,或提出修改建议。

第2款　退回人民议会重新审议的议案若在重新审议后,以人民议会全体议员过半数无修改地通过,应当由总统批准同意,并公布于政府公报。

第3款　未被退回重新审议或修改的议案,或总统在指定时间内同意的议案,应当视为已经总统同意并应当在政府公报上公布。

第92条　法律在政府公报上的公布

人民议会通过的议案经总统同意,应当成为法律。经总统同意的法案应当在同意之日公布于政府公报。此类法律应当在其公布于政府公报时,或在其公布后法规规定的某日生效。

22. 马来西亚

《马来西亚联邦宪法》

第66条　立法权的行使

(1) 国会制定法律的权力应由两院同时通过(在第68条规定的情况下,由众议院通过),并由最高元首核准,本条另有规定的除外。

(2) 除第67条另有规定外,两院均可提出法案。

(3) 当一院通过其动议的法案后应当将其提交另一院;当另一院通过或者两院就法案的任何修正达成协议后,或者按照第68条的规定应予呈请时,则应当呈请最高元首核准。

(4) 最高元首应当在提请呈请之日起30日内核准法案,并加盖国玺。

(4A) 如果最高元首在第(4)款规定的时间内未予核准,该法案在该款规定的时间届满后即成为法律。

(4B)(已废除)

(5) 法案经最高元首核准或者根据第(4A)款的规定而成为法律,但未经公布不得生效,此规定不影响国会推迟法律实施的权力或者制定具有追溯效果之法律的权力。

（6）如果联邦政府提出保证，除按照该保证外，不将与该保证有关的法案呈递最高元首核准，则本条和第 68 条的规定不影响确认该保证的法律的效力。

23. 蒙古

《蒙古国宪法》

第 26 条

1. 总统、国家大呼拉尔委员和政府享有法律提案权。

2. 公民和其他组织有权向法律提案人提出其对法律草案的意见。

3. 蒙古国法律由国家大呼拉尔正式颁布，除非明文规定，自颁布之日起 10 日后生效。

第 33 条

1. 总统行使下列职权：

（1）对国家大呼拉尔通过的法律和其他决议的全部或部分条款予以否决。经国家大呼拉尔讨论，如 2/3 的出席委员未接受总统否决，则该法律、决议仍为有效；

24. 孟加拉国

《孟加拉人民共和国宪法》

第 80 条　立法程序

（1）议会关于创制法律的提议，一律以法案的形式提出。

（2）法案由议会表决通过后呈报总统批准。

（3）总统在收到法案后 15 日内应当批准。对于非财政法案之外的法案，总统可以将其退回议会重新讨论，并附上其对法案修正的意见通知。如果总统未在上述期限内作出如上行为，视为批准法案。

（4）如果总统将法案退回议会讨论，议会在讨论时应当考虑总统给予的修正意见。如果法案在修改或没有修改的情况下通过，并上呈总统批准，总统应在收到之日起 7 日内批准。如果总统未在上述期限内作出如上行为，视为批准法案。

（5）法案一旦得到总统批准或视为批准，即成为法律，称之为议会法令。

25. 缅甸

《缅甸联邦共和国宪法》不仅在第四章"立法机关"中专设"法律的公布"一节,与之相关的规定还包括:

第105条

(1) 总统应在收到文本之日起14日内签署由联邦议会通过或视为通过的法案,以法律的形式予以公布。

(2) 在法定期限内,总统可将法案退回联邦议会并附上自己的意见。

(3) 若总统未在法定期限内将法案及其签字和意见退回联邦议会,或总统未签字公布,法定期限届满时,该法案视为已被总统签署而发生法律效力。

第106条

(1) 若总统在法定期限内将法案与其意见一起退回联邦议会,在讨论总统意见之后,联邦议会可以接受其意见并表决修改法案,也可以不接受总统的意见而表决通过法案。

(2) 根据总统意见修改后的法案或没有接受总统的意见而维持原样的法案经议会表决后再次被送到总统处时,总统应在收到法案之日起7日内签署并以法律形式公布。

(3) 若总统未在法定期限内签署被联邦议会送回的法案,法定期限届满时该法案将被视为已被总统签署并成为法律。

由总统签署的法律或视为被签署的法律应在政府公报上公布。若无相反规定,该法律自公布之日起产生效力。

第107条

由总统签署的法律或视为被签署的法律应在政府公报上公布。若无相反规定,该法律自公布之日起产生效力。

第214条

总统应依宪法规定处理及签署由联邦议会制定和通过的法律。上述已签署的法律必须在政府公报上公布。

26. 尼泊尔

《尼泊尔临时宪法2063(2007)》

第 87 条　议案的签署

议会通过的议案,应经总统签署后成为法律。

但是,在总统选举产生并履行职责之前,由议长签署议案。

27. 日本

《日本国宪法》

第 7 条:为了国民,天皇根据内阁的建议与承认,行使下列有关国事的行为:

一、公布宪法修正案、法律、政令及条约。

第 74 条　法律及政令均由主管的国务大臣署名,并必须有内阁总理大臣的联署。

28. 沙特阿拉伯

《沙特阿拉伯王国治国基本法》

第 55 条　国王根据伊斯兰教法施行合法的国家政策,监督实施伊斯兰教法和国家法律,保护和捍卫国家。

第 71 条　法律应公布在官方公报上,并于公布之日起生效,但另行规定日期的除外。

29. 斯里兰卡

《斯里兰卡民主社会主义共和国宪法》

第 23 条　立法语言

(1) 所有法律和附属立法应以僧伽罗语和泰米尔语发布,并附英文翻译。

在法律制定阶段,如果有文本间内容不一致的,由国会确定以何种文本为准。

对于已颁布、认可或制定的所有其他成文法律及其文本内容,如果文本间内容不一致的,亦应由国会确定以何种文本为准。

(2) 依据成文法律而非由省议会或地方政府制定或发布的所有法令、公告、规章、细则和通告,应以僧伽罗语和泰米尔语在公报上发布,并附英文翻译。

第 78 条　法案的公布、通过和决议

(1) 任何一项法案在列入国会议事日程至少 7 日前应在公报上公布。

(2) 法案的通过或国会的决议应当符合宪法和国会议事规则。国会在议事规则规定的情形下,以议事规则规定的方式,可中止某项议事规则。

第79条　议长的证明书

议长对国会通过的每项法案依下列格式签署证明书:"本法案(标明法案的简称)已由国会正式通过。"

该证明书需要注明法案通过时获得的票数比例。

如果根据第83条、第84条或第123条第(2)款的规定,该法案需要获得特别多数票通过,议长应当证明该法案确实以特别多数票通过。

如果根据第83条的规定,法案或任何规定需要全民公决通过,该证明书需要进一步证明该法案或该规定在获得全民公决通过前未成为正式法律。

第80条　法案成为法律

(1) 除本条第(2)款规定的情形外,当议长签署证明书后,由国会通过的法案即为法律。

(2) 如果内阁决定将法案或规定交付全民公决获得批准,或最高法院认为法案或规定需要交付全民公决,或法案根据第85条第(2)款的规定有必要进行全民公决,该法案或规定必须依照第85条第(3)款的规定提交全民公决通过,并由总统确认法案或规定已获批准。总统对全民公决通过的每项法案依下列格式签署证明书:

"本法案/规定已[由全民公决正式通过。"

总统在下列情况下无须对法案签署证明书:

(a) 依据相关法律的规定,提出申请的期限届满,无人提交申请质疑全民公决的有效性;

(b) 有人提交申请质疑全民公决的有效性,而最高法院经审查认为该全民公决有效。]

每份该证明书均具有最终性和决定性,并不受任何法院的质疑。

(3) 由总统或议长签署的法案成为法律后,任何法院或法庭均不得基于任何理由质询、评判或以任何方式对其有效性提出质疑。

30. 塔吉克斯坦

《塔吉克斯坦共和国宪法》

第62条　法律应当送达塔吉克斯坦共和国总统签署和公布。如果总统不同意该法律或者法律的部分条款,那么总统应当在 15 日内将法律连同自己的反对意见一并退回下议院。上议院和下议院应当依照本宪法规定的程序,重新审议该法律。如果在重新审议时,上议院和下议院分别以其全体成员或代表的 3/4 多数再次投票赞成未加任何修改的原法律,总统应当在 10日内签署和公布该法律。

在审议总统退回的以前由下议院以 2/3 多数通过的法律时,上议院和下议院可以以其全体成员和代表的 2/3 多数重新赞成该法律。

如果总统退回宪法性法律,下议院和上议院应当依照本宪法规定的程序,重新审议该法律。如果在重新审议时,下议院和上议院分别以其全体成员和代表的 3/4 多数投票赞成未加任何修改的原宪法性法律,那么总统应当在 10 日内签署和公布该宪法性法律。

第 69 条　总统的权限包括:

15. 签署法律;

31. 泰国

《泰王国宪法》

第 90 条　基本法法案或一般法案只有经国会建议,并经国会同意才能制定为法律;国王签署或视同签署后,应在政府公报公布才能生效。

第 150 条　法案经国会通过后,总理应在收到国会提交的法案 20 日之内,呈送国王御签,法案在政府公报公布后生效。

第 151 条　国王拒绝同意呈送的法案并将其退回国会,或国王在 90 日内未予答复,国会须重新审议该法案。如果国会以两院现任议员总数的 2/3以上投票通过该法案,总理应将该法案再次呈送国王。如果国王未签字且在 30 日内未予答复,则视为国王已御签,总理将该法案在政府公报公布。

32. 土耳其①

《1982 年土耳其共和国宪法》不仅在第三编"共和国的主要机关"第一章

---

① 2017 年 4 月 16 日土耳其举行修宪公投并获得通过。根据 18 项相关的宪法修正条款,由此将土耳其共和国政体从议会制改为总统制(并在 2019 年总统选举和议会选举后正式实施),并直接对与法律公布相关的第 89、104 条内容规定加以补充与修正。本书在参考 2012 年翻译文本基础上,根据最新文本英文版加以修正。最新《土耳其共和国宪法》英译文参见:https://global. tbmm. gov. tr/docs/constitution_en_2019. pdf,2021 年 9 月 21 日访问。

"立法机关""二、土耳其大国民议会的职权"中专门设置"(三)共和国总统公布法律",还在宪法不同篇章的相关条款中做了以下规定：

第89条　共和国总统应当在15日内公布土耳其大国民议会通过的法律。

总统在上述期限内得将其认为不宜颁布的法律附理由退还土耳其大国民议会重议。土耳其大国民议会仅得讨论总统认为不适当的条文,但预算法不受此限。

如果土耳其大国民议会对退还重议的法律不作任何修改就以绝对多数予以通过,共和国总统应当公布法律；如果土耳其大国民议会对法律作了全新修改的,共和国总统可将已修改法律退还重议。

有关修改宪法的规定予以保留。

第104条

共和国总统是国家元首,应享有行政权。

共和国总统为国家元首,其以国家元首身份代表土耳其共和国和统一的土耳其民族,保障宪法的实施,保障各国家机关职能正常和谐地履行。

——公布法律。

——将法律退还土耳其大国民会议重议。

33. 土库曼斯坦

《土库曼斯坦宪法》

第53条

土库曼斯坦总统——

7. 签署法律,并有权在两周内动用否决权,将法律连同其反对意见一并退回议会,以便进行重新讨论和表决。如果议会以其全体代表的2/3多数重申他们原来通过的决议,那么土库曼斯坦总统应当签署法律。对于本宪法的修改和补充法,土库曼斯坦总统没有否决权。

34. 文莱

《文莱达鲁萨兰国宪法》

第45条　法律草案的批准生效

(1)立法院通过的法律草案只能以通过时的形式或附加苏丹认为合适

的修正案后成为法律。苏丹批准生效的,在该法律草案上签字并加盖国玺。

(2) 苏丹附加修正案的,无须再次发回立法院审议。

(3) 法律草案自苏丹批准之日起生效,法律另有规定的除外。

第46条　法律的形式和生效条款

法案是法律的成文形式。生效条款应为:"经立法院的一致同意并由苏丹批准生效。"

35. 乌兹别克斯坦

《乌兹别克斯坦共和国宪法》

第84条

法律经立法院通过、参议院赞成,由乌兹别克斯坦共和国总统签署并根据法律规定的程序在官方出版物上公布后,具有法律效力。

乌兹别克斯坦共和国议会立法院通过的法律,应当在通过之日起10日内送交乌兹别克斯坦共和国议会参议院审议。

经乌兹别克斯坦共和国议会参议院赞成的法律,应当在10日内送交乌兹别克斯坦共和国总统签署和公布。

乌兹别克斯坦共和国总统应当在30日内签署并公布法律。

被乌兹别克斯坦共和国议会参议院否决的法律,应当退回乌兹别克斯坦共和国议会立法院。

如果在重新审议被乌兹别克斯坦共和国议会参议院否决的法律时,立法院以其全体代表的2/3多数投票赞成该法律,那么该法律被视为由乌兹别克斯坦议会通过,并由立法院送交乌兹别克斯坦共和国总统签署和公布。

在乌兹别克斯坦共和国议会立法院通过的法律被乌兹别克斯坦共和国议会参议院否决后,立法院和参议院可以按照均等原则,由相同人数的立法院代表和参议院成员组成协商委员会以解决产生的分歧。在两院接受协商委员会的建议后,法律依照通常程序予以重新审议。

乌兹别克斯坦共和国总统有权将法律及其反对意见,一并退回乌兹别克斯坦共和国议会。

如果在重新审议时,未加任何修改的法律获得乌兹别克斯坦共和国议会立法院和参议院全体代表(或全体成员)各2/3多数的赞成票,乌兹别克斯坦共和国总统应当在 14 日内签署和公布该法律。

公布法律和其他的规范性文件,是适用法律和其他规范性文件的必备条件。

第 93 条

乌兹别克斯坦共和国总统——

17. 签署和公布乌兹别克斯坦共和国的法律;有权将法律连同自己的不同意见一并退回乌兹别克斯坦共和国议会重新审议和投票。

36. 新加坡

《新加坡共和国宪法》

第 58 条　立法权的行使

(1) 除第七编另有规定外,立法机关制定法律的权力,应以国会通过法案,并由总统加以核准的方式行使。

(2) 法案经总统核准后成为法律,自其在政府公报公布之日起施行,但如在该法律中或其他新加坡现行法中另行指定施行日期的,则自该指定的日期开始施行。

第 60 条　立法文字

送请总统同意后的法案应包含下列的立法文字:

"总统经新加坡国会的建议及同意,制定法律如下"。

37. 叙利亚

《阿拉伯叙利亚共和国宪法》

第 100 条

共和国总统颁布人民议会批准的法律。总统有权在法律提交总统后 1 个月内以载明否决原因的报告否决该法律;如果议会 2/3 的议员再次通过该法律,总统则必须颁布该法律。

第 147 条

最高宪法法院根据下列各项监督法律的合宪性:

(1) 根据下列各项审议法律的合宪并作出裁决:

(a) 如果在法律颁布前,共和国总统或 5 位人民议会议员反对该法律的合宪,则停止颁布该法律,直到法院在记录上述反对后 15 日内对其作出裁

决;在紧急情况下,法院则应在 7 日内作出裁决;

（c）如果法院裁决法律、立法法令或规章违背宪法,则将其中的违宪部分视为无效,并具有追溯力,不具备任何效力。

38. 亚美尼亚

《亚美尼亚共和国宪法》

第 6 条　共和国宪法具有最高法律效力,其规范也具有直接效力。

法律应当与本宪法相符合。其他法律文件应当与本宪法和法律相符合。

法律在《亚美尼亚共和国官方公报》上公布后生效。其他的规范性法律文件在依照法律规定的程序公布后生效。

国际条约只有在获得批准或确认后才能生效。已被批准的国际条约,是亚美尼亚共和国法律体系的组成部分。如果已被批准的国际条约规定了本国法律尚未规定的新规范,则应当适用这些新规范。

与本宪法相抵触的国际条约,不得予以批准。

规范性法律文件应当依据本宪法和法律的规定,并且为了保障本宪法和法律的实施予以通过。

第 55 条　共和国总统——

2. 在收到国民议会通过的法律后,在 21 日内签署和公布法律。

在上述期限内,共和国总统可以将法律连同其反对意见或建议一并退回国民议会,要求国民议会重新审议法律。共和国总统应当在 5 日内签署和公布国民议会重新通过的法律。

39. 也门

《也门共和国宪法》

第 102 条　共和国总统有权要求对国民议会通过的法律草案进行重新审议,此时,总统应在草案上呈总统后 30 日内将草案返还国民议会并附上说明理由的决议。如果总统未在上述期限内将草案返还国民议会或返还给国民议会但国民议会再次以全体议员的多数通过该草案,则将该草案视做法律,总统应在两周内予以颁布;如果未颁布,则根据宪法无须总统颁布而视做已颁布,应立即将该法律发布于官方公报,自发布之日起两周后生效。

第103条 所有法律发布于官方公报,并在颁布后两周内予以宣布,自发布之日起30日后生效。可以根据法律的特殊规定延长或缩短该期限。

第104条 法律条款只适用于其生效后发生的行为,不影响法律颁布以前的行为;但除赋税或刑法条款外,可以在得到2/3议员同意后在法律中作出不同规定。

第119条 共和国总统承担以下职责:

8. 颁布和发布国民议会通过的法律并颁布执行法律的决议;

40. 伊拉克

《伊拉克共和国宪法》

第73条

共和国总统行使以下职权:

第3项 自收到决议之日起15日内批准和发布议会制定的法律;

第128条

以人民的名义发布法律和司法判决。

第129条

法律在官方报纸上公布,在其发布之日起生效,除非另有规定。

41. 伊朗

《伊朗伊斯兰共和国宪法》

第123条 由议会通过或公民投票确定的立法,在法定程序完成并交给总统后,总统有义务加以签署,并应将之交由相关权责部门负责执行。

42. 以色列

《基本法:国家总统》

第11条 职务与权力

1. 总统应:

(1)签署除与其本身权力有关的所有法律。

43. 印度

《印度共和国宪法》

第111条 法案的批准

议会两院通过法案之后,应呈交总统,总统应宣告其赞成或者不赞成该法案。

但是,在该法案呈交其批准之时,如果其非财政法案,总统得将之退回并附咨文要求他们重新审议该法案或者其中的部分规定,特别是,应审议其咨文建议的修正案的必要性。当法案被如此退回之后,两院应据此审议该法案;如果两院再次通过未经修改的法案并将之呈交总统批准,则总统不得拒绝批准。

44. 印度尼西亚

《印度尼西亚共和国宪法》

第 20 条

(1) 国会有权制定法律。

(2) 法案应经国会和总统共同讨论达成一致意见。

(3) 法案无法达成一致意见的,该法案在本届国会任期中不得再行提出。

(4) 法案达成一致意见后由总统签署从而成为法律。

(5) 法案在达成一致意见后 30 日内,总统没有宣布为法律的,该法案自动成为法律。

45. 约旦

《约旦哈希姆王国宪法》

第 31 条　国王批准并颁布法律,下达命令制定执行法律的必要制度,但不得包括违背法律条款的内容。

第 93 条

1. 参众两院通过的所有法律草案均应上呈国王批准。

2. 国王颁布的法律自发表于官方公报后 30 日后生效,法律中有关于生效日期的其他特殊规定除外。

3. 如果国王认为不能批准某项法律,应在收到呈请后 6 个月内返回议会并附上不批准的理由。

4. 如果某项法律草案(宪法除外)在上一款规定的日期内返还议会,而参众两院再次以各院所有议员的 2/3 多数通过该草案,国王应颁布该法律;如果法律未在本条第 3 款规定的期限内批准并返还,则视作已获批准并生效。

5. 如果未实现 2/3 多数通过,则上述提及的草案不得在相同会期中被重新审议,但国民议会可以在下次常会中重新审议。

46. 越南

《越南社会主义共和国宪法》

第 88 条　法律和国会决议以国会全体代表的过半数通过,但第 7 条规定的取消国会代表资格、第 85 条规定的缩短或延长本届国会任期以及第 147 条规定的修改宪法必须经过全体代表的 2/3 以上多数通过。

法律和国会决议应当在通过后 15 日内公布。

第 92 条　国会主席主持国会会议,签署法律和国会决议,领导国会常务委员会的工作,组织处理国会的对外关系,与国会代表保持联系。

国会副主席根据主席的要求协助其履行职责。

第 103 条　国家主席行使以下职权:

(1) 公布宪法、法律、法令。

二、欧洲

1. 阿尔巴尼亚

《阿尔巴尼亚共和国宪法》

第 84 条

一、共和国总统,自收到已通过的法律之日起 20 日内予以颁布。

二、如果共和国总统未行使本条第一款与第 85 条第一款规定的权利,法律被视为已颁布。

三、法律在政府公报(Official Journal)上公布后经过不少于 15 日后生效。

四、在采取特别措施以及必要和紧急情况下,当议会以其全体议员过半数作出决定且共和国总统同意时,一项法律仅得在立即公开后生效。该法律必须被刊登在第一期政府公报上。

第 85 条

一、共和国总统仅有一次将法律退回审查的权利。

二、在议会全体议员过半数表决反对时,总统审查法律的法令失去效力。

2. 爱尔兰

《爱尔兰宪法》"法律的签署和颁布"

第 25 条

一、对于经议会两院通过或被视为已经议会两院通过的任何法案,除明确包含有修改宪法的提议的法案外,总理应依本条规定尽快呈请总统签署并颁布为法律。

二、(一) 除本宪法另有规定外,呈请总统签署并颁布为法律的每一法案应由总统在自法案呈请之日起算不少于 5 日且不多于 7 日的期限内签署。

(二) 在上述提及的呈请之日后 5 日内,总统依政府事先取得参议院同意的请求可签署该请求所指向的任何法案。

三、凡依本宪法第 24 条规定应限缩参议院审议时限的法案应由总统在该法案呈请其签署并颁布为法律的呈请之日起予以签署。

四、(一) 每一法案自总统依本宪法规定签署之日起即成为法律,且除非有相反的意思表示,法案自签署之日即予以实施。

(二) 总统依本宪法签署的每一法案应由其颁布为法律,总统应在爱尔兰官方公报(Iris Oifigiúil)上公告说明该法案经成为法律。

(三) 每一个法案应由总统在已经议会两院通过或被视为已经议会两院通过的文本上签署。若该法案经由两种官方语言通过或被视为通过,总统应签署每一种官方语言的法案文本。

(四) 当总统签署仅用一种官方语言签署法案文本时,应发布另一种官方语言的正式译文。

(五) 法案经签署并颁布为法律之后应由总统用每一种官方语言签署该法律文本,这两份被签署的文本均应送交最高法院登记处予以备案留存。经过备案的文本或两种文本即成为该法律条款的确定性证据。

(六)若依本款规定经由两种官方语言登记的法律文本发生冲突,应以母语文本为准。

五、(一) 总理认为必要时,在其监督下制作的当时生效的本宪法文本

（用两种官方语言），以及包括当时其所有修正案，均为合法。

（二）这样制作的每一文本的副本一经总理和大法官签字确认即应呈请总统签署并送交最高法院登记处备案。

（三）经过签署和备案的副本应是当时制作的最新文本，经过备案且自备案之日起，该副本即成为本宪法的确凿证据并因此取代此前备案的本宪法的所有副本。

（四）若依本款规定备案的本宪法的任何副本之间发生冲突，应以母语文本为准。

3. 爱沙尼亚

《爱沙尼亚共和国宪法》

第 78 条

共和国总统的职权包括：

6. 依照本宪法第 105 条和第 107 条的规定公布法律，并签署批准证书；

第 107 条

法律由共和国总统予以公布。

共和国总统可以不公布议会通过的法律，并在收到该法律后的 14 日内，将该法律连同自己说明理由的决定一并退回议会，以便重新讨论和通过决定。如果议会重新通过了被共和国总统退回的、未作任何修改的法律，那么共和国总统或者公布法律，或者诉诸国家法院，建议国家法院宣布该法律违宪。如果国家法院宣布该法律合宪，那么共和国总统应当公布该法律。

第 108 条

法律在《爱沙尼亚共和国公报》公布后的第 10 日生效。但是，法律本身另有规定的除外。

4. 安道尔

《安道尔公国宪法》

第 63 条　当法律由议会通过时，议长将其转交给两大公，其后两大公在 8 日至 15 日内批准和公布法律，并命令将其发表在《安道尔公国官方公报》中。

5. 奥地利

《奥地利联邦宪法》

第49条

一、联邦法律应由联邦总理在联邦法律公报上予以公布。除另有明文规定者外,上述法律应自其公布的次日起开始生效,效力及于全联邦。

二、依据第50条第一款规定批准的国家条约,应由联邦总理在联邦法律公报上予以公布。国民议院在批准第50条所述的国家条约时,得以决议规定以其他适当方式公布该条约或其中经特别指明的个别部分;国民议院的上述决议应由联邦总理在联邦法律公报上公布。依据第50条第一款规定批准的国家条约,除另有明文规定者外,应自其公布的次日起开始生效,效力及于全联邦,在第二句规定的情形中,则应在国民议院决议公布的次日起开始生效,效力及于全联邦;但本规定不适用于以颁布法律的形式来实施的国家条约(第50条第二款)。

三、联邦法律公报中的公告,以及依据本条第二款第二句规定所作的公告,必须对所有公众公开,并必须永远得以其公布的完整形式被查明。

四、有关联邦法律公报信息公开的细则,应由联邦法律予以规定。

第49条之一

一、对除本法之外的联邦法律,以及在联邦法律公报中公布的国家条约,联邦总理有权会同联邦主管部长在联邦法律公报中重申其现行有效的义本。

二、上述重申令可以:

(一)更正过时的术语,采纳新的正字法;

(二)对所援引的其他法律规定与现行立法不再相符的,以及其他不一致之处,加以修正;

(三)对被后来的法律规定废除,或已无规范对象的规定,作出不再有效的宣告;

(四)规定条款摘要或按字母顺序排列的条款摘要

(五)在删除或增加个别规定时相应地改变条、款、项等的名称,并相应地调整法律文本中援引有关条款的规定;

（六）整理过渡规定以及联邦法律（国家条约）仍应适用的早期文本，指明其效力范围。

三、除另有明文规定者外，重申的联邦法律（重申的国家条约）以及重申令中的其他命令，自重申令公布的次日起开始生效。

6. 白俄罗斯

《白俄罗斯共和国宪法》

第100条　任何法律草案应当首先由代表院审议，然后由共和国院审议。但是，本宪法另有规定的除外。

在代表院以其全体组成人员1/2以上多数通过，并由共和国院以其全体组成人员1/2以上多数表示赞成之后，法律草案便成为法律。但是，本宪法另有规定的除外。

由代表院通过的法律草案，得在5日内转交共和国院审议。共和国院的审议时间，不得超过20日。但是，本宪法另有规定的除外。

如果共和国院以全体组成人员的1/2以上多数投票赞成法律，或者共和国院在收到该法律之日起20日内（而在宣布审议的法律草案为紧急法案的情况下，是在收到该法律之日起10日内）未作审议，那么该法律被视为由共和国院赞成。在法律草案被共和国院否决的情况下，两院可以根据对等原则组成协商委员会以消除产生的分歧。协商委员会制定的法律草案文本，应当提交两院审议批准。

如果协商委员会未通过协商一致的法律草案文本，那么总统或者由总统授权的政府可以要求代表院作出最终决定。在代表院以全体组成人员2/3多数投票赞成法律的情况下，该法律被视为已由代表院通过。

由代表院通过并由共和国院表示赞成的法律，或者依照本条规定的程序由代表院通过的法律，得在10日内送交总统签署。如果总统同意法律文本，则签署该法律。如果总统在收到法律之后的两周内未予退回，那么该法律被视为已经签署。如果因例会已结束，而使总统不能返回法律文本，那么该法律不被视为签署，也不得发生法律效力。

在不同意法律文本的情况下，总统把法律文本连同自己的反对意见退回代表院。代表院应当在30日内审议附有总统反对意见的法律。如果代表院以其全体组成人员的 2/3 多数通过该法律,那么得在 5 日内将该法律连同总统的反对意见送交共和国院。共和国院应当在 20 日内重新审议该法律。如果共和国院以其全体组成人员的 2/3 多数赞同该法律,那么该法律被视为通过。在代表院和共和国院否决总统的反对意见后,总统得在 5 日内签署该法律。如果总统未在此期限内签署,该法律亦生效。

议会两院依照同样的程序,审议总统对发回重审的法律个别条款的反对意见。在这种情况下,在代表院和共和国院作出相应决议前,法律由总统签署并发生法律效力。但是,总统提出反对意见的条款除外。

第 104 条 代表院作出的决定,应以法律和决议的形式予以通过。而有关管理性的和监督性的问题,代表院应以决议的形式作出。

共和国院作出的决定,应以决议的形式予以通过。

只有在两院以其全体组成人员的 1/2 以上多数投票赞成本院作出的决定时,该决定才被视为通过。但是宪法另有规定的除外。

有关白俄罗斯共和国国内外政策基本方针的法律,有关白俄罗斯共和国军事学说的法律,都属于纲领性法律。在两院各以其全体组成人员的 2/3 多数投票赞成的情况下,上述纲领性法律才被视为通过。

法律应当在签署后立即公布,并在公布后的 10 日内生效。但是法律本身另有规定的除外。总统法令也依此程序公布和生效。

法律不具备溯及既往的效力。但是,法律减轻或者撤销公民责任的情况除外。

7. 保加利亚

《保加利亚共和国宪法》

第 88 条

一、议案应当通读并在不同会议上经两次投票通过。作为例外,国民议会可以决定两次投票在同一次会议上进行。

二、国民议会的所有其他法案应当经过一次投票通过。

三、已通过的法案应当在其通过后 15 日内在《国家公报(State Gazette)》上公布。

第 98 条

共和国总统应当：

（四）公布法律；

第 101 条

一、总统应当在第 88 条第三款规定的期限内,将议案与其理由退回国民议会进行进一步讨论,这一做法不得被拒绝。

二、上述议案的再次通过应当需要国民议会全体议员半数以上的多数票。

三、国民议会再次通过议案后,总统应当在收到议案后的 7 日内公布。

8. 比利时

《比利时联邦宪法》第 109 条

国王批准和公布法律。

9. 冰岛

《冰岛共和国宪法》

第 26 条　如果冰岛议会通过一项法案,该法案至迟应在其通过后 2 个星期内提请共和国总统批准,经总统批准赋予法案法律效力。如果总统否决了一项法案,该法案仍有效,但应尽快在情况许可时,提交由所有有选举权者举行无记名投票表决。如果该法案被否决,这项法律即为无效,反之则仍为有效。

第 27 条　所有的法律应当予以公布。法律公布和实施的形式应当依照法律规定。

10. 波兰

《波兰共和国宪法》

第 122 条

一、在第 121 条规定的程序完成后,众议院议长应将通过的法案提交共和国总统签署。

二、总统须在接到议案后的 21 日内签署,并在波兰共和国《法令报》(公报)上予以公布。

三、共和国总统在签署法案之前可以将其提交宪法法院就合宪性作出裁决。共和国总统不得拒绝签署由宪法法院裁决符合宪法的法案。

四、对于宪法法院裁决不符合宪法的法案,共和国总统拒绝签署。但是,如果只是法案的部分条款不符合宪法的内容,且宪法法院没有裁决这些条款是整部法案不可或缺的内容,共和国总统在征求众议院议长的意见后可以将不符合宪法的内容作为保留条款而签署法案或者将法案返回众议院以删除不符合宪法的内容。

五、如果共和国总统没有依照第三款的规定将法案提交宪法法院裁决,在说明理由的情况下,他可以要求众议院对法案进行重新审议。如果该法案被众议院以至少一半法定数量的众议员出席投票并以 3/5 多数票重新通过,共和国总统应在 7 日内签署并下令在《法令报》(公报)上公布。如果该法案被众议院重新通过,总统无权按照第三款规定的程序将法案提交宪法法院。

六、对于任何由共和国总统提交宪法法院进行合宪性审查或者申请重新审议的法案,第二款规定的签署时限暂停。

11. 波斯尼亚和黑塞哥维那

《波斯尼亚和黑塞哥维那宪法》

第 4 条　议会

议会设有两院:人民院和代表院。

3. 程序

(8) 议会的决定在公开发布前不生效。

4. 权力

议会对以下事项负责:

(1) 颁布需要履行主席团决议的立法或者履行本宪法规定的议会的职责。

12. 丹麦

《丹麦王国宪法》

第 22 条

如果丹麦议会通过的法案在通过之后不迟于 30 日得到御准,该法案将成为法律。法律由国王以命令方式公布并监督其实施。

13. 德国

《德意志联邦共和国基本法》

第82条

1. 根据本基本法颁布的各项法律，经副署后由联邦总统签署，并在联邦法律公报上予以公布。行政法规由颁布机关签署，除法律另有规定外，行政法规应在联邦法律公报上予以公布。

2. 各项法律和行政法规均应规定生效日期。未规定生效日期的，则其在联邦法律公报公布后的第14日起生效。

14. 俄罗斯

《俄罗斯联邦宪法》

第15条

3. 法律应予以正式公布。未经公布的法律不得予以适用。任何涉及人和公民权利、自由和义务的规范性法律文件，未经正式公布并未为公众所知的，不得予以适用。

第84条

俄罗斯联邦总统：

(5) 签署和公布联邦法律。

第107条

1. 国家杜马通过，并经联邦委员会赞成的联邦法律，应在5日内送交俄罗斯联邦总统签署和公布。

2. 俄罗斯联邦总统应在收到联邦法律之时起14日内，签署和公布联邦法律。

3. 如果俄罗斯联邦总统在收到联邦法律之时起14日内驳回该联邦法律，国家杜马和联邦委员会应依照俄罗斯联邦宪法规定的程序重新审议该法律。如果在重新审议时，联邦法律未加任何修改获得联邦委员会和国家杜马各自院全体代表2/3多数的赞成票，俄罗斯联邦总统应在7日内签署和公布该联邦法律①。

---

① 原译者注：依照《俄罗斯联邦宪法性法律、联邦法律、联邦会议两院文件公布和程序法》的规定，联邦法律应在俄罗斯联邦总统签署之日起7日内，由俄罗斯联邦总统送交《俄罗斯报》或《俄罗斯联邦立法汇编》正式公布。在正式公布之日起第10日，联邦法律在俄罗斯联邦全境同时生效。但是，联邦法律本身对生效日期另有规定的除外。详见《俄罗斯联邦宪法性法律、联邦法律、联邦会议两院文件公布和程序法》，载《俄罗斯联邦立法汇编》1994年第8期，第801页。

15. 法国

《法兰西共和国宪法》

第 10 条 共和国总统应于法律最终通过并送交政府后 15 日内公布法律。

总统得在上述期限内要求议会对该法律全部或部分条款进行重新审议,议会不得拒绝。

第 41 条 在立法过程中,如法律提案或修正案不属于立法范围或与宪法第 38 条规定的授权内容相抵触,则政府或相关议院议长得对此提出异议。

如政府和相关议院议长意见不一致,则宪法委员会得依任何一方的要求在 8 日内作出裁决。

16. 芬兰

《芬兰共和国宪法》

第 77 条 法律审批程序

议会通过的法律应呈交总统批准。总统应在法律呈递之日起 3 个月内决定是否予以批准。总统可以就该法律征求最高法院或最高行政法院的意见。

总统若不予批准,则法律退回议会再行审议。若议会对法律内容不加修改再次予以通过,则该法律不经批准即可生效。若议会再次审议未通过,该法律被视为无效。

第 78 条 未获批准法律的再审议程序

若总统在法定时间内未批准某法律,议会应立即重新审议。经专门委员会提出书面意见后,对法律内容不作修改,经议会全体会议一次审议以参与表决的议员多数通过或否决该法律。

第 79 条 法律的公布与生效

按照通过宪法的程序通过法律,应在法律中注明。

经过批准或无须批准即可生效的法律应由总统签署并由有关部长副署。内阁应立即在芬兰法典中公布该法律。

法律中应注明该法何时生效。出于特殊原因,可在法律中规定其生效时间由法令另行规定。若截至法定生效时间,法律仍未公布,则该法律自公布之日起生效。

法律以芬兰语和瑞典语制定并公布。

17. 荷兰

《荷兰王国宪法》

第 87 条

(1) 任何法案,一旦其经议会通过并由国王批准,即成为议会法令。

(2) 国王和议会应相互通报各自对任何法案的决定。

第 88 条　所有议会法令的公布与生效均由议会法令规定。在经公布之前,议会法令均不得生效。

18. 黑山

《黑山共和国宪法》

第 94 条　颁布法律

黑山总统应自法律通过之日起 7 日内公布法律,如果法律已以快速程序被通过则在 3 日之内公布,或者将法律发回议会进入新的决策程序。

黑山总统应公布再次通过的法律。

第 95 条　职责

黑山总统:

(三) 以法令的方式公布法律;

19. 捷克

《捷克共和国宪法》

第 50 条

一、共和国总统得在已通过的法律提交给他后 15 日内,将其退回复议并说明理由,但宪法性法律除外。

二、众议院应对退回的法律重新表决。不得提出修正案。如果众议院以全体议员的绝对多数票坚持通过被退回的法律,则应颁布该项法律。否则,该项法律视为被否决。

第 51 条

应由众议院主席、共和国总统和总理共同签署颁布已通过的法律。

第 52 条

一、法律须公布方得生效。

二、法律或国际协议的公布方式由法律规定。

20. 克罗地亚

《克罗地亚共和国宪法》

第 89 条

法律自在议会中被通过之日起 8 日内,由共和国总统颁布。

如果共和国总统认为颁布的法律不符合宪法,他可以在克罗地亚共和国宪法法院启动审查法律合宪性的诉讼程序。

第 90 条

法律法规和政府机构的规章生效之前,要在克罗地亚共和国的官方公报《机关报》上刊登。

被赋予公共权力的机构的法规和条例生效之前,应以公众易知悉的方式依法公布。

除因特别正当的理由由法律另作规定外,法律最早在公布之后第 8 日生效。

政府机构或被授予公共权力的机构所制定的法规规章不具有追溯效力。

只有法律的个别条款因有特别正当的理由才具有追溯效力。

21. 拉脱维亚

《拉脱维亚共和国宪法》

第 69 条

国家总统应当在法律通过后第 10 日至第 21 日期间,公布议会所通过的法律。法律在公布之日起的 14 日后生效。但是,法律另有规定的除外。

(2004 年 9 月 23 日所签署批准法律的文本)

第 70 条

国家总统以下述方式宣布已通过的法律:"议会(或者人民)通过的法律,并由国家总统公布下述法律:(法律文本)。"

第 71 条

在议会通过法律之日起的 10 日内,国家总统可以在给议会议长送达的说明理由的信件里,要求议会对法律进行重新审议。如果议会未对法律作出修改,总统不得再次否决该法律。

(2004 年 9 月 23 日所签署批准法律的文本)

第 72 条

总统有权在两个月内暂停公布法律。如果议会全体议员的 1/3 以上要求暂停公布法律,则总统必须暂停公布法律。在议会通过法律之日起的 10 日内,国家总统或 1/3 以上的议会议员可以行使暂停公布法律的权力。如果 1/10 的选民提出要求,则以上述方式被暂停公布的法律可以交付全民投票决定。如果在上述两个月内未提出此类要求,则法律应当在上述期限届满后予以公布。如果议会重新对该法律进行投票,并且议会全体议员的 3/4 以上多数投票赞成通过该法律,则不必举行全民投票。

(2004 年 9 月 23 日所签署批准法律的文本)

22. 立陶宛

《立陶宛共和国宪法》

第 70 条

议会通过的法律,在立陶宛共和国总统签署和正式公布后生效。但是,法律本身已规定生效日期的情况除外。

议会通过的其他文件和议会章程,由议会议长签署。上述文件于其公布后的第 2 日生效。但是,法律本身规定其他生效程序的除外。

第 71 条

共和国总统既可以在收到由议会通过的法律后的 10 日内签署并予以正式公布,也可以将该法律连同自己的不同意见一并退回议会以便进行重新审议。

如果共和国总统在上述期限内既不将议会通过的法律退回议会,也不签署该法律,则该法律在议会议长签署和正式公布后生效。

对于以全民公决形式通过的法律或者其他文件,共和国总统应当在 5 日内签署并正式公布。

如果共和国总统在上述期限内不签署也不公布以全民公决形式通过的法律,则该法律在议会议长签署和正式公布后生效。

第 72 条

议会可以重新审议并通过共和国总统退回的法律。

如果共和国总统提交的修正案和增补案被通过，或者议会以其全体议员的 1/2 以上多数票赞成该法律，以其全体议员的 3/5 以上多数票赞成该宪法性法律，则由议会重新审议的法律被视为通过。

共和国总统必须在 3 日内签署上述法律，并应当立即正式公布上述法律。

第 84 条

共和国总统：

24. 依照本宪法第 71 条规定的程序，签署和公布议会通过的法律，或者将上述法律退回议会。

23. 列支敦士登

《列支敦士登公国宪法》

第 65 条　如无议会的参与，不得制定、修订任何法律，或宣布其生效。任何法律都必须取得议会的同意、大公的批准，由负责的首相或副首相副署，并在列支敦士登法律公报上公布后，方始生效。如大公在 6 个月内未予批准，视为拒绝批准。

根据下一条的规定，得就某项法律举行全民投票。

第 67 条　除非法律另有规定，任何法律在列支敦士登法律公报上公布之日起 8 日后正式生效。

法律、财政决议、国际条约、法令、国际组织决议以及根据国际条约适用的法律规定等公布的方式和范围，应通过立法加以规定。根据国际条约在公国适用的法律规定，其公布可以采用简单的形式，比如参考国外的法律汇编在特定出版物上公布。

在列支敦士登适用的法律规定和根据欧盟经济区 1992 年 5 月 2 日的协议将要生效的法律规定，应在欧盟经济区的法律汇编上公布。在欧盟经济区的法律汇编上公布的方式和范围，通过立法加以规定。

第 85 条　首相负责主持政府会议，处理大公直接交办的事务，副署由大公或摄政者颁布的法律、法令或条例，在公共仪式上享有赋予大公代表的法定尊荣。

24. 卢森堡

《卢森堡大公国宪法》

第三章"主权"第一节"大公的特权":

第 34 条

（2009 年 3 月 12 日修改）

"大公在国民议会表决通过后 3 个月的期限内颁布法律。"

25. 罗马尼亚

《罗马尼亚宪法》

第 77 条　法律颁布

（1）法律须交由总统签署颁布，总统须在收到之日起 20 日内颁布。

（2）在签署前，罗马尼亚总统可将法案退回议会重新审议，但只可退回一次。

（3）在总统要求重新审议法律或对其进行宪法审查的情况下，法案重新审议获得通过，或者宪法法院作出承认其合宪性的判决，总统在收悉之后应于 10 日内颁布。

第 78 条　法律的生效

法律应在罗马尼亚公报上公布，且于公布 3 日之后生效，或者于文本中规定的日期生效。

26. 马其他

《马其他共和国宪法》

第 72 条　行使立法权的方法

一、国会立法权的行使，应由众议院通过法案，并经总统批准。

二、任何法案提请总统批准，总统应立即表示同意。

三、任何法案，除非依照本宪法的规定获得通过和批准，不得成为法律。

四、任何法律经总统同意后，应立即在政府公报上发表，并自发表之日起生效。但国会可以推迟任何法律的生效日期，也可以制定具有追溯力的法律。

第 74 条　法律语言

除国会另有规定外,所有法律应均使用马耳他语和英语两种语言制定。任何法律的英语文本与马耳他语文本有不一致的,应以马耳他语文本为准。

27. 北马其顿

《北马其顿共和国宪法》①

第 75 条　法律以公告的形式予以发布。

发布法律的公告令须经共和国总统和议长签署。

共和国总统可决定不予签署法律;议会得对法律重新审议,如经全体议员的多数票通过,则共和国总统有义务签署公告令。

依据宪法,如果全体议员的 2/3 以上多数通过,则总统有义务签署公告令。

28. 摩尔多瓦

《摩尔多瓦共和国宪法》

第 74 条　法律和决议的通过

1. 组织法在经过至少二读审议后,以当选代表总数的 1/2 以上多数予以通过。

2. 普通法律和决议,由出席代表以 1/2 以上多数予以通过。

3. 政府提交的法律草案、代表提出的立法建议,由议会予以审议和通过;其中包括依照紧急程序,依照政府规定的程序和优先权予以审议和通过。其他立法建议,依照法定程序予以审议。

[第 74 条第 3 款由 2000 年 7 月 5 日签署的第 115 - XIV 号法律予以补充,2000 年 7 月 29 日载《摩尔多瓦共和国官方公报》第 88 期]

4. 法律应呈交摩尔多瓦共和国总统签署。

---

① 2019 年 1 月 11 日,马其顿国会就更改国名的宪法修正案进行表决并获得通过,原马其顿共和国由此正式更名为北马其顿共和国。该宪法修正案获得通过,为"北马其顿"正式加入北约、欧盟和联合国铺平了道路,并平息近三十年来该国因国名问题与希腊之间的长期争端。宪法名称也随之发生变化,但相关法律公布条文及其位置未受影响,所以本书依然沿用原《马其顿共和国宪法》的相关条款翻译。最新英文译本参见：ttps://www.sobranie.mk/the-constitution-of-the-republic-of-macedonia-ns_article-constitution-of-the-republic-of-north-macedonia.nspx,2021 年 8 月 21 日访问。

第 76 条　法律的生效

法律应当在《摩尔多瓦共和国官方公报》上公布,并于公布之日生效,或在法律本身规定的期限内生效。未公布的法律无效。

第 93 条　法律的颁布

1. 摩尔多瓦共和国总统颁布法律。

2. 如摩尔多瓦共和国总统对法律持有异议,则其有权在两周内将此法律退回议会重新审议。如议会再次投票赞成未加修改的法律文本,则总统须颁布法律。

29. 摩纳哥

《摩纳哥公国宪法》

第 66 条　法律是亲王意志和国家议会意志协调一致的结果。

法律的动议权属于亲王。

法律的审议和投票权属于国家议会。

法律的批准权属于亲王,法律由亲王公布后即获得强制效力。

第 67 条(经 2002 年 4 月 2 日第 1.249 号法律修改)亲王签署法律草案。法律草案经国务大臣签署后,由政府委员会呈交亲王。亲王批准后,国务大臣将法律草案提交国家议会主席团。

国家议会有权提出法律提案。在自国务大臣收到法律提案的 6 个月期限内,国务大臣应告知国家议会以下情况:

1. 决定将法律提案或者经修改的法律提案转化为按照第 1 款规定的程序提出的法律草案。在此情况下,法律草案应在 6 个月期限届满后的 1 年内提交;

2. 决定中止立法程序。这一决定应当在 6 个月期限内的一次公开例会中以书面声明的方式予以阐明。可以对这一声明进行辩论。

如果在 6 个月期限结束后,政府没有告知此法律提案的后果,则该法律提案根据第 1 款规定的程序自动转化为法律草案。

如果政府在第 2 款第 1 项规定的 1 年期限内没有送交法律草案,适用同样的程序。

国家议会有权提交修正案。以此身份,国家议会可以建议对法律草案进行增加、替代或者删除。这些建议只有在修正案与法律草案的其他条款有直接关系时才被接受。对法律草案或者经修改的法律草案应进行投票，除非政府在最后投票前撤回法律草案。

但前款规定不适用于授权批准的法律草案和预算法律草案。

在每次例会开幕时，国家议会在公开会议上告知所有政府提交的法律草案的审议情况，而无论此类草案于何时提交。

第 69 条　法律和亲王法令只有在《摩纳哥日报》(Journal de Monaco)公布后第 2 日方可对抗第三人。

30. 挪威

《挪威王国宪法》

第 77 条　国王认可

如果一项法律草案在两个连续的会议上被议会批准，应当提交国王请求得到国王的认可。

第 78 条　国王签字

一、如果该项法律草案获得国王认可并签字，即成为法律。

二、如果该项法律草案未获国王认可，应当退回议会，并声明暂时不宜通过该项法律草案。在这种情况下，议会本届任期内不得再将该项法律草案提交国王。

第 81 条　同意与批准

任何法律(第 79 条所提及的除外)都应当以国王陛下的名义制定，在挪威王国境内适用，并采用下列说法："朕，×，昭告全国：某年某月某日由挪威议会作出的下列决定业已呈朕(以下为决定正文)。朕已予同意并批准，如同朕同意并批准由朕亲手制定并加盖国玺之法律。"

31. 葡萄牙

《葡萄牙共和国宪法》

第 134 条　（个人职责）

共和国总统个人负有以下职责：

(2) 颁布及命令公布法律、执行性法律及规章命令，签署经共和国议会通过的关于国际协定的决议和其他政府法令；

第136条 （颁布和否决）

1. 共和国总统应在收到共和国议会制定的任何法令后20日内,或自宪法法院裁定该法令没有违宪的裁判公布后20日内,将该法令予以颁布成为法律或行使否决权。如否决该法令,应作出报告说明理由,并要求共和国议会对该立法进行复议。

2. 如果共和国议会在职议员以绝对多数确认原来之表决,共和国总统应在收到该立法后的8日内予以颁布。

3. 具有组织法形式的法令和涉及以下事项的法令,则须经出席议员2/3多数通过,且此数目必须超过在职议员之绝对多数:

（1） 对外关系;

（2） 拥有生产资料所有权的公营部门、私营部门及合作社之间的界限;

（3） 有关宪法规定的选举活动的细则。

4. 共和国总统应在收到政府制定的任何法令后40日内,或自宪法法院裁定该法令没有违宪的裁判公布后40日内,予以颁布或行使否决权。如否决该法令,应书面告知政府否决理由。

5. 共和国总统还可以依照第278条和第279条的规定行使否决权。

第137条 （未经颁布或签署）

第134条第(2)项所列的任何法案,如未经共和国总统颁布或签署,在法律上均属无效。

32. 瑞典

《出版自由法》

第二章 官方文件的公共性质

第1条

为促进意见的自由交流和保障公众获得全面的信息的权利,每一瑞典公民均可自由地查阅官方文件。

《政府组织法》

第八章 法律及其他规定

第19条 规定的颁布和出版

一、任何正式通过的法律应由内阁迅速颁布。但是,关于议会及其所属机构的、未纳入基本法或议会法的法律应由议会颁布。

二、法律应尽快出版。除非法律另有规定,以上规定同样适用于法令。

33. 瑞士

《瑞士联邦宪法》

第163条 (1)联邦议会以联邦法律或法令的形式颁布法律条文。

(2) 以联邦政府命令形式颁布的其他文件,如不进行公民投票,则其仅仅为联邦简单的命令。

34. 塞尔维亚

《塞尔维亚共和国宪法》在第五章"政府的组织"第二节"共和国总统"中有如下相关规定:

第112条 权限

共和国总统应当:

(二) 根据宪法,以其法令颁布法律。

第113条 颁布法律

从法律通过之日起最多15日内,如果法律已经由紧急程序通过,则在不超过7日内,共和国总统有义务发布关于颁布法律的法令或者以书面解释的形式将法律退回国民大会重新审议。

如果国民大会决定对已经由共和国总统退回审议的法律再次表决,法律应当以代表总数的多数票通过。

共和国总统有义务颁布新通过的法律。

如果共和国总统在宪法规定的最后期限内没有发布颁布法律的法令,法令应由国民大会主席发布。

35. 塞浦路斯

《塞浦路斯共和国宪法》

第3条

1. 共和国的官方语言为希腊语和土耳其语。

2. 立法、执行和行政之法律及文书,应同时使用该两种官方书写;根据本宪法明文规定需要公布的,则应同时以该两种官方语言在共和国政府公报上公布。

3. 针对希腊族人或土耳其族人发布的行政或其他官方文书,应该分别使用希腊语或土耳其语。

4. 司法程序的进行和判决,如双方当事人都是希腊族人,应使用希腊语,如双方当事人都是土耳其族人,应使用土耳其语,如一方当事人是希腊族人一方当事人是土耳其族人,应同时使用两种语言。在所有其他案件中为此目的而应使用的官方语言由高等法院依第163条制定的法院规则予以规定。

5. 任何在共和国政府公报上的文字,应在同一期上同时使用两种语言予以公布。

6. (1)任何在共和国政府公报上公布的立法、执行和行政之法律和文书的文本,希腊语和土耳其语之间存在差异的,由有权管辖法院予以决定。

(2)在共和国政府公报上发布的部族院的法律和决定,其正文应以使用所涉部族院之语言的文本为准。

(3)执行和行政之法律和文书其希腊语和土耳其语文本之间存在的差异,虽然其并非在共和国政府公报上而是以其他方式公布的,相关部长或者其他机关应声明以何种文本为准或者何种文本为正确的、最终的、确定的。

(4)出现上述文本间存在差异情形时,有权管辖法院可以给予其所认为的适当的救济。

第47条

总统、副总统共同行使行政权,包括下列事项,即:

(5)依第52条规定在共和国政府公报上公布议会通过的法律或决定。

第51条

1. 共和国总统和副总统应有权单独或联合将法案、决定或其部分发回议会进行重新审议。

2. 针对议会的财政预算案的通过,共和国总统和副总统可以其认为存在歧视为由,单独或联合将该预算案退回议会。

3. 在本条第1款规定的法案、决定或其部分被退回的情形下,议会应在该退回之日起15日内就被退回事项作出决定;在本条第2款规定的财政预算案被退回的情形下,议会应在该退回之日起的30日内就被退回事项作出决定。

4. 如议会坚持其决定,则共和国总统和副总统应根据本宪法规定公布法律、决定或预算案,在规定的公布议会法律、决定的期限内在共和国政府公报上公布该法律、决定或预算案。

5. 共和国总统和副总统行使本条规定的退回权时应立即将该退回告知对方。

6. 本条规定的退回权应在第 52 条规定的议会法律、决定公布期限内行使。

第 52 条

共和国总统和副总统,应在各自办公室收到所呈交的议会法律、决定 15 日内在共和国政府公报上公布该法律或决定,除非在其在该时间内单独或联合行使第 50 条规定的否决权,第 51 条规定的退回权,第 140 条、第 141 条规定的将其移交最高宪法法院审查的权力,以及第 138 条规定就针对预算案向最高宪法法院求助的权力。

36. 斯洛伐克

《斯洛伐克亚共和国宪法》

第 87 条

一、斯洛伐克共和国国民议会的委员会、国会议员和斯洛伐克共和国政府有权提出法律草案。

二、如果总统以附加意见的方式返回法律,国民议会将再次讨论该法律;在其再次被通过之时,该法律得被颁布。

三、一部法律由总统、国民议会议长以及共和国总理签署。如果国民议会在总统附加意见或不签署的情况下再次讨论该法律后仍然决定通过之,则该法律得颁布施行,即便未经总统签署。

四、一部法律在颁布后生效。法律、国际条约以及第 7 条第二款规定的国际组织所发布的有法律约束力的规定,其颁布之细节由法律规定。

第 102 条

一、总统:

(六)签署法律;

(十五)可以将任何法律在其获得议会通过之后 15 日内附加意见返回

国民议会；

37. 斯洛文尼亚

《斯洛文尼亚共和国宪法》

第91条 法律的公布

共和国总统应在相关法律通过之后的8日之内进行公布。

国务院可以在法律通过之日起7日之内并在其公布之前,要求国民议会复决该法律。在进行复决时,除宪法要求以特定多数通过法律的情况外,要求以全体议员的多数通过法律。

国民议会的复决决定是终局的。

第107条 共和国总统的权利

共和国总统:

——公布法律;

38. 乌克兰

《乌克兰宪法》

第94条

法律由乌克兰最高拉达主席签署,并由其立即送交乌克兰总统。

为了付诸执行,乌克兰总统在收到法律后的15日内签署法律,并正式公布法律,或者将法律连同自己的说明理由的建议书退回乌克兰最高拉达以进行重新审议。

（参见乌克兰宪法法院1998年7月7日通过的第11-pn/98号决议、2008年4月16日通过的第6-pn/2008号决议对第94条第2款的规定所作的正式解释。）

如果乌克兰总统在法定期限内未将法律退回以进行重新审议,那么被视为乌克兰总统赞成该法律,他应当签署并正式公布该法律。

如果在重新审议时,乌克兰最高拉达以宪法所规定组成人员的2/3多数再次通过法律,那么乌克兰总统应当签署该法律,并在10日内正式公布该法律。

法律在其正式公布之日起的10日后生效。但是,法律本身另有规定的除外。另外,法律不得在公布之日前生效。

（参见乌克兰宪法法院 1997 年 10 月 3 日通过的第 4-₃ᵢᵢ 号决议对第 94 条第 5 款的规定所作的正式解释。）

第 106 条　乌克兰总统的权限包括：

（29）签署由乌克兰最高拉达通过的法律；

（30）对乌克兰最高拉达通过的法律拥有否决权，但随后应当将上述法律退回乌克兰最高拉达以便重新审议；

39. 西班牙

《西班牙王国宪法》

第 62 条　国王的职权：

国王的职权如下：

1. 御准和颁布法律。

第 91 条　法律的批准和颁布

国王应在 15 日内签署由国会通过的法律，并予以颁布且命令其立即公布。

40. 希腊

《希腊宪法》

第 42 条

一、共和国总统应于投票后 1 个月内颁布和刊发议会通过的法令。共和国总统可以在前句规定的时限内将议会通过的法案发回，并说明发回的原因。

二、由共和国总统发回议会的法案应向全体会议作出说明，如果按照第 76 条第二款规定的程序该法案由全体议员总人数的绝对多数再次获得通过，共和国总统有义务在第二次投票的 10 日内予以颁布和刊发。

41. 匈牙利

《匈牙利根本法》在第三章"国家"章"国会"中做了如下规定：

第 6 条

（1）共和国总统、政府、国会委员会和议员都可提出法案。

（2）法案提案人、政府或者议长在法案最终表决前提出动议，国会得将其已通过的法案提交宪法法院以审查其是否符合根本法。国会在最后投票后对上述动议作出决定,如果上述动议得以通过,议长应立即将已通过的法案提交宪法法院以审查其是否符合根本法合宪性。

（3）议长签署法案并在 5 日内将其呈递共和国总统。共和国总统在接到法案后 5 日内签署并公布之。如果议会根据第(2)款的规定将法案提交宪法法院以审查其是否符合根本法,议长只有在宪法法院未认定法案违反根本法之时才签署法案并将其呈递共和国总统。

（4）如果总统认为法案或者其任何组成条款不符合根本法,且没有依据第(2)款之规定进行审查,则总统应当将该法案提交宪法法院审查其是否符合根本法。

（5）如果总统对法案或者其任何组成条款持有不同意见,但未依据第(4)款之规定行使其权利,总统在签署前得附上其评论并将法案退回国会重议。国会应重新举行对该法案的辩论,并重新表决通过。如果宪法法院根据国会的决议在审查期间未认定任何违反根本法之情事,则共和国总统亦可行使此项权利。

（6）根据本条第(2)、(4)款之规定的动议,宪法法院应在接受后 30 日内尽快作出判决。如果宪法法院认定违反根本法,国会应当重新举行对该法律的讨论以消除违宪情形。

（7）根据总统的提请,宪法法院在审查期间未认定违反根本法,共和国总统则应当立即签署法律并公布之。

（8）宪法法院可被请求再行审议国会根据本条第(6)款之规定重新讨论和通过的法案是否按照本条第(2)、(4)款之规定符合根本法。宪法法院对第二次提议应当在接受后 10 日内尽快作出判决。

（9）如果国会对共和国总统持有不同意见而退回的法案予以修改,根据本条第(2)、(4)款进行的是否符合根本法的审查应当仅限于修改后的条款以及审查立法过程中是否遵循根本法规定的程序性规定。如果国会对总统持有不同意见而退回的法案未予修改,则共和国总统得提议对其是否遵守根本法规定的立法程序进行是否符合根本法的审查。

42. 意大利

《意大利共和国宪法》

第 73 条　法律在通过后 1 个月内由共和国总统公布。

若两院或其中任一议院中的绝对多数议员均主张该法律为紧急时,则应在该法规定的时间内予以公布。

法律公布后应立即公开发表,且在其公开发表 15 日后开始生效,但该法另外规定生效时间的除外。

第 74 条　共和国总统在公布法律前,可以向两院提交附有理由的咨文,要求对其重新审议。

如果该法律由两院重新通过,则总统必须公布该法。

第 87 条　共和国总统是国家元首,代表国家的统一。(中间略)

共和国总统有权公布法律及颁布具有法律效力的法令和规章。

43. 英国

《权利法案》(1689 年)

所有国王满意和喜欢者应以当前议会的权力予以宣告、颁布和确立,并成为、继续成为及永远为本王国之法律;且其应由他们的陛下,根据并经集会于议会的贵族院神职议员和世俗议员及平民院议员的建议和同意而以议会的权力宣告、颁布并确立之。

三、非洲

1. 阿尔及利亚

《阿尔及利亚民主人民共和国宪法》

第 126 条　法律在提交给共和国总统之日起 30 日内由共和国总统颁布。

但若本宪法第 166 条授权的机关在法律颁布之前提请宪法委员会进行审查,则前款规定的期限中止,直至宪法委员会根据第 167 条规定的条件作出裁决。

第 127 条　共和国总统有权在法律获得通过后的 30 日内要求对该法律进行复议。

在此情况下,国民大会议员 2/3 多数赞同始得通过该法律。

第 165 条　除由本宪法其他规定所明确赋予的其他权限,宪法委员会还有权,或者在提交的文本未生效时经由意见书,或者在提交的文本已生效时经由判决,决定条约、法律和条例的合宪性。

经共和国总统提请,宪法委员会有权就国会通过的组织法的合宪性发布强制性意见。

宪法委员会还按前款规定的相同方式决定国会两院内部规程的合宪性。

第 166 条　宪法委员会接受共和国总统、国民大会议长或者民族议会议长的提请。

2. 埃及

《阿拉伯埃及共和国宪法》[①]

第 123 条

共和国总统有权发布法律或者予以反对。

如果共和国总统拒绝人民议会批准的法律草案,他/她必须在人民大会通知后的三十天内将其退回人民议会。如果法律草案在此期间内未退回,它将被视为必须公布的法律。

如果在上述日期内被退回人民议会的法律草案再次以三分之二的多数获得通过,它将被视为正式法律并且必须公布。

3. 埃塞俄比亚

《埃塞俄比亚联邦民主共和国宪法》

第 57 条　法律适用

经议会审议及通过的法律应交由国家总统签署。总统应在 15 日内签署提交的法律。如总统未在 15 日内签署,则该法律可不经其签署而自动生效。

第 71 条　总统的权力与职能

2. 根据宪法,在政府公报(Negarit Gazeta)上公布经人民代表议会批准

---

① 在此根据 2014 年埃及新宪法的相关英文版自行翻译,参见 https://www.sis.gov.eg/Newvr/ Dustor-en001.pdf,2021 年 8 月 17 日访问。

通过的法律与国际协议。

4. 安哥拉

《安哥拉共和国宪法》

第124条 国民议会法律的颁布

1. 共和国总统应自收到国民议会相关法律之日起30日内加以颁布。

2. 日期届满之前,共和国总统可以正当理由要求国民议会复议立法或若干法条。

3. 复议之后,如果2/3绝大多数议员批准立法,共和国总统应自收到法律15日内加以颁布。

4. 上述日期届满前,共和国总统可以请求宪法法院对国民议会制定的法律进行事前合宪性审查。

第125条 行为的形式

1. 共和国总统行使职责时,应签发总统立法令、临时总统法令、总统法令和总统谕旨,并刊登在官方公报上。

5. 贝宁

《贝宁共和国宪法》

第57条 共和国总统同国民议员有权提出法律案。

共和国总统在国民议会议长将法律移交后于15日内予以颁布。

若国民议会宣布为紧急情况,前款之期限减少为5日。

共和国总统得在上述期限届满前要求国民议会二次审议法律之全部或部分条文。二次审议不得拒绝。

若国民议会恰临闭会,则二次审议在下次常会开始时自动举行。

二次审议须有组成国民议会的绝对多数议员赞同方得通过。若共和国总统在国民议会二次审议通过后仍拒绝颁布法律,则由国民议会议长将法律提交宪法法院以裁决其合宪性,宪法法院若裁决符合宪法则应宣布该法律有效。

若在本条第2款规定的15日期限届满而总统既未颁布也未要求二次审议,亦适用相同之程序。

6. 博茨瓦纳

《博茨瓦纳宪法》

第 87 条　行使立法权的模式

(1) 依据本宪法第 89 条第(4)款的规定,国会立法权的行使,应由国民议会通过法案,就本宪法第 88 条第(2)款规定的情形向酋长院进行咨询,并征得总统的同意。

(2) 当议案提交给总统征求同意时,他(她)可同意或保留其意见。

(3) 凡总统保留意见的议案,将退还给国民议会。

(4) 但凡总统保留意见的议案,国民议会将在议案返回的那天起 6 个月内解决,并再次送交总统批准,假如总统不解散国民议会,则他(她)必须在那天起的 21 日内批准国民议会在他(她)否决后又重新通过的议案。

(5) 按照本宪法的规定,当一个议案在正式通过并提请批准获得同意后,将成为法律,且总统应把它作为一项法律刊载在宪报上。

(6) 任何法律在宪报公布之前不得生效,但是国会可以推迟法律的生效时间,也可以制定具有追溯力的法律。

(7) 由国会制定的所有法律,都应被称为"法令",制定的表述是"由博茨瓦纳国会制定"。

7. 布基纳法索

《布基纳法索宪法》

第 48 条　总统于法律最终通过并转交之后的 21 日内予以颁布。此期限在国民议会宣布紧急情况下得缩短为 8 日。

在公布期限内,总统应要求议会对该法律或该法律的某些条文重新进行审议,议会不得拒绝,公布期限亦即行中止。

如总统未能按时颁布,则该法律于宪法委员会确认后自行生效。

8. 布隆迪

《布隆迪共和国后过渡时期宪法》

第 188 条　法律草案和建议案应同时提交于国民议会主席团和参议院主席团。

任何法律草案和建议案均应说明是否涉及属于第 187 条规定参议院权

限的事项。

前款所指文本自动列入参议院议程。

其他文本须按照第 190 条和第 191 条规定的程序进行审查。

若出现有关文本可接受性的疑问或者争议,共和国总统、国民议会议长或者参议院议长可将之提请宪法法院裁决。

第 189 条　对第 188 条所指事项以外的其他事项,文本由国民议会一读通过。国民议会议长尽快将之转交于参议院。

参议院应主席团或者至少 1/3 成员的要求审查文本草案。前述要求应在接到草案后的 7 日内提出。

在自提出要求之日起不超过 10 日的期限内,参议院可作出不修改法律草案或建议案的决定,也可表决通过经过修改的法律草案或建议案。

若参议院未在给定期限内作出决定,或者告知国民议会其不修改文本草案的决定,国民议会议长在 48 小时内将之转交于共和国总统颁布。

参议院若修改该草案,则将之转交于国民议会:国民议会可作出予以批准的决定,也可全部或者部分地否决由参议院表决通过的修正案。

第 197 条　若未提出任何重新审查的要求,也未提请宪法法院审查违宪性,共和国总统应在自转交之日起 30 日的期限内颁布议会表决通过的法律。

重新审查的要求可涉及全部或者部分法律。

同一文本只有在经议会两院重新审查后分别获得成员 3/4 的多数赞成,方可颁布。

组织法在颁布以前须由共和国总统提交宪法法院审查是否合乎宪法。

9. 赤道几内亚

《赤道几内亚共和国基本法》

第 79 条　在颁布一项法案之前,共和国总统可以要求议会对草案全文进行反复阅读和讨论。

第 82 条　共和国总统颁布人民议会通过的法案。

10. 多哥

《多哥第四共和国宪法》

第 67 条　共和国总统在 15 日内颁布政府向其转交的由国民议会最终

通过的法律;在此期间内,他可以要求对该法律或其部分条款进行重新审议,但必须说明理由。重新审议的要求不得被拒绝。

第104条　宪法法院为负责保障宪法条款得到遵守的法院。

宪法法院判定国民咨询、总统选举、国民议会和参议院选择活动的合法性。宪法法院对选举和咨询之诉讼进行审理。

宪法法院为法律合宪性的审判者。

法律可以在颁布之前,由共和国总统、总理、国民议会议长或1/5以上国民议员提请宪法法院审查。

基于相同之目的,未经颁布的组织法、国民议会和参议院的内部规程、视听通讯高等理事会及经济社会委员会之内部规程,在其适用之前,均必须提交至宪法法院。(下略)

11. 厄立特里亚

《厄立特里亚国宪法》

第33条　立法草案的批准

任何经国民议会批准的法律草案应在30日内提交总统,总统对其进行签署并刊登发表在厄立特里亚法律宪报上。

12. 佛得角

《佛得角共和国宪法》

第135条　共和国总统权限

1. 共和国总统应具有下列权力:

(r) 要求最高宪法法院监督法律规范的合宪性;

(s) 在收到任何已经公布的法案之日起30日内行使政治否决权。

2. 共和国总统还应具有下列权力:

(b) 公布并命令公布法律、立法性政令、政令法律和规制性政令;

第137条　否决权

共和国总统行使其政治否决权,应将法案退回批准机关,并要求重新评估。

国会的法案经全体代表的绝对多数通过,自总统收到该法案之日起120日内,共和国总统有义务在8日之内颁布。

13. 冈比亚

《冈比亚共和国宪法》

第100条　冈比亚的立法权力的行使采取由议会通过立法法案并经总统同意的方式。

议会不得通过下列法案：

(1) 建立一个一党制的国家；

(2) 将任何宗教定为国家宗教；

(3) 改变任何法院的决定或判决。

议会通过的法案应当提交给总统，总统在30日内应当作出支持法案或退回议会重新审议的决定。如果退回议会重新审议，总统应当说明理由并提出对法案的修改意见。

如果法案经议会重新审议后，以不少于全体议员2/3的支持票再次提交给总统时，不论是否按照总统的意见进行了修改，总统都应当在7日内予以认可。

法案一经议会通过和总统签署即成为议会法律，并应注明"由议会通过和总统颁布"。

总统应当在认可法案后的30日内将法案在宪报上公布。

公布之前法案不得生效。且法案本身或者其他议会法律可以将法案推迟生效。

本条规定不影响议会授权其他人或机构进行附属立法的权力。

14. 刚果(布)

《刚果共和国宪法》

第83条　共和国总统与国会议员同时享有法律创议权。

共和国总统在收到国民议会主席团移交的法律后于20日内予以颁布。

在国会宣布存在紧急情况时，上述期限减少为5日。

但在上述期限届满前，共和国总统得要求国会对法律或其特定条款进行复议。复议之要求不得拒绝。

若恰逢国会会期结束，则复议在下次会期开始时自动举行。

复议之投票须以联合大会的形式，由构成国民议会和参议院的议员的

2/3 多数通过。若共和国总统拒绝颁布经此投票通过之法律,共和国总统或国会任何议院议长可将法律的合宪性提交宪法法院予以审查。若宪法法院宣布其符合宪法,则共和国总统必须加以颁布。

15. 刚果(金)

《刚果民主共和国宪法》

第 79 条　共和国总统召集和主持部长会议。共和国总统在不能视事情况下可将此权力委托于总理。

共和国总统按照本宪法规定的条件颁布法律。

共和国总统通过命令作出决定。

共和国总统的命令由总理副署,但第 18 条第 1 款、第 80 条、第 84 条和第 143 条除外。

第 136 条　应在通过后 10 日的期限内将法律转交于共和国总统颁布。总理收到法律的副本。

第 137 条　共和国总统在转交后 15 日的期限内可要求国民议会或者参议院重新审议法律或法律的若干条文。国民议会或者参议院不得拒绝上述重新审议的要求。

对于再次交付审议的文本,国民议会和参议院按照最初的形式或者按照以其成员的多数赞成进行的修改予以表决通过。

第 139 条　宪法法院可基于下列人员的提请受理有关某项法律是否合乎宪法的申诉:

1. 共和国总统,在最终通过的法律转交后的 15 日的期限内;

2. 总理,在最终通过的法律转交后的 15 日的期限内;

3. 国民议会议长或者参议院议长,在最终通过的法律转交后的 15 日的期限内;

4. 至少 1/10 的众议员或者参议员,在最终通过的法律转交后的 15 日的期限内。

法律只有在被宪法法院宣布合乎宪法方可颁布;宪法法院在受理后的 30 日的期限内作出裁决。但若存在紧急情况,上述期限可应政府的要求缩短为 8 日。超过上述期限的,法律被视为合乎宪法。

第 140 条　在宪法第 136 条和第 137 条规定的期限届满后,共和国总统在转交后的 15 日的期限内颁布法律。

如果共和国总统在宪法规定的期限内未予颁布,则颁布自动进行。

第 141 条　法律须加盖国玺并发表于政府公报。

第 142 条　法律在发表于政府公报后的第 30 日生效,但法律作出其他规定的除外。

在所有情况下,政府应确保法律在颁布后 60 日的期限内以法语和 4 种民族语言发行。

第 160 条　宪法法院负责监督法律和具有法律效力的文件的合宪性。

颁布前的组织法,以及议会两院、议会两院联席会议、国家独立选举委员会和最高视听委员会的实施前的内部秩序条例,须被提交于宪法法院;宪法法院应对其合宪性作出裁决。

共和国总统、总理、国民议会议长、参议院议长、1/10 的众议员或者 1/10 的参议员可在法律颁布以前提请宪法法院审查法律的合宪性。

宪法法院应在 30 日的期限内作出裁决。但若存在紧急情况,此期限可应政府的要求缩短为 8 日。

16. 吉布提

《吉布提共和国宪法》

第 34 条　总统应在国民议会通过法律之日起 15 日之内予以颁布,除非其提出要求国民议会进行__读。总统负责法律的执行。

第 35 条　总统如果认为法律与本宪法冲突时得提请宪法委员会进行审查。

第 59 条　不属于立法范围的法律提案、法律草案和修正案不得被接受,并经秘书处讨论之后由国民议会议长予以宣布。

如果出现争议,则由国民议会议长或总统提交给宪法委员会在 8 日之内进行裁决。

第 78 条　组织法在其颁布之前、国民议会议事规则在其适用之前,均须提请宪法委员会对其合宪性作出裁决。

第 79 条　基于同样目的,法律在公布之前得由总统、国民议会主席或

10 名议会议员将其提请至宪法委员会。

总统须在其收到最终通过的法律之日起 6 日内将法律提交至宪法委员会;国民议会议长、议员须在最终通过的法律之日起 6 日内将法律提交至宪法委员会。

在前两款所规定的情况下,宪法委员会须在 1 个月内完成对法律的审查,但在紧急情况下,基于总统的要求,审查期限可缩短至 8 日。

在此情况下,提请至宪法委员会进行审查的法律的公布期限应当予以中止。

被宣告违宪的法律文件不得被公布,也不得被实施。

17. 几内亚

《几内亚共和国宪法》

第 78 条　国民议会通过法律后应立即提交总统。

总统在 10 日内公布该法律。期限在通过的法律被移交 8 整日后计算。

第 79 条　总统可以在公布该法律的 10 日内以咨文的形式提请国民议会对此进行新的辩论,国民议会不得拒绝。

该法律公布的期限将随之延长。

该法律只有经国民议会议员 2/3 以上多数赞成,经过二读之后才能投票。

经国民议会绝对多数议员要求,可以将该法律列为首要议程。

第 80 条　在法律通过后 8 整日内,总统、至少 1/10 以上国民议会议员或国家独立人权机构可以向宪法法院申请对该法律进行合宪性审查。该法律公布的期限将随之延长。

宪法法院应在法案提交后的 30 日内作出裁决,或在总统提请审查后的 8 日内作出裁决。宪法法院的裁决全文刊登于官方公报。

与宪法相冲突的法律条款不得颁布,也不得实施。宪法法院的裁决适用于所有人。

当宪法法院公布该法律合宪时,该法律颁布的期限从该裁决公布之日起计算。

第 81 条　如果总统在特定期限未将法律公布,则该法律自动生效。宪法法院应安排登记并公布在官方公报上。

第 95 条　组织法在公布前必须由总统提交宪法法院。

普通法律在公布前得由总统、国民议会议长或 1/10 的议员提交宪法法院。

第 96 条　宪法法院应在 1 个月内作出裁决,其程序和方式由组织法予以规定。

向宪法法院提交审查使法律的公布期限暂时中止。

被宣布为违宪的条款自始无效,不得公布或实施。

任何人可以在所有司法机关就违宪法律提请排除性违宪审查。

被提请的司法机关延迟裁决并向宪法法院转移排除性违宪审查申请。此种情况下,宪法法院应自受理之日起 15 日内作出裁决。

宪法法院是公权力机关、国家公务人员及公民侵犯基本权利和自由的裁判者,可以接受国家人权机构的提请。

18. 几内亚比绍

《几内亚比绍共和国宪法》

第 61 条　全国人民议会的议长负有以下职责:

4. 签署和命令在官方公报上公布全国人民议会颁布的法律和决议;

19. 加纳

《加纳共和国宪法》

第 106 条　立法权行使方式

(1)国会的立法权,由国会通过法案并呈送总统签署的方式行使。

(7)当国会通过的法案呈递总统后,除非总统根据本宪法第 90 条的规定将该法案提交国务会议,否则总统应当在呈递后的 7 日内通知议长其签署法案或者拒绝签署法案。

(8)当总统拒绝签署法案时,他应当在拒绝后的 14 日内——

(a)在向议长的备忘录中说明其认为国会应当对法案的特定条款进行重议,以及其提出的修正建议;或者

(b)通知议长其依据本宪法第 90 条将该法案提交国务会议进行审议和评论。

（9）国会对法案的重议应当考虑总统或者国务会议根据本条第(8)款提出的意见。

（10）当根据本条第(9)款进行重议的法案由国会以全体议员 2/3 以上的支持作出决议而予以通过时,总统应当在该决议通过后的 30 日内予以签署。

（11）在不影响国会有权推迟法律施行的情形下,法案在按照本宪法的规定正式通过和签署前非为法律,且非于《政府公报》公布不得生效。

（12）本条第(7)至(10)款的规定不适用于议长认证应当适用本宪法第 108 条的法案,当此类法案呈递签署时,总统应当签署该法案。

20. 加蓬

《加蓬共和国宪法》

第 17 条　共和国总统在最终通过的法律移交政府后 25 日内公布之。在紧急情况下,基于国民议会、参议院或政府之请求,此期限可减少为 10 日。

共和国总统在公布期内得要求国会复议法律或法律的特定条款。国会不得拒绝总统的复议要求。由此提交复议的法律文本或者按最初内容或者经修正需由议员 2/3 多数通过。于此,共和国总统应在前述期限内加以公布。

共和国总统若未在前述的条件和期限内公布法律,则应将法律文本申诉至宪法法院。

若宪法法院否决总统的申诉,总统应在前述的条件和期限内公布法律。

第 85 条　组织法在公布以前由总理提交宪法法院。

其他类型的法律以及条例行为可由共和国总统、总理、国会参议院议长或众议院议长或每院 1/10 议员、最高司法法院院长、最高行政法院院长、审计法院院长或者任何受法律影响的公民或法人提请宪法法院审查。

宣告违宪的规定不得公布或实施。

21. 津巴布韦

《津巴布韦宪法》

第 51 条　行使立法权的模式

（1）根据第 52 条和附件四的规定,国会制定法律的权力应当通过在众议院和参议院通过且获得总统同意的法案行使。

(2) 当某法案提交给总统以获得同意时,总统应当根据本条的规定在21日内同意或者拒绝该法案。

(3) 当本宪法规定某类法案必须附加证明书才可提交给总统以获得同意时,除非附加证明书,总统不应同意该法案。

(3a)当总统拒绝同意该法案时,该法案返还众议院,并且根据第(3b)款的规定,该法案不应再次提交总统以获得同意。

(3b)根据第(3a)款,法案被返还给众议院后的6个月内,如果众议院通过不少于全体成员2/3的投票支持该法案应当再次提交总统以获得同意,那么该法案应当再次被提交总统,对此,总统应当在法案提交的21日内同意该法案或者解散国会。

(4) 所有由国会制定的法律被冠以"法律"的表现形式,并且颁布用语为"由津巴布韦总统和国会颁布"或者类似效果的用语。

(5) 某项国会立法应当在公报公布之日开始生效或者在该法律或者其他法律明确规定的其他日期生效。

(6) 根据第(5)款的规定,国会立法在其生效日的前一日结束之时即生效。

(7) 附件四的规定应当适用于有关法案的程序和其中明确规定的其他事项。

第53条 法案的登记

(1) 国会立法经总统签署后,国会书记官应当尽快将总统签名认证并加盖国玺的法律副本在高等法院登记处存档登记,该副本即为该项立法的确定性证据。

(2) 尽管有第(1)款的规定,国会立法可以规定全部生效或者部分生效成文法(在符合第52条第(6)款的条件下也包括本宪法)之修订本的公布,且得进而规定——

(a) 在公布后,该修订本在所有法院以及为所有目的,都是法律或者相关部分的惟一版本;

(b) 按照国会立法规定的方式认证的修订本副本应当保存于高等法院

登记处,且该副本为该项法律及其相关部分的确定性证据。

(3) 依照本条规定,国会立法的有效性或者该法律的修正或者部分修正的有效性不受该条规定之登记或者保存的影响。

22. 喀麦隆

《喀麦隆共和国宪法》

第19条　(1)国民议会以国民议员的简单多数通过法律。

(2) 根据第30条的规定,国民议会通过或者拒绝由参议院交由其重新审议的文本。

(3) 在法律公布前,总统可以要求对法律进行二读审议。在此情况下,这些法律应当以国民议员的绝对多数通过。

第24条　(1)参议院以参议员的简单多数通过法律。

(2) 参议院可以根据第30条的规定批准法律修正案或者拒绝其审议的文本的全部或部分。

(3) 在法律公布前,总统可以要求对法律进行二读审议。

在此情况下,法律以参议员的绝对多数通过。

第31条　(1)如果总统没有对议会通过的法律提出任何二读的要求或者将其提交给宪法委员会,则其应当在自法律移交之日起的15日内颁布由议会通过的法律。

(2) 在前款规定的期限届满后,总统没有颁布法律的,由国民议会议长代替总统颁布法律。

(3) 法律以法语和英语公布于政府公报。

23. 科摩罗

《科摩罗联盟宪法》

第26条　法律若为宪法赋予组织法的性质,则应按下列条件表决和修正。法案或法律提案只能在其交存后15日届满方可提交联盟议会审查和表决。组织法应以构成联盟议会成员的2/3多数赞成通过。基于某一岛屿的全体联盟议员要求,法律应进行二次审议。法律须经宪法法院宣告符合宪法后方可颁布。

24. 科特迪瓦

《科特迪瓦共和国宪法》

第42条　共和国总统与国民议会议员共享法律提案权。

总统于国民议会议长向其呈递法律的15日内颁布法律。上述期限在紧急状况下可缩短为5日。共和国总统在本条规定之期间届满未颁布的法律，可经国民议会议长提交至宪法委员会，若合乎宪法，则宪法委员会得宣告其可予以执行。

在上述期限届满前，共和国总统可以要求国民议会就该法律或者部分条文进行第二次审议。议会对于此项第二次审议的要求不得拒绝。

共和国总统在此期限内可提出要求重新审议，并当然获得该审议在法律文本一读程序获通过的会期之后的常会内进行的权利。

第二次审议投票必须获国民议会出席议员2/3以上多数同意方可生效。

第77条　每项法律在公布前，可以由国民议会议长、1/10以上国民议员或议会党团提交至宪法委员会审查。

合法创建的人权捍卫组织也可提交有关公共自由的法律至宪法委员会审查。

宪法委员会在受理后的15日内作出裁决。

25. 肯尼亚

《肯尼亚宪法》

第115条　总统的批准和发还

(1) 在收到法案后的14日内，总统应当——

(a) 批准该法案；或者

(b) 将该法案发还国会重新审议，并标明总统对该法案的保留意见。

(2) 当总统将法案发还国会重新审议，国会应当依据以下程序——

(a) 根据总统的保留意见修正该法案；或者

(b) 未予修改再次通过该法案。

(3) 如果国会对法案的修改完全吸收了总统的保留意见，则相应的议长应当再次将其呈递总统批准。

(4) 国会在审议了总统的保留意见后，得不予修改再次通过该法案，或者未完全吸收总统保留意见而对法案进行修改的,其表决须得到——

(a) 国民议会 2/3 议员的支持;以及

(b) 当法案需要得到参议院的批准时,得到参议院 2/3 代表的支持。

(5) 当国会依据第(4)款的规定通过法案——

(a) 相应的议长应在 7 日内再次将其呈递总统;以及

(b) 总统须在 7 日内批准该法案。

(6) 当总统不同意法案,或者在第(1)款规定的时间内发还重新审议,或者按照第(5)款(b)项的规定予以批准,则该法案视为批准于规定的期限届满之日。

第 116 条 法律的生效

(1) 国会通过并经总统批准的法案应当在批准后 7 日内作为国会立法公布于《政府公报》。

(2) 除第(3)款的规定外,国会立法在《政府公报》公布后的第 14 日开始实施,除非该法案另行规定其生效日期。

(3) 赋予国会议员直接金钱利益的国会法案在下届国会大选前不得生效。

(4) 第(3)款的规定不适用于国会议员作为普通公众享有的利益。

26. 莱索托

《莱索托王国宪法》

第 78 条 立法权行使方式

(1) 国会立法权的行使,由国会两院通过法案(在本宪法第 80 条规定的情形下,由国民议会通过),并呈递国王御准。

(2) 法案只能由国民议会发议。

(3) 国民议会提出法案后应当送交参议院,且:

(a) 当参议院通过且两院就参议院提出的修正案达成协议;或者

(b) 当按照本宪法第 80 条的规定应当呈递时,则应当呈递国王御准。

(4) 当法案根据第(3)款的规定呈递国王御准时,国王应当签署其御准的法案或者撤销御准。

(5) 当法案根据本宪法的规定正式通过且获得御准后成为法律,国王应当促请将其作为法律公布于《政府公报》。

（6）国会制定的法律在《政府公报》公布之前不得实施，但国会得推迟法律的实施时间或者制定具有溯及力的法律。

（7）国会制定的法律应当标记为"国会立法"，其制定的表述为"莱索托国会制定"。

27. 利比里亚

《利比里亚共和国宪法》

第 35 条　须由立法机关的两个议院通过的每项议案或决议在其成为法律之前，应送请总统批准，如果他同意批准，该议案或决议应成为法律。如果总统不同意批准，他应将该法案或决议及其反对意见一并返回提交该议案或决议的议院。在这种情况下，总统可以不批准整个议案或决议或其中任何条款或其中的一些条款。当每个议院 2/3 的成员否决的此类议案、决议或其中条款被再次通过时，该项否决权可以被撤销，在这种情况下，该议案或决议应成为法律。如果总统在 20 日内没有返还该议案或决议，在同样应被提交总统以后，该法案或决议应被视同已经总统签字批准而成为法律，除非立法机关通过休会而阻止该议案或决议的返还。

任何议案或决议不应包含一个以上的在其标题中明确表述的主题。

28. 利比亚①

《利比亚宪法》

第 36 条　新法律发布在官方报纸上，并自发布之日起生效，法律另有规定的除外。

---

① 转引者注：在 2011 年利比亚政权变更、卡扎菲败亡之后，虽然利比亚各方在 2015 年 12 月协商制定了《利比亚政治协议》（斯希拉特协议）、宪法起草委员会也于 2017 年 7 月 29 日完成了宪法草案的创制，但因利比亚国内严重的政治分裂（甚至出现存在两个立法机构、两个政府的情况）乃至军事冲突的局势影响，至今尚未形成永久性的宪法和宪法框架。根据 2011 年出台的《利比亚临时宪法宣言（基本法）》第 34、35 条规定，卡扎菲政权时期的相关宪法文件和法律应当废止。但是在被修正或废止前，既有立法规定如不与《利比亚临时宪法宣言》抵触，仍视为继续有效。参见 https://wipolex.wipo.int/en/text/496462，2021 年 8 月 20 日访问。因此，本书依然沿用该国 1969 年宪法的相关条款。

29. 卢旺达

《卢旺达共和国宪法》

第108条　共和国总统在自收到最终通过的文本之日起30日的期限内公布法律。

但共和国总统在颁布前可要求议会进行再次审议。

在此情况下,如果议会以2/3的多数通过同一普通法律或者以3/4的多数通过同一组织法,共和国总统应在本条前款规定期限内予以公布。

总理副署议会通过的法律和共和国总统公布的具有法律效力的政府命令。

第201条　没有按照法律规定的条件预先公布的法律、命令和条例不得生效。

任何人不得被视为不知道经合法公布的法律。

习惯只要没有被法律取代且不违反宪法、法律、命令和条例,也不损害人权、公共秩序和善良风俗,可继续适用。

30. 马达加斯加

《马达加斯加共和国宪法》

第59条　在国民议会最终通过法律并移交共和国总统后三个星期内,共和国总统颁布法律。

在上述期限届满前,共和国总统可要求议会重新审议法律或其特定条文。此项重新审议的要求不得拒绝。

第117条　组织法、法律和法令在其颁布前必须由共和国总统申请最高宪法法院裁决其合宪性。

裁决为违宪的条款不得颁布。在此情形下,共和国总统可以作出如下决定:颁布该法律或法令的其他合宪条款,或者将法案的整个文本根据情况重新提交议会或部长会议再次审议,或者不颁布该法案。

在前述情形下,最高宪法法院的审查中止法律颁布的期限。

议会两院的内部规程在实施前须提交最高宪法法院审查其合宪性。裁决为违宪的条款不得实施。

31. 马拉维

《马拉维共和国宪法》

第 73 条　总统的批准

(1) 当某项法案呈交给总统以获得批准时,总统应于该法案被呈交之日起 21 日内作出批准或拒绝批准的决定。

(2) 当总统对某项法案作出保留决定时,该法案应由总统发出附理由的拒绝批准的保留同意通知,并将该法案交回给国民大会的议长,而该法案在保留同意的通知发出之日起 21 日内,均不得由国民大会再次审议。

(3) 若该项法案于前述第(2)款规定的 21 日期间过后,在发出拒绝批准的保留同意通知后 3 个月内,再次由国民大会讨论并以多数决通过时,其得以再次呈交给总统批准,以征求其同意。

(4) 当某项法案已依据第(3)款的规定,再次呈交给总统签署时,总统应于呈交后 21 日内批准。

(5) 当某项法案,依据本宪法的规定合法通过后,书记员应将其立即刊登于政府公报上。

第 74 条　法律生效

由议会制定的法律在刊登于政府公报后始得生效,但是议会也可以规定某一法律在刊登于公报之后的某较晚之日开始生效。

第 89 条　总统的权力和责任

(1) 总统拥有如下权力,承担如下义务:

(a) 同意法案并公布由国民议会合法通过的法案;

32. 马里

《马里共和国宪法》

第 40 条　在被最终通过的文本转交于政府后 15 日的期限内,共和国总统公布法律。

在此期限届满前,共和国总统可要求国民议会重新审议该法律或者该法律的特定条款。

上述重新审议不得拒绝,并暂停公布的期限。

在紧急情况下,上述公布期限可缩短至 8 日。

第 73 条 法律领域之外的事项具有条例性质。

本宪法生效前有关上述事项的立法文本可在咨询最高法院的意见后通过命令予以修改。

本宪法生效后有关上述事项的文本,只有宪法法院宣布这些文本具有前款所述的条例性质,才能通过命令修改。

法律和条例应发表于政府公报。

第 88 条 组织法在公布前由总理提交宪法法院。

其他类别的法律在公布前可由共和国总统、总理、国民议会议长、国民议会 1/10 的成员、领土单位高级委员会主席、国家委员会 1/10 的成员或者最高法院院长提交宪法法院。

第 89 条 宪法法院根据组织法确定的程序和方式在 1 个月的期限内作出裁决。

但应政府的要求并在紧急情况下,该期限可缩短至 8 日。

这种措施使法律的公布期限中止。

宣布违宪的条款不得公布或者不得实施。

33. 毛里求斯

《毛里求斯宪法》

第 46 条 立法权行使的方式

(1) 议会制定法律的权力应当由国民大会通过法案的形式施行,并且由总统批准。

(2)(a) 除本款第(b)项和第(c)项的规定外,根据本宪法的规定将法案呈交总统批准时,总统应当明示批准或者拒绝批准该法案。

(b) 如有下列情形的,总统不得依据本款第(a)项规定拒绝批准该法案:

(i)针对第 54 条规定的事宜而制定的法案;

(ii)修正本宪法任何条款的法案,并经议长确认,符合第 47 条规定的;

(iii)其他法案,除非总统经过审慎考虑后,建议对法案进行修正的,应交由国会重新予以审查。

(c) 当总统依据本款第(b)项第(iii)目的规定拒绝批准该法案时,总统应于法案提交批准后 21 日之内,将法案退回国民大会并得要求重新审查法案及修改建议。

（d）依据第（c）项的规定，审查法案被退回国民大会的，国民大会应予重新审查；无论该法案是否经过修正，而经国民大会再次通过并呈交给总统的，总统应予批准。

（3）根据本宪法的规定，当总统批准呈交的法案时，该法案即成为法律，总统随后应在公报上予以公布。

（4）议会制定的法律未经公报公布的，不得施行，但议会得延迟此等法律的施行且得规定其具有溯及既往的效力。

（5）凡议会制定的法律一律称为"议会法"，且须包含有由"毛里求斯议会制定"的字样。

34. 毛里塔尼亚

《毛里塔尼亚伊斯兰共和国宪法》

第32条　总统应在本宪法第70条规定的期限内颁布法律。

总统拥有制定行政法规的权力，并得将部分或全部制定行政法规的权力授予总理。

总统任命国家文官和军职人员。

第70条　总统应在接受议会转交法律文本后8日至30日内予以公布。

在此期间，总统得将法律草案或提案发回进行再读，如果获得国民议会议员的多数票通过，则该法律条文应在前款规定的时间内予以颁布和公开。

第86条　各组织法在公布之前，以及国会两院议事规程在实施之前，必须提请宪法委员会对其合宪性进行审查。

基于同样的目的，法律在公布之前，得由总统、国民议会议长、参议院议长、1/3的国民议会议员或1/3的参议院议员向宪法委员会提请审查。

在前两款规定的情况下，宪法委员会应在1个月内作出裁决。

如果情况紧急，在总统的要求下，此裁决期限缩短为8日。

在此情况下，一旦向宪法委员会提请审查，法律的公布期限即予以中止。

第87条　被宣告违反宪法的法律文件不得予以公布，也不得予以实施。

宪法委员会的裁决具有普遍的拘束力。

宪法委员会的裁决不得进行任何上诉。

宪法委员会的裁决拘束公权力和所有的行政机关和司法机关。

35. 摩洛哥

《摩洛哥王国宪法》

第50条　国王在最终通过的法律由政府移交后的30日内予以颁布。

如此颁布的法律必须在其颁布诏令的日期起1个月期限内刊登于王国的《官报》。

第95条　国王得要求议会两院进行法案或法律提案之重读。

重读之要求以咨文形式提出。此项要求不得拒绝。

第132条　宪法法院行使本宪法条款和组织法条款赋予的职权。它尤其裁决议会议员选举和全民公决的合法性。

组织法在其颁布之前,众议院和参议院内部规程在其实施之前,必须提交宪法法院以裁决其合宪性。

出于同一目的,法律在颁布之前得由国王、首相、众议院议长、参议院议长或众议院1/5议员或参议院40名参议员提交宪法法院。

在本条第2款和第3款规定的情形下,宪法法院应自收到提请之日起1个月期限内作出裁决。但若存在紧急情况,基于政府之请求,此一期限得缩减为8日。

在上述情形下,向宪法法院提请后,颁布期限即中止。

宪法法院在1年内裁决议会议员选举的合法性,自法律救济期限届满之日起算。但在救济的数量或其性质要求时,法院得在上述期限之外以附加理由的判决作出裁决。

36. 莫桑比克

《莫桑比克共和国宪法》

第144条　公布

1. 以下内容须在《政府公报》予以公布才产生法律效力:

a. 共和国议会的法律、议案和决议;

第163条　颁布和否决权

1. 共和国总统有权颁布法律并使其于《政府公报》上发布。

2. 共和国总统在接到法案 30 日内,或者接到宪法委员会关于法案各条款皆无违宪情形之函告后,应即将法案颁布为法律。

3. 共和国总统可以附理由否决一项法案,并将其退回共和国议会重新审查。

4. 经过重新审查,法案由共和国议会 2/3 多数批准的,共和国总统必须使之成为法律并责令发布。

第182条 法案的形式

共和国议会的立法法案应采用法律形式,其他决定应采用决议的形式,并皆应在《政府公报》上发布。

第210条 立法行为的形式

1. 部长委员会的规范立法行为,应采取法律和法令的形式。

2. 前条所指的法律和法令须获得立法权力机关通过。

3. 共和国总统签署和颁布法律,共和国总理则签署和命令政府其他法令的发布。

4. 所有其他的政府立法行为应采取决议的形式。

第246条 事先违宪审查

1. 共和国总统可提请宪法委员会对任何交付其通过的法律文件进行事先违宪审查。

2. 事先违宪审查须在第163条第2款规定的时限内提请。

3. 当法律已提请事先违宪审查,则其通过时限应中断。

4. 如果宪法委员会裁定法律合宪,则新的通过时限从共和国总统被告知宪法委员会决定之日起算。

5. 如果宪法委员会裁定违宪,则共和国总统须否决该法律,并返回共和国议会。

37. 纳米比亚

《纳米比亚共和国宪法》

第32条 职能、权力和义务

(5)根据宪法规定,对由议会通过的任何法律以及公开发布的法律,总统都具有以下权力:

（a）以总统的名义依法签署并发布公告。

（b）在总统认为必要和正当的时候，向国民大会提交并要求审议法律起草建议。

（c）因为具有特殊经历、地位、技能、才能，不经选举直接任命为国民大会代表，但任命不能超过 6 人。

第 56 条　议案的通过

（1）若要成为议会的法案，议会根据本宪法通过的任何议案均须经总统同意并由其签署且由其通过公报予以公布。

（2）任何经国民大会全体 2/3 多数表决通过的法案，经全国委员会批准，总统必须签字同意。

（3）如果一个议案经国民大会全体多数（但少于 2/3）表决通过，法案得到了全国委员会的批准但总统倾向于拒绝签字，总统须就其中存在的异议与国民大会主席协商。

（4）如果总统不同意本条第（3）款中的议案，国民大会可以重新审议该议案，一旦如此，国民大会可以通过该议案提出时的文本或其修正后的文本，其也可以拒绝通过该议案。该议案应由国民大会的多数议员通过，无须由全国委员会再次批准，但是，若这里的多数少于国民大会全体议员的 2/3，总统将保留否决该议案的权力。如果总统决定不同意该议案，它将随即失效。

第 64 条　总统对议案的否决权

（1）若总统认为国民大会提案的通过将与宪法内容相抵触，即使国民大会已经批准该法案，总统也有权不签字。

（2）若总统对某一议案不签字公布，须通知国民大会议长，由告知国民大会。司法总长可以采取适当程序要求法院对该事件进行裁决。

（3）若法院裁决该议案并不与宪法冲突，且国民大会全体超过 2/3 的代表表决通过，则总统须签署该议案。若没有达到 2/3 多数，总统仍可拒绝签署，接下来按照第 56 条第（3）款和第（4）款之规定执行。

（4）若法院裁决议案与宪法冲突，则该议案失效，总统有权不签署。

第65条　法律的签署和备案

（1）提案经议会通过、总统签署和登报公布后成为法律，国民大会秘书长须立即整理出2份英文复印件并将其送往最高法院登记处登记，上述复印件将成为法律的正式文本。

（2）为确保上述复印件的长期使用以及工作人员的便利，公众有权利但须按照议会制定的规则查阅这些复印件。

38. 南非

《南非共和国宪法》

第79条　法案的同意

总统必须或是同意并签署依照本章规定通过的法案，或是对该法案的合宪性有所保留而将其退回国民议会重议。

联席规则与命令必须规定国民议会重议法案及全国省级事务委员会参与过程的程序。

全国省级事务委员会在下列情形下必须参与由总统退回国民议会的法案的重议：

（1）总统对法案合宪性的保留是关于涉及全国省级事务委员会的一程序事项；或

（2）依据第74条第1、2款或第3款第2项或第76条通过的法案。

在重议后，如果法案完全按照总统的意见修改，则总统必须同意并签署该法案；否则总统必须：

（1）或是同意并签署该法案；或是

（2）提交宪法法院决定其合宪性。

如果宪法法院判定该法案合宪，则总统必须同意并签署之。

第81条　法案的公布

由总统同意并签署的法案成为法律，应当迅速公布，并从公布或依照该法律决定的日期起生效。

第82条　法律的保管

法律的签署版本是该法律条文的正式标准版本，在公布后，必须委托宪法法院保管。

第 84 条　总统的权力与职能

总统拥有宪法与法律赋予的权力,包括那些履行国家元首及行政首脑的职能所必须拥有的权力。

总统有下列职责:

(1) 同意并签署法案;

(2) 将法案退回国民议会重议该法案的合宪性;

(3) 将法案提交宪法法院以决定其合宪性;

39. 南苏丹

《南苏丹共和国过渡宪法》

第 85 条　总统的批准

(1) 联邦立法机关通过的任何法案应当由总统批准和签署,方成为法律。如果总统在 30 日内没有批准,并且没有给予任何理由,则法案应当视为签署。

(2) 如果总统在 30 日内给出不签署法案的理由,则该法案应当重新提交联邦立法机关以考虑总统的意见。

(3) 如果联邦立法机关以两院 2/3 的议员再次通过法案,则该法案应当成为法律,并且不必需要总统批准,法案即能生效。

第 101 条　总统职责

总统应当行使以下职责:

(f) 启动宪法修正案和立法,以及同意和签署国家立法机构通过的法案;

40. 尼日尔

《尼日尔第七共和国宪法》

第 58 条　共和国总统收到由国民议会议长送达法律后 15 日内,应予以公布。

在国民议会宣称的紧急状况下,该期限可缩短为 5 日。

在上述期限届满前,共和国总统可以要求国民议会就该法律或者该法律的某些条文重新审议。议会对于此项重新审议的要求不得拒绝。

若经过二审后,国民议会以绝对多数通过该文本,则该法律得当然获颁布并根据紧急程序公布。

第131条　组织法在颁布以前,国民议会的内部规程在实施以前及其修正案必须由共和国总统或国民议会议长提交至宪法法院以获得合宪性宣告。

基于相同目的,法律在未获颁布前也可经总统、总理、国民议会议长或1/10以上国民议会议员之提请,由宪法法院进行审查。

在前款规定的情形之下,宪法法院必须在15日内作出裁决。在紧急状况下,应政府之请求,该期限可缩短为5日。

在所有的情况下,宪法法院一旦受理,颁布期间得暂停。

41. 尼日利亚

《尼日利亚联邦共和国1999年宪法》

第58条　联邦立法权行使方式:一般规定

(1) 国民议会行使其立法权应由参议院及众议院通过法案,并且除本条第(5)款规定的情形外,还须提交总统签署。

(2) 参议院及众议院均可提出议案,议案未经通过不得成为法律。除本条以及本法第59条另有规定的外。

(3) 当一项议案经提出该项议案的议院通过后,应送至其他议院,当获得其他议院通过,且两议院就相关修正案达成一致后,呈交总统签署。

(4) 当一项议案被呈交总统后,总统应在其后30日内表明其是否同意签署。

(5) 当法案因未获得总统签署,冉次被每个议院分别以2/3多数通过时,该法案即可成为法律而无须总统签署。

42. 塞拉利昂

《塞拉利昂宪法》

第106条　立法权行使模式

(1) 议会的立法权应由议会通过法案并由总统签署后生效执行。

(2) 根据本条第(8)款之规定,除非依据本宪法由议会通过并予签署,法案不能成为法律。

(3) 总统签署的法案应自在公报上发表之日或者法案规定的日期,或者其他规定确定的日期。

（4）法案依据本宪法，总统应将其作为法律刊登在公报之上。

（5）议会制定的法律，未在公报上公布不得生效，但议会得使法律延期生效，得制定具有追溯效力的法律。

（6）所有议会制定的法律应被称作"法案"，标注制定的文字须为"由总统和出席本次议会的议员制定"。

（7）倘若法案经议会通过但总统拒绝签署，总统应在 14 日内将未签署的法案返还议会并陈述拒绝理由。

（8）倘若根据本条第（7）规定被返还给议会的法案，经不少于 2/3 的议员投票通过，该法案应立即成为法律，议长应将其发布在公报上。

（9）本条或者本宪法第 53 条之规定不排除议会授予任何机关或个人制定法定文件的权力。

第 170 条　塞拉利昂法律

（6）任何法定文件都必须在制定后的 28 日内在公报刊登，法定文书必须经制定者以外的特定机关或个人批准才具有法律效力的，应在其批准后 28 日内刊登于公报之上，否则，该法定文件从制定之日起无效。

43. 塞内加尔

《塞内加尔共和国宪法》

第 72 条　共和国总统在第 74 条规定的诉讼期限届满后的 8 个整日内颁布最终通过的法律。

若国民议会宣布紧急状态颁布期限减半。

第 73 条　在法律颁布期限内，共和国总统可以提出理由要求议会进行新的审议，议会不得拒绝这一要求。法律在二次审议中须经国民议会 3/5 的议员同意的情况下方可获得通过。

第 74 条　以下主体可以向宪法委员会提出法律违宪的诉愿：

——共和国总统在收到最终通过的法律的 6 个整日内；

——至少 1/10 的国民议员在国民议会最终通过法律后的 6 个整日内；

——至少 1/10 的参议员在参议院最终通过法律后的 6 个整日内。

第 75 条　在国民议会第二次审议结束以前或者宪法委员会宣布法律合宪以前，法律的颁布期限中止。

在任何情形下,当宪法规定的期限届满时,法律自动由国民议会议长颁布。

44. 塞舌尔

《塞舌尔共和国宪法》

第86条 (一)授予国民议会的立法权应由国民议会通过并经总统同意或视为同意的法案行使。

(一甲)除本宪法另有规定外,如果法案在所有阶段作为一个整体递交国民议会投票并经其出席的议员多数投票赞成,则该法案即由国民议会通过。

(一乙)(经1995年11月15日通过的第三宪法修正案增加,又经2000年5月31日通过的第五宪法修正案撤销)

(一丙)(经1995年11月15日通过的第三宪法修正案增加,又经1996年8月1日通过的第四宪法修正案撤销)

(二) 在遵守第87条的前提下,总统就递交其同意的法案应在该法案递交之日起算14日内同意或者依照本节规定拒绝同意。

(三) 总统应尽快根据本宪法的规定将已通过并获得同意或视为获得同意的法案在政府公报上公布使之成为法律。

(四) 经国民议会通过并经总统同意或视为同意的法案应称之为"法律(Act)",并且,颁布的措辞为"由总统和国民议会颁布"。

第87条 (一)总统若认为递交其同意的法案违反或可能违反本宪法的规定,则不得同意该法案,并应在该法案递交之日起算14日内尽快作出下列行为:

1. 提供相应建议给议长;并且

2. 将该法案提交宪法法院就此问题进行裁决。

(二) 如果总统根据第(一)款的规定将法案提交宪法法院,在宪法法院就该法案作出裁决前,不得出于第88条的目的视为总统已经拒绝同意该法案。

(三) 如果法案已根据第(一)款的规定提交宪法法院,在宪法法院公布其裁决前,总统不得同意该法案,且国民议会不得进行第88条第(二)款规定的程序。

（四）如果宪法法院裁决根据第（一）款提交该院的法案并不违反本宪法的规定，该院应立即以书面形式相应地通知总统和议长，并且根据第86条第（二）款的规定要求总统同意法案的期间应自该法院作出裁决之日起计算。

（五）如果宪法法院裁决根据第（一）款提交该院的法案违反本宪法的规定，该院应立即以书面形式相应地通知总统和议长，并且总统应将该法案退回议长。

第88条　（一）如果总统在第86条第（二）款规定的期间内拒绝同意第87条第（五）款规定以外的法案，则总统在拒绝时应立即或者就第86条第（二）款规定的14日期间以后立即作出下列行为：

1. 将该法案退回议长；并且

2. 以书面形式通知议长法案未获得同意的理由。

（二）如果总统根据第（一）款第1项的规定已将法案退回议长，则国民议会自总统根据第86条第（二）款规定应已同意该法案的日期起算3个月后有权随时经由议会议员人数至少2/3投票通过的告知决定该法案应再次提交总统同意。

（三）如果法案根据第（二）款的规定再次提交总统同意，纵使总统反对该法案，在第86条第（二）款规定的14.日期间届满时应视为总统已同意该法案。

45. 圣多美和普林西比

《圣多美和普林西比民主共和国宪法》

第76条　立法的公布

1. 法律和其他政权机关的立法文件的公布方式，由法律规定。

2. 未公布的立法文件无效。

第80条　总统职权

共和国总统有以下职权：

e. 颁布法律、法规和法令；

第83条　颁布和否决

1. 国民议会批准并提交给共和国总统的立法文件，应自收到之日起15

日内颁布。

2. 如未颁布,该立法文件由国民议会再次审议,若获得议员过半数赞成票的,共和国总统应在 8 日内颁布。

3. 如共和国总统在收到文件后 20 日内仍未经颁布或签署,依照第 111 条第 e 项和第 d 项,该规范性立法行为将被视为法律上不存在。

第 145 条　合宪性预审

1. 凡提交共和国总统批准的国际协议或国际条约和提交其颁布的法律或法规,共和国总统得声请宪法法院对其中的任何规范是否合宪进行预防性审查。

2. 合宪性预审应自共和国总统接到有关法律文件之日起 8 日内提出。

3. 除共和国总统外,总理或 1/5 的国民议会议员亦可声请宪法法院对已提交共和国总统作为组织法颁布的法律文件中的任何规定进行合宪性预审。

4. 将法律文件提交共和国总统作为组织法颁布的,国民议会议长应在提交之日通知总理和国民议会的议会党团。

5. 第 3 款提到的合宪性预审应自上款规定的日期之日起 8 日内提出。

6. 声请合宪性预审时,共和国总统在接到第 4 款所述的法律文件 8 日内,或宪法法院已被提出声请但尚未表明意见的,共和国总统不能颁布该法律文件,但这不影响第 1 款的规定。

7. 宪法法院应在 25 日内表明意见,如属第 1 款的情况,共和国总统得以紧急需要为由缩短该期限。

第 146 条　裁决的效力

1. 如果宪法法院宣布任一立法文件或国际条约中的规范构成违宪,共和国总统应否决该文件,并将其退回原通过机关。

2. 在执行第 1 款规定时,如果原通过机关未将该文件中已被裁决为违宪的规定删除,或者未以出席议员的 2/3 多数再次通过,而此数目超过全体议员的绝对多数,则该立法文件不得颁布。

3. 如该法律文件已被重新拟订,共和国总统可要求对其任何规定的合宪性进行预防性审查。

4. 如宪法法院裁决某项条约中的规范构成违宪,则该条约只有在国民议会以出席议员的2/3多数票通过,且此数目超过全体议员的绝对多数时,方可被批准。

46. 斯威士兰

《斯威士兰王国宪法》

第64条 斯威士兰的行政机关

(4) 根据本宪法或任何其他法律,国王作为国家元首还拥有以下权力——

(a) 同意并签署法案;

第108条 议案的同意

(1) 除非国王签署并表示同意,否则一项法案不能成为法律。

(2) 根据本宪法第117条和第246条的规定,一项议案应呈递给国王批准同意。在呈递给国王之前,该议案应当以下程序通过——

(a) 议会参众两院对该法案毫无修改地通过,或法案的修改获得了议会参众两院的同意;

(b) 众议院应当根据第112、113、114条和第116条第2款的规定通过法案;

(c) 参议院应当根据第115条第4款的规定通过法案;

(d) 参众两院根据第115条第3款、第117条第1款、第118条及第十七章的规定通过法案。

(3) 当一项议案正式通过并被呈递给国王批准时,国王应根据以下规定签署同意或不同意——

(a) 对于一项拨款法案或宪法修正法案,国王应在10日内作出决定;

(b) 任何其他议案,国王应在20日内作出决定。

第109条 法律的实施

(1) 总检察长应尽可能快地将符合本宪法的规定且正式通过和同意的议案在政府公报中公布。

(2) 除非已经在政府公报中公布,否则由国王和议会制定的法律不得实施。

（3）为了实施本宪法第119条的规定,当一部法律或法律的一部分进入实施阶段时,国王和议会可就此作出声明。

（4）国王和议会依据本宪法制定的法律应被称为"议会法案",颁布用语应为"由斯威士兰国王和议会颁布"。

47. 苏丹

《2005年苏丹共和国临时宪法》

第58条　共和国总统的职能

（1）共和国总统是国家和政府元首,代表人民意志和国家权威,在宪法和全面和平协议授权范围内行使权力,在不违背上述条文的情况下,执行以下职能:

（h）签署宪法修正案和立法批准的法律。

第108条　共和国总统批准法律

（1）任何国家立法机构通过的法案应经共和国总统批准和签署才能成为法律,如果共和国总统拒签并未说明原因,则30日后法案视为已被签署。

（2）如果共和国总统拒绝批准法案,并在上述所提的30日内说明原因,则法案将重新返回国家立法机关对总统的意见进行商议。

（3）如果国家立法机关两个议会所有成员和代表的2/3以上多数同意,法案将成为法律。对于法案的生效,不需共和国总统的同意。

48. 索马里

《索马里联邦共和国宪法》

第61条　出台和发布法律

1. 在国会通过法律的60日内,由总统颁布实施。

2. 法律可在国会绝大多数议员认为有迫切需要的期限内颁布实施,前提是上述所提期限不得少于5日。

3. 在出台法律规定的期限内,总统可以向国会发函,要求对法律进行二读。

4. 如果国会2/3的大多数议员重新通过法律,总统将在通过之日起的30日内颁布实施法律。

5. 由国会通过和总统颁布实施的法律应发表在官方报纸上,并自发表后的第 15 日开始生效,法律另有规定的除外。

49. 坦桑尼亚

《坦桑尼亚联合共和国宪法》

第 97 条 立法

(1) 根据宪法的规定,议会经辩论和通过法案程序行使立法权,其通过的法案最终须交由总统决定是否颁布,法案在国民议会表决通过和总统同意之前均不能成为法律。

(2) 法案提交总统后,总统可同意或拒绝通过法案,如总统拒绝通过法案,应将法案发回国民议会并说明拒绝通过的理由。

(3) 总统依照本条规定将法案发回国民议会后,国民议会在发回后的 6 个月内不得再次将该法案提交总统批准,除非在国民议会再次提交前的最后表决中,该法案获得全体议员 2/3 以上多数通过。

(4) 如果总统将法案发回议会后,该法案满足本条第 3 款的规定获得全体议员 2/3 以上的多数通过,且在发回后的 6 个月内再次提交总统批准,则总统应在收到法案的 21 日内批准该法案,否则总统须解散议会。

(5) 宪法的本条规定及第 64 条并不禁止议会制定法律授权其他人或政府部门制定具有法律效力的法规。

50. 突尼斯

《突尼斯 2014 年宪法》①

第 81 条 基于以下情况,共和国总统应在 4 日内应当签署法律并确保其在《突尼斯共和国政府公报》(the Official Gazette of the Tunisian Republic)得以刊载:

1. 在质疑法律的合宪性并将其退回的截止日期内没有采取相应行动;

2. 在相关机构遵循第 121 条末款规定做出合宪性判决、抑或之后
向共和国总统强制提交(mandatory referral)法律草案的期限届满;

3. 在对法律草案提出合宪性质疑的法定期限内共和国总统将法律草案

---

① 2011 年茉莉花革命在突尼斯率先爆发、推翻阿里政权之后,2014 年突尼斯出台了新宪法。英文版参见 https://www.constituteproject.org/constitution/Tunisia_2014.pdf,2021 年 8 月 21 日访问。笔者在此做了自行翻译。

退回,此后人民代表大会批准了修正版本;

4. 在法律草案被退回后,人民代表大会不理会对第一次批准版本的合宪性质疑,未做修正再次通过法律草案,抑或基于第 121 条末款规定出现合宪性判决出台、或者之后向共和国总统强制提交法律草案的情形。

5. 如果法律草案被共和国总统退回,人民代表大会批准修正版本。法院基于第 121 条末款规定做出法律合宪、之后向共和国总统强制提交法律草案的判决。

基于以下情况(宪法性法律除外),共和国总统有权在 5 日内退回相关草案、附上要求人民代表大会再次审议的解释理由:

1. 根据第 120 条首款关于合宪性质疑的期限;

2. 要求出台合宪性判决,或者当宪法法院放弃遵循第 121 条第 3 款规定、由此挑战第 120 条首款意涵的时候。

在被退回后,普通法律的批准要求人民代表大会成员的绝对多数,而组织法草案的批准要求人民代表大会成员的 3/5 多数。

第 120 条　宪法法院是审查下列合宪性问题的唯一适格机构:

(1) 法律草案,经共和国总统、政府总理或 30 名人民代表大会成员的声请。声请必须在人民代表大会批准法律草案抑或法律草案修正版的七天内提出,在它被共和国总统退回之后。

第 121 条　宪法法院判决应当在合宪性争议出现之日起 45 天内做出。判决应当由宪法法院成员以绝对多数做出。法院判决应当申明争议规定是否合宪。宪法法院通过的判决应当是理性的、对所有公共机构具有约束力的并且刊载于《突尼斯共和国政府公报》上的。

如果法院在第一款特别规定的期限内做出判决,应当立即向共和国总统提交法律草案。

51. 乌干达

《乌干达共和国宪法》

第 91 条　立法权的行使

(1) 除本宪法的规定外,国会的立法权由国会以通过法案并呈送总统签署的方式行使。

（2）国会通过法案后应当尽快呈送总统签署。

（3）总统应当在法案呈送其的 30 日内——

（a）签署法案；或者

（b）将法案退还国会要求对该法案或者法案的特定条款予以重议；或者

（c）以书面形式通知议长其拒绝签署法案。

（4）当法案根据本条第(3)款(b)项退回国会后，国会应当重新审议，如果再次通过后，应当将其再次呈送给总统签署。

（5）如果总统根据本条第(3)款(b)项将同一法案退还两次，而该法案由国会以全体议员 2/3 以上的多数第三次通过时，议长应当促请向国会提交该法案的副本，该法案无须总统签署即成为法律。

（6）当总统——

（a）根据本条第(3)款(c)拒绝签署法案时，国会得重新审议该法案，并在通过后呈送给总统签署；

（b）拒绝签署根据本款(a)项或者第(4)款重新审议和通过后的法案时，该法案在得到国会全体议员 2/3 以上多数的支持而通过后，议长应当促请向国会提交该法案的副本，该法案无须总统签署即成为法律。

（7）当总统在本条第(3)款规定的期间内未予以做出该款规定的任何行为时，应视为总统签署该法案，在该期间届满后，议长应当促请向国会提交该法案的副本，该法案无须总统签署即成为法律。

（8）国会通过并由总统签署的法案或者根据本条规定以其他方式成为法律的法案为国会立法，应当在《政府公报》上发布。

52. 赞比亚

《赞比亚共和国宪法》

第 44 条 （3）根据宪法有关同意议会通过的法律并在公报上公布该法律的条款，总统有权：

（a）签署并公布其作为总统依法有权公布的公告；并且

（b）向国民议会呈递其认为必要且有利的法律，并由议会审议。

第 78 条 （1）根据本宪法条款，议会应按照法律的规定行使立法权，法律须由国民议会通过并总统签署。

（2）第 27 条第（8）款规定的草案之外的某一草案应在国民议会三读期满 3 日后呈交总统。若该草案涉及第 27 条规定的法庭，该法案不能呈交给总统签署，直到该法庭已经对草案作出报告或制作报告的期间已经届满，无论哪个早些。

（3）一个草案呈交总统签署，总统有权决定是否拒绝签署。

（4）根据本条第（5）款，如果总统对拒绝签署草案，总统可将草案退回国民议会并要求国民议会重新审议草案或其中的特定条款，尤其是其建议的相关修正。草案被退回后，国民议会须重新审议该草案。如果草案获得国民议会全体成员 2/3 以上通过，应将草案再次呈交总统，除立即解散议会外，总统必须在法案递交之日起 21 日内签署通过该草案。

（5）尽管存在第（4）款规定，如总统拒绝签署草案，不能将草案再次呈交总统签署。

（6）如通过的草案不违背宪法规定，其将生效成为正式法律，总统须立即在公报上公布。

第 79 条 （7）议会立法只有公布在国民议会公报上才能生效，但议会可推迟法律的生效时间并使法律具有溯及力。

（8）议会制定的所有法律统称为“法律”，并标明“赞比亚议会颁布”字样。

53. 乍得

《乍得共和国宪法》

第 81 条 共和国总统在政府向其转交已最后通过的法律的 15 日内颁布法律。

总统可以在该期限届满前，要求国民议会对该法律或其部分条款进行重新审议。

议会不能拒绝重新审议，该审议中止颁布期间的计算。

在紧急情况下，颁布法律的期间缩短为 8 日。

第 165 条 宪法委员会应共和国总统、总理、国民议会议长或 1/10 以上国民议员提请，对未颁布的法律的合宪性进行宣告。

第 167 条 宪法委员会得在 15 日内对受理的法律文件进行判决。

然而,在政府要求之下以及在紧急情况下,此期间可缩短为 8 日。

在此情况下,宪法委员会的受理暂停法律颁布期间。

第 168 条　任何文本中被宣告违宪的规定不可颁布也不可适用。

54. 中非

《中非共和国宪法》

第 22 条　共和国总统是国家元首。(中间略)

总统批准法律,签署法令和政令。

第 27 条　共和国总统有立法动议权。总统在国民议会(Assemblée Nationale)最终通过法案后 15 日内得予以颁布。若国民议会宣布情况紧急,该期间可缩短至 5 日。

在此期限届满前,共和国总统可以要求国民议会重新审议法律或所含部分条款。该要求须说明理由,重新审议不得遭到拒绝。重新审议得在法律通过之同一议会会期内进行。经重新审议的法案须经国民议会组成成员之 2/3 多数通过方可生效。

共和国总统在议会会期结束 1 个月内颁布法律。

四、美洲

1. 阿根廷

《阿根廷国家宪法》

第 78 条　法案在提出动议的议院通过后,送交另一议院讨论。两院都通过后,提交总统审批。总统批准后,即可作为法律颁布。

第 80 条　法案在 10 个工作日之内未被退回,则视为总统已经批准。当法案的一部分被驳回时,其余部分也不能获得批准。不过,若未被否决的部分有自治规范,其得到批准并不会改变国会所批准的法案的宗旨和统一时,也可得到颁布。此时,前述所提及的必要和紧急法令的程序可适用。

第 83 条　如果被总统全部或部分否决,法案应连同总统的反对意见退回原提案议院复议。如获 2/3 多数通过,再送交另一议院复议。如在两院均获多数通过,法案即成为法律,交总统颁布。在这种情况下,两院都应以记名投票方式对法案表示同意或反对。投票人的姓名、理由以及总统的异议均须立即交由新闻媒体公布。如两院对异议有分歧意见，法案不得再列入当年立法会议。

第84条　批准法律须经下列程序："阿根廷国家参议院和众议院在举行国会会议期间颁布或批准某某法律。"

第99条　国家总统有下列职权：

（3）总统根据本宪法参与制定法律，并签署和颁布法律。

总统不能颁布具有法律效力的条款。若颁布，则为完全彻底无效的。

只有因例外的情形，本宪法前述所规定的制定法律的一般程序不可能实行时，或规则不涉及刑事、税收、选举事项、政党体系时，总统可应需要和紧急状况而颁布法令。此法令应由部长们的一致意见而决定，并经各部部长负责人签署后各部部长副署。

在10日之内，各部部长负责人应亲自将此决定递交给国会联合常委会考虑，此联合常委会是按照各院各政党代表所占比例而组成。在10日之内，此委员会将其报告递交各院全体会议进行进一步考虑，各院将立即进行开会讨论。经各院所有成员绝对多数同意并颁布的特殊法律将对此程序和国会参与的职权进行监管。

2. 安提瓜和巴布达

《安提瓜和巴布达宪法》

第52条　立法权的行使方式

第1款　议会的立法权应当以参议院和众议院（或者在本宪法第54条和第55条规定的情形下由众议院）通过法案的方式行使，并经总督代表女王陛下同意。

第2款　当依照本宪法提交给总督一项法案以征得其同意时，其应当在法案上签署同意。

第3款　当总督已对按照本宪法的规定提交给其的法案签署同意后，该法案将成为法律，由此众议院的书记官应当将该法案以法律的形式印发于政府公报。

第4款　在印发于政府公报前，无议会制定的法律可生效，但议会可以推迟印发于政府公报法律的生效时间。

3. 巴巴多斯①

《巴巴多斯宪法》

第 58 条　对议案的同意

（1）一项议案，只有在经总督以女王陛下的名义并代表女王陛下给予同意，并签署该议案以表示此同意后，方可成为法律②。

（2）在遵守第 55 条和第 56 条之规定的前提下，一项议案，如果在未经任何修正的情况下获得议会两院的通过，或者在经作出两院皆同意之修正的情况下获得两院通过，应提交给总督以获得其同意，并且除非出现前述获得两院通过之情形，否则，不应将该议案提交总督。

（3）当议案被提交给总督以获得其同意时，总督应作出其同意或拒绝同意的表示。

4. 巴哈马

《巴哈马国宪法》

第 63 条　签署法案

（1）一项法案在总督以女王陛下的名义并代表女王陛下签署以表示同意前不成为法律。

（2）除本宪法第 60 条、第 61 条的规定外，当一项法案由两院未提修正

---

① 根据最新消息，巴巴多斯国会于 2021 年 9 月 29 日全票通过宪法修正案，决定结束该国与英国王室的关系，并将改制为共和国。该决议于 2021 年 11 月 30 日生效，国家元首将不再由女王伊丽莎白二世担任，而是由巴巴多斯公民担任。2021 年 10 月 21 日，巴巴多斯总督桑德拉·普鲁内拉·梅森女爵士（Sandra Prunella Mason）被议会正式推选为该国首任总统，将在 11 月 30 日就任巴巴多斯共和国总统一职。参见《巴巴多斯将改制为共和国 结束与英国王室关系》，人民资讯，https://baijiahao.baidu.com/s? id=17123625020269817568&wfr=spider&for=pc，2021 年 10 月 7 日访问；《巴巴多斯将结束与英国王室的联系 并将任命总统》，俄罗斯卫星通讯社，http://news.m4.cn/2021—10/1353156.shtml，2021 年 10 月 7 日访问；《巴巴多斯总督被选为该国首任总统，不再臣属英女王》，观察者网，https://www.guancha.cn/internation/2021_10_22_611899.shtml，2021 年 10 月 24 日访问。

② 根据巴巴多斯国会法律库官网公布的 2021 年第 2 号宪法修正案（于该年 9 月 20 日公布草案、并于 9 月 28 和 29 日在两院分别表决通过）第 26 条之规定，本条第（1）款规定已被删除替换为："一项议案，只有在经总统给予同意，并签署该议案以表示此同意后，方可成为法律。"参见 Constitution（Amendment）（No. 2）Bill, 2021, the Barbados Parliament, https://www.barbadosparliament.com/uploads/bill_resolution/56f53e308108b4b315d1b367c2914f7a.pdf，2021 年 10 月 7 日访问。

案而予以通过,或者通过时提出的修正案获得两院赞同后应当呈送总督签署。

(3) 本宪法第 54 条第(2)、(3)款规定的任何法案,在参议院院长或者议长签字证明其按照适用于该法案的相关条款获得必要的多数通过,以及由议会登记官证明其由投票选民的过半数批准后,应当呈送总督。

(4) 当法案呈送总督签署时,总督应当作同意或者拒绝同意的表示。

5. 巴拉圭

《巴拉圭共和国宪法》

第 204 条　关于法案的通过与公布

法案被原提出议院通过后,应迅速移送于另一议院。如另一议院也通过,此法案即通过。如果行政机关亦批准该法案,则新法应于 5 日内颁行并公布。

第 205 条　关于法案之自动颁行

国会通过的任何法案,行政机关若有异议,可否决该法案或者将该法案退回原提议议院。若该项法案不足 10 项条文,须于 6 个工作日内退回;若该项法案超过 10 项但不足 20 项条文,须于 12 个工作日内退回;若该项法案超过 20 项条文以上,则最迟须于 20 个工作日内退回,如未有上述情形,视为同意该项法案。在任何情况下,法案都被认为是自动通过并且可公布为法律。

第 208 条关于行政机关对法案之部分反对程序

1. 经行政机关部分反对的法案将退回原议院,由原议院就该反对部分复议。原议院如果以绝对多数推翻该行政否决,则法案将移送到复议机关,由复议机关作出决定。如果复议机关也以绝对多数推翻该行政否决,则法案的原始版本即为通过,并由行政机关在 5 日内公布为法律。但参众两院意见发生分歧时,该法案不得在同年之会期内再行提出。

2. 参众两院可以部分或全部地接受或拒绝行政机关之部分反对的法案。若两院部分或全部接受行政机关的部分反对法案,则两院可以绝对多数就原法案未经反对部分再度通过,并由行政机关予以公布。

3. 原提案议院和审议议院须于 60 日内就行政机关反对之法案进行思考。

第209条　关于行政机关对法案的全部反对程序

若行政机关全部反对该法案,则该法案将退回原议院复议。如果原议院仍以绝对多数维持原案时,法案将移送到复议机关。如果复议机关也以绝对多数同意,法案即为批准,行政机关应在5日内公布为法律。但参众两院意见分歧时,该法案不得在同年之会期内再行提出。

第213条　关于法律的颁布与公告

法律非经颁布公告,不具有法律效力。如行政机关未依本宪法规定的条款颁布和公告法律,国会主席或众议院主席将颁布和公告该法。

第214条　关于格式用语

法律批准的正式格式用语是:"巴拉圭国会批准法律的生效。"法律公布的格式用语为:"将作为共和国法律,公布并登载于正式记录。"

6. 巴拿马

《巴拿马共和国政治宪法》

第168条　一项法律草案通过以后,将交给行政长官。如其批准该草案,则作为法律颁布。相反,则把草案附上反对意见退还国民大会。

第169条　执行政长官最多有30个工作日退还附有反对意见的草案。

如果行政长官未在规定期限内退还附有反对意见的草案,则只能将草案批准和发布。

第170条　被行政长官全部驳回的草案,回到国民大会,进行第三次辩论。如果只是部分被驳回,则进行第二次辩论,惟一的目的就是审议提出的异议。

如国民大会研究异议之后,2/3议员通过该草案,则行政长官不得提出新的异议,应将草案批准和发布。如不能获得规定数目的议员的通过,草案即被否决。

第171条　当行政长官提出异议认为草案不可行而国民大会的多数明确坚持该草案可以接受时,行政长官将草案递交最高法院,由最高法院裁决该草案是否符合宪法。如最高法院裁决草案符合宪法,则行政长官只能批准和发布该草案。

第172条　如果行政长官不按照本节规定履行批准和颁布法律的职责,

国民大会主席将批准和颁布这些法律。

第173条 所有法律在其被批准后6个工作日内颁布,颁布之时起生效,除非法律另外规定从较迟的一个日期开始生效。一项法律的颁布时间不当,不能认为其违宪。

第174条 法律可以载明指定理由,并在法律正文之前采用下述格式:

国民大会

颁布:

第184条 由有关部长参与的、共和国总统行使的职权包括:

1. 批准和发布法律,遵守这些法律并监督法律的切实执行。

7. 巴西

《巴西联邦共和国宪法》

第66条 最终票决该法案的议院,应向共和国总统交付法案,如果总统同意,应批准该法案。

§1. 如果共和国总统认为法案全部或部分违宪,或与公共利益相悖,应在收到法案之日起15个工作日内全部或部分否决该法案,并在48小时内告知参议院议长否决的原因。

§2. 部分否决应仅适用于条、段、分段或分部分的全文。

§3. 共和国总统在15日内未作出批准或否决的,应视为批准。

§4. 应在收到否决之日起30日内组成联合会议进行审议,该否决仅能通过众议员和参议员秘密投票,以绝对多数进行否决。

§5. 如果否决未获支持,法案应交付共和国总统进行公布。

§6. 如果§4规定的期间经过而未投票,否决应被列在接下来的会议清单上,在其最终投票之前,暂停所有其他提案的审议。

§7. 在§3和§5规定的情况下,如果共和国总统在48个小时内未公布法律,参议院议长应公布法律,如果参议院议长未能在同一期间内公布法律,参议院副议长有义务公布法律。

第84条 共和国总统享有下列专属权力:

4. 批准、公布和实施法律,并为忠实执行法律而发布命令、制定法规;

8. 秘鲁

《秘鲁共和国宪法》

第108条 法律草案按宪法规定的方式通过后,即送交共和国总统在15日内颁布。否则,由国会主席或常设委员会主席颁布。

若共和国总统对国会通过的法律草案在整体或部分上持有意见,需在15日期限内向国会提出。

法律草案经重新审议后,只需得到国会议员法定人数一半以上的人投票赞成,即可由国会主席颁布。

第109条 法律在官方公报公布一日后即生效,除非法律本身在期限上对其整体或部分作出推迟的规定。

9. 玻利维亚

《玻利维亚共和国宪法》

第163条

立法程序如下:

(8)经批准的议案,一旦被认可,将提交执行机构颁布而成为法律;

(10)由多民族立法大会批准、提交执行委员会的法律,可由国家总统在接收到的10日内进行评议;执行委员会的评议结果将递交大会。如果执行委员会处于休会期,国家总统应将他的评议结果递交大会委员会;

(11)如果多民族立法大会认为评议结果合理,可据此修订法律,再将法律发回执行委员会进行公布;如果其认为评议结果不合理,法律将由议会主席递交大会,由出席大会的绝对多数成员决定;

(12)在相关期限内没有经过评议的法律将由国家总统发布。执行委员会没有按照事先规定期限发布的法律将由议会主席发布。

第164条 1.法律颁布后应立即刊登在官方公报上。

2.法律自发布之日起具有强制执行效力,除非规定了特别的生效时间。

第172条 除宪法和法律规定外,国家总统还拥有以下职权:

(7)颁布多民族立法大会通过的法律;

10. 伯利兹

《伯利兹宪法》

第81条　立法权行使的方式

第1款　国民议会的立法权应由参议院和众议院(或在本宪法第78条和第79条提及的情形下,由众议院)以通过议案的方式行使,并经总督同意。

第2款　当一项议案依据本宪法之规定被提交至总督时,总督应就同意与否作出表示。

第3款　当总督同意依据本宪法规定提交的某项议案时,该议案将成为法律,总督应随即使其登载于政府公报上。

第4款　非经总督同意,国民议会制定的任何法律不得生效。但国民议会可以推迟任何法律的生效日期,并可制定具有追溯效力的法律。

第5款　所有由国民议会制定的法律应被称为"法令"。

第82条　议案颁布措词

第1款　除依据本宪法第78条或第79条提呈之议案外,每一项呈交总督同意的议案,其措词应如下:

"经伯利兹众议院、参议院以及相同机关建议并同意,特制定如下:"

第2款　每一项依据本宪法第78条或第79条之规定呈交总督同意的议案,其措词应如下:

"经伯利兹众议院依据宪法第78条(或第79条)之规定,以及相同机关之建议并同意,特制定如下:"

第3款　任何对前述之议案措词进行的修改,不得被视为对议案本身的修正。

11. 多米尼加

《多米尼加共和国宪法》

第101条　公示和公布

两院通过的任何法律均须送交执行机关进行公布或查阅。如果行政机关不查阅,则在收到之日起10日内予以公示,但在紧急情况下在收到之日起5日内进行公示,在公示之日起的10日内进行公布。一旦国会制定的法律已过宪法规定的最后公示期限和公布期限,由议院主席进行公示或视为行政机关已经公布。

第 102 条　对法律的查阅

行政机关对提交的法律进行查阅,在收到之日起 10 日内将其意见返回给议院,紧急情况下在收到之日起 5 日内将其意见返回给议院。议院收到意见后将其列入下届会议的议程进行讨论。如果该议院 2/3 成员认同行政机关的意见,则批准依此意见通过的草案,并将该草案提交给另一议院;若该议院以同样多数批准,则成为最终的法律,按照第 101 条规定的期限进行公示和公布。

第 108 条　法律的形式

法律和两院一致通过的决议,应该冠以"国会,以共和国的名义"的字样。

第 109 条　法律的生效

法律颁布后,依法进行公布,并以尽可能广泛的方式传播。在全国范围认知期限届满后,法律具有约束力。

第 128 条　总统的权力

总统决定国内和外交政策、民事和军事管理,是武装部队、国家警察和其他国家安全部门的最高权力机关。

(1) 作为国家元首,具有以下权力:

(b)颁布并公布国会的法律和决议并忠实地执行,必要时发布法令、法规和指令;

12. 多米尼克

《多米尼克国宪法法令》

第 49 条　立法权行使的模式

一、议会制定法律的权力应该由国民议会通过法案并由总统批准的方式行使。

二、按照本宪法规定一个法案呈递给总统批准时,总统应该表明其是否批准。

三、总统批准按照本宪法规定送交的议案后,该议案即成为法律,总统应促使其作为法律在政府公报上发表。

四、议会制定的法律不得在公报发表之前实行。但议会可延缓上述任何法律的实行并制定具有追溯效力的法律。

13. 厄瓜多尔

《厄瓜多尔共和国宪法》

第137条 立法提案应经过两次讨论。国民大会主席应在法律的规定时限内下令将该提案分发给大会议员,公布其要旨,并将提案分派给相应的委员会,由委员会进行相应讨论和程序。

希望通过该提案,或认为其权利可能因该法案通过而受影响的公民,可向委员会阐述其观点。

一旦该提案被批准,则应发送至共和国的总统,以使其在理由充分的基础上批准或反对。一旦提案被批准,且共和国的总统收到后30日内无异议的,应视为已颁布法律,并在官方记录中公布。

第138条 若共和国的总统反对该提案,则国民大会可于反对之日起1年后再次就该提案提出讨论。该时限期满后,国民大会可一次讨论通过该提案,只要获得2/3以上议员的赞成票,并立即在官方记录中公布。

若共和国的总统部分反对该提案,则应由共和国的总统提出建议修订文本,且修改文本不可涉及提案中未讨论的内容。建议修订文本应同样受国民大会审议,并在递交文本之日起30日内通过一次会议讨论通过修订文本,只要获得与会议员绝对半数以上的赞成票通过即可。国民大会同样也可通过原先递交的提案而非修订文本,只要获得2/3以上议员的赞成票通过即可。以上两种情况下,都应将通过的法律递交官方记录予以公布。若国民大会未在时限内审议修订议案,则该修订议案应视为已通过,共和国的总统可颁布该法律并在官方记录中公布。若反对理由为违宪,则应首先判定反对理由。

第139条 若共和国的总统反对理由是提案部分或全部违宪,则应由宪法法院于30日内作出裁决。若裁决表明该提案完全违宪则应将其存档,若为部分违宪则国民大会应作出必要的修改,以使提案能够获得共和国的总统批准。若宪法法院裁定该提案不违宪,则国民大会应通过并颁布,并在官方记录中公布。

第 438 条　除法定情形外,宪法法院还应在以下情形中事先发布具有约束力的合宪性裁决:

3. 共和国的总统在法律形成过程中提交的违宪性异议。

14. 哥伦比亚

《哥伦比亚共和国政治宪法》

第 165 条

一旦立法议案由两院共同批准通过,该法案将移交给政府审批。若政府没有反对意见,该法案将被批准作为法律予以公布;若政府对此存在反对意见,该议案将退给最初之提案机构。

第 166 条

当政府对议案存在反对意见时,若该议案少于 20 条,政府将在 6 日内将其退回;若该议案达到 21 至 50 条,政府将在 10 日内将其退回;若多于 50 条,政府将在 20 日内将其退回。

一旦法定期限届满,政府没有以反对为由将该议案退回,该议案将由总统批准和公布。若议会在法定期间内休会,总统有责任在上述法定期限内公布批准或不批准该议案。

第 167 条

政府全部或部分反对之立法提案将退回两院进行再次商议。

如该议案经过再次审议,两院仍以过半数通过,则总统必须签署该提案并不得提出异议。但该议案是因违宪而遭致反对的除外,在此情形下,若议会坚持通过该议案,该议案将移交给宪法法院,由宪法法院在 6 日内作出有关其合宪性的判决。若宪法法院作出肯定性裁决,则总统必须批准该法案。

若宪法法院宣布该法案违宪,则该法案将被搁置。

若宪法法院宣布该法案部分违宪,则需指明该议案之提案机构,一旦部长召见,议会能够再次起草和整合有关条款,使其与宪法法院的命令一致。若法案经过再次起草和修改,该法案将由议会将其移送至宪法法院以得到权威裁决。

第 168 条

若总统不能在法定期限内依照宪法规定的条件履行其批准法案的职

责,则由国会主席批准和公布法案。

第 169 条

法律的标题必须与其内容高度对应,以下标题即揭示了该法律的内容:"哥伦比亚国会法令"。

第 189 条

作为国家元首、政府以及最高执行机关的领导人,共和国总统享有下列权力:

9. 批准法律。

10. 颁布和遵守法律,并负责使前者被严格遵守。

15. 哥斯达黎加

《哥斯达黎加共和国宪法》

第 126 条　收到立法议会通过的法案之日起 10 个工作日内,行政机关可以因法案不适当或需要修正为理由对其表示异议;在后一种情况,行政机关退回法案时应提出修正案。如行政机关在上述期间内不提异议,则应该批准并公布该法案。

第 127 条　议会依据行政机关的意见复议法案时,如议会否决行政机关的意见,且该法案以全体议员 2/3 多数票再度通过,该法案因此获得批准,并应作为共和国的法律施行。如立法议会接受修正案,该法案应退回行政机关,行政机关不得拒绝批准。如议会否决修正案,而原法案未得 2/3 的多数票通过,该法案即应存档,在下届立法议会开会前不得再次讨论。

第 128 条　行政机关以违宪为理由否决法案而议会不接受的,议会应依据宪法第 10 条规定,将该法案移交最高法院。最高法院应遵循书面程序于 30 个工作日内作出该法案是否违宪的决定。

被宣布违宪的法律条款应视为无效;其余部分移交立法议会进行适当程序。最高法院认为立法议会通过的法案不包含违宪条款的,该法案同样遵循以上程序。

(根据 1989 年 8 月 18 日第 7128 号法案修正)

第 129 条　法律自该法规定的生效之日起生效并具有约束力;如未规定生效时间,则于登载在政府公报后 10 日起生效。

任何人不得以不知法律而主张权利,除非法律本身授权如此。

一般法律义务的免除,或有关公益的任何特定法律义务的免除,均不产生效力。

违反禁止性法律的行为与协议均无效,但法律本身另有规定者除外。

法律不得被废止或撤销,除非后续立法有相关规定;不得以废止、风俗或相反的惯例为借口拒绝遵守法律。根据本宪法第105条的规定,人民通过全民投票可以废除和撤销法律。

(根据2002年5月28日第8281号法案第1条第4款修正)

第140条 总统和政府部长共同的权力和责任如下:

3. 批准、颁布、修订、执行法律,并保证严格遵守法律。

16. 格林纳达

《格林纳达宪法》

第45条 (1)议会立法权的行使,由议会两院通过法案(在本宪法第47条和第48条规定的情形下,由众议院通过),并呈递代表女王陛下的总督批准。

(2)当法案根据本宪法规定呈递总督批准时,总督应当签署其批准的法案或者撤销批准。

(3)当法案根据本宪法的规定获得总督批准后成为法律,总督应当促请将其作为法律公布于政府公报上。

(4)议会制定的法律在政府公报上公布之前不得实施,但议会得推迟法律的实施时间或者制定具有溯及力的法律。

17. 古巴

《古巴共和国宪法》

第77条

全国人民政权代表大会所通过的法律从其公布之时起开始生效。

法律、法令、指令、决议、规程以及国家机关的其他决定在《共和国公报》上公布。

18. 圭亚那

《1980 年圭亚那合作共和国宪法法案》

第 170 条　立法的模式

一、依照第 164 条规定,议会制定法律的权力以经由国民大会通过并经总统批准议案的方式行使。

二、一项议案呈报总统批准时,总统应作出表示同意或不予同意。

三、总统对一项议案表示不予同意时,他应该在该议案送交之日起的 21 日内把该议案退回议长并附函说明不予同意的理由。

四、议案退回议长后不得再呈报总统审批,除非在该议案退回的 6 个月内国民大会根据全体当选议员中最少2/3 的议员投票支持的动议,决定再把该议案呈报总统批准。

五、凡经国民议会作出把一项议案再次报批的决定时,该议案必须上报总统,总统必须在 90 日内批准。

六、任何议案如不按照本宪法规定获得通过和批准不得成为法律。

19. 海地

《海地共和国宪法》

第 121 条　议会投票通过之一切法律均应立即呈送共和国总统,总统在公布该法律以前有权对其全部或部分条文提出反对意见。

第 121.1 条　在此情况下,总统应将该法律案连同其反对意见一并退还首先通过该法律案的议院复议。如该院对此法律案作出修正,则应将修正后的法律案连同总统的反对意见移送另一院审议。

第 121.2 条　若该修正后的法律案获得另一院通过,则应再呈送总统予以公布。

第 121.3 条　若总统的反对意见被首先通过该法律案的议院否决,则应将该法律案连同总统的反对意见移送另一院。

第 121.4 条　若另一院亦否决了总统的反对意见,则该法律案应移送总统,总统必须予以公布。

第 121.5 条　两院均必须根据本宪法第 117 条以多数票表决通过否决总统的反对意见。在此情况下,两院的表决均须秘密投票。

第121.6条　若两院任何之一未能以前条规定的多数票否决总统的反对意见,则总统的反对意见应予接受。

第122条　总统行使否决权须限于自接到法律案之日起8个整日内。

第123条　若总统在上述期限内未行使否决权,则该法律必须予以公布,但若议会在此期限结束前休会,则该法律案应予延搁。被延搁之法律案在议会下个会期开幕时仍须呈送共和国总统供其公布或否决。

第125条　议会和国民大会通过之法律或其他决议在公布和刊登于共和国公报后即行生效。

第125.1条　上述法律和其他决议应标明序号,并编入和刊印为"法律和决议公告"(Bulletin des Lois et Actes)。

第126条　法律以两院最后通过之日为制定日期。

第144条　共和国总统在所有法律上加盖国玺,并在宪法规定的期限内予以公布。总统可以在规定的期限内行使否决权。

20. 洪都拉斯

《洪都拉斯政治宪法》

第二章 法律的制定、批准和颁布

第215条　任何由国会批准的法案,最迟应于表决后3日内送到行政机关,以便据以批准及公布。

法律的批准应依:"特此,实施"的形式。

第216条　最高行政机关认为不能批准的法案,应于10日内退回国会,其形式为"退还国会",并附不同意的理由。

最高行政机关在规定期限内未作不同意的表示,即应视同批准,并应依法公布。

国会在收到最高行政机关退还的法案时,应重新讨论,如经2/3议员表决批准,应依"依宪法批准"之形式再送最高行政机关,后者应立即公布。

如最高行政机关退还的法案不符合宪法规定,在未先咨询最高法院的意见前,国会不先行重新讨论,最高法院应于国会指定的期限内提出意见。

第221条　法律经公布,并在官方公报发表20日后即行生效。但在特殊情形下,对一项法律有关条款规定的期限,可对其限制或扩大,并得就限制或扩大部分另行公布。

21. 加拿大

《1867 年宪法法》

第 55 条　王权对法案的同意等

当议会通过的法案呈递给总督提请女王同意时,除根据本法规定和女王陛下的指令外,总督有权力按照自己的判断宣布,他以女王的名义同意,或者拒绝女王同意或者把法留给尊贵的女王来签署。

第 56 条　总督同意的法案经枢密院令不许可

当总督以女王的名义同意了一个法案,他应该第一时间给女王陛下的首席国务秘书送达法案的副本,如果女王在由国务秘书签收副本后的两年内通过枢密院认为应该驳回该法案,这一驳回(国务秘书在接收这个法那天已经签章)由总督签署,通过口头或书面信息的方式,送交议会两院,或者通过公告的方式,将从签署之日起废止该法案。

第 57 条　由尊贵的女王签署的法案

留给尊贵的女王签署的法案不应该有强制力,除非或直到为了女王同意从其送交总督起两年之内,总督通过口头或书面信息的方式通知议会两院或通过公告签署该法案,并且已经得到了女王陛下枢密院的同意。

这种口头、书面信息或公告应该登记在每一议院的刊物上,经验证的副本应该送交合适的官员以确保其保存在加拿大档案中。

《1982 年加拿大宪法法》

第 18 条

一、议会的制定法和记录

议会的制定法、记录和刊物,用英语和法语印刷和出版,两种语言文本具有同样的权威性。

22. 美国

《1787 年美利坚合众国宪法》

第 1 条

第 7 款

所有征税议案首先由众议院提出;但参议院可以如同对待其他议案一

样,提出修正案或对修正案表示赞同。

众议院或参议院通过的每一议案,均应在成为法律之前送交合众国总统,总统如批准该议案,即应签署;如不批准,则应附上异议书将议案退还给提出该项议案的议院,该院应将总统异议详细载入本院会议记录,并进行复议。如复议后,该院 2/3 议员同意通过,即应将该议案连同异议书送交另一院,另一院亦应加以复议,如经该院 2/3 议员认可,该项议案即成为法律。但在这种情况下,两院的表决应以投赞成票和反对票决定,投赞成票或反对票的议员的姓名应分别载入各该院的会议记录。如议案在送交总统后 10 日内(星期日除外)未经退还,即视为业经总统签署,该项议案即成为法律;但如因国会休会而阻碍该议案退还,则该项议案不能成为法律。

凡须经参议院和众议院一致同意的命令、决议或表决(有关休会问题者除外)均应送交合众国总统,以上命令、决议或表决须经总统批准始能生效。如总统不予批准,则应按照对于议案所规定的规则与限制,由参议院和众议院 2/3 议员再行通过。

23. 墨西哥

《墨西哥合众国政治宪法》

第 70 条(最新修订法令于 1977 年 12 月 6 日公布于官方公报上)

国会的每一个决议具有法律或法令的性质。法律或法令由两院议长签署之后由合众国总统公布。法律和法令应以下列方式颁布:"墨西哥合众国国会宣告:(法律或法令的正文)"。

国会应制定管理其自己的结构和内部职能的法律。

该法律应明确允许代表根据其所属政党而成立议会党团的方式和程序,以保护所有意识形态能在众议院中自由表达。

该法律不得被否决,合众国总统的公布对其生效也不是必要的。

第 72 条(最新修订法令于 2011 年 8 月 17 日公布于官方公报上)

每个法律或法令议案的审议不专属于任何一个议院,应在两院都审议通过,并遵守国会法律和两院各自的规则有关讨论和投票的形式、时间和方式的规定。

1. 议案经提出的议院批准后应移交另一议院讨论。如果该议院批准,将移交至执行机构,无异议的话,应立即公布。

2. 每一议案如果自其收到之日起 30 个自然日内未连同报告退回提出该议案的议院,则视为执行权力机构批准了该议案;该期间经过后,执行机构有 10 个自然日的期间颁布并公布法律或法令。该第二次期间经过后,法律或法令被视为公布,提交该议案的议院的主席在接下来的 10 个自然日内命令将其公布在联邦政府公报上,而无须事前同意。本部分所述时间期限不得因国会中止或暂停其会议而中断,在此期间任务将移交给常设委员会。

3. 执行机构全部或部分否决的法律或法令的议案将连同其报告退回提交议案的议院。该议院必须再次进行讨论,如果经全体议员 2/3 确认,则其应移交另一议院讨论。如果该议院以同样多数通过,则议案成为法律或法令,并退还执行机构公布实施。

法律或法令的投票为记名投票。

第 89 条(最新修订法令于 2011 年 6 月 10 日公布于官方公报上)

总统的权力和义务如下:

(1) 颁布并签署合众国国会通过的法律,确保其在行政范围内得到严格遵守。

24. 尼加拉瓜

《尼加拉瓜共和国政治宪法》

第 141 条 法律草案一经国民大会通过,即送交共和国总统批准、颁布和公告,不需这些手续的除外。宪法和宪法法规的修改及国民大会通过的法令,无须行政权力机关的批准。如果在 15 日内共和国总统不颁布和公告宪法或宪法法令的修改草案,不批准、颁布和公告其他法令,国民大会主席将通过任何社会媒体书面公告这些草案,哪怕以后官方日报"拉加塞塔"刊登草案(必须说明在社会媒体发表的日期),不妨碍这些草案从即日起开始生效。[①]

第 142 条 共和国总统可以在收到法律草案 15 日内全部或部分予以否决。如其不行使这一职权,也不批准、颁布和公告草案,国民大会主席将在

---

① 此为节选的第八款。

任何媒体发布这一法律。

如共和国总统作出部分否决,可对法律条款加以修改或删除。

第143条　被共和国总统全部或部分否决的法律草案应该连同否决理由一起交回国民大会。

国民大会可以超过议员半数的投票拒绝全部否决,国民大会主席可以发表该法律。

如果是部分否决,必须说明每一条款被否决的理由。有关委员会必须对被否决的每一条款发表意见。国民大会可以过半数成员的投票拒绝对任一条款的否决,国民大会主席可以发表该法律。

25. 萨尔瓦多

《萨尔瓦多共和国宪法》

第135条　(经1993年6月30日第583号法令和2000年4月13日第872号法令修正)

法案讨论通过后,应于10个工作日内送交共和国总统,如共和国总统无异议,则批准该法案并将其作为法律颁布。

关于宪法第131条第1项、第2项、第3项、第4项、第14项、第15项、第16项、第17项、第18项、第19项、第20项、第32项、第34项、第35项与第37项规定所列事项,按照惯例由立法议会确认,无须共和国总统批准。

第136条　(经1993年6月30日第583号法令修正)

如共和国总统对立法议会通过的法案无异议,应签署该两份副本,一份送立法议会,另一份存档,并指示相应的行政机关将法案正文作为法律公布。

第137条　(经1993年6月30日第583号法令和2000年4月13日第873号法令修正)

如共和国总统否决法案,他应于收到该法案后8个工作日内将法案退回立法议会,并说明否决的理由;如法案未于上述期间内退回,应被视为已获批准并将作为法律公布。

如法案被否决,立法议会应重新审议,如全体议员2/3以上维持原案,则应将该法案再度送交共和国总统,此时其必须批准并命令作为法律公布。

如被退回法案附有评语,立法议会应考虑其评语,并以宪法第 123 条所规定之多数决通过决议解决其认为必要的问题,之后再将法案送交共和国总统,总统必须批准该法案并命令作为法律公布。

第 138 条 (经 1993 年 6 月 30 日第 583 号法令和 2000 年 4 月 13 日第 874 号法令修正)

如共和国总统认为法案违宪而予以退回,而立法部门以前条所规定之方式批准法案,则共和国总统必须在 3 个工作日内将该法案提交最高法院审理双方争议,最高法院在最迟 15 个工作日内决定该法案是否符合宪法。如最高法院判决该法案合宪,则共和国总统有义务批准该法案并命令作为法律公布。

第 139 条 (经 1993 年 6 月 30 日第 583 号法令和 2000 年 4 月 13 日第 874 号法令修正)

公布法律的期间为 15 个工作日。如共和国总统未在此期间公布该法案,立法议会主席应在政府公报或共和国发行较广的其他任何报纸上公布该法案。

第 140 条 法律非经颁布与公布不具有拘束力。为使法律有长久的拘束力,法律公布后必须至少经过 8 个工作日后才能生效。该期限可以延长,但不得减少。

第 141 条 如法律条文在印刷上有明显错误,最迟应于 10 日内再版公布,最后公布版本为有效版本,并以新公布日作为法律生效日期。

第 168 条 (经 1992 年 1 月 30 日第 152 号法令修正)

共和国总统职权包括:

8. 批准、颁布与公布法律并监督其执行。

26. 圣基茨和尼维斯

《圣克里斯托弗和尼维斯宪法》

第 42 条 立法权行使的模式

一、议会制定法律的权力应该由国民议会通过法案并由总督批准的方式行使。

二、按照本宪法规定,一个法案呈递给总督批准时,总督应该表明其批准与否。

三、总督批准按照本宪法规定送交的议案后,该议案即成为法律,总督应促使其作为法律在政府公报上发表。

四、议会制定的法律不得在公报发表之前实施。但议会可延期上述任何法律的实施并制定具有追溯效力的法律。

27. 圣卢西亚

《圣卢西亚宪法》

第47条 立法权的实施模式

(1) 议会立法的权力应该由参议院和众议院通过法案的形式来实施(就如在本宪法第49条和第50条中规定由众议院来实施的情况),并且要经总督同意。

(2) 根据本宪法制定的法案提交总督后,总督应该签署其所同意的法案。

(3) 根据本宪法规定,总督同意提交给他的法案,法案就可以成为法律并且总督应该将其发布在官方公报上。

(4) 议会通过的法律直到其发布在官方公报上才具有实施的效力,但议会可以推迟此类法律的实施,并且可以规定此类法律具有溯及力。

28. 圣文森特和格林纳丁斯

《圣文森特和格林纳丁斯宪法》

第43条 行使立法权的模式

第1款 议会制定法律的权力以议会通过议案、总督允准的方式行使。

第2款 当根据本宪法之规定将议案提交给总督以获得其允准,总督应签署表明其允准。

第3款 如果总督允准了依据本宪法规定向其提交的议案,该议案应成为法律,而且总督应当随即将其公布于政府公报。

第4款 任何议会制定的法律不得实施,除非其被发布于政府公报,但是议会可以推迟法律的生效时间,而且制定有溯及力的法律。

29. 苏里南

《苏里南共和国宪法》

第 77 条

第 1 款　如果国民议会决议通过某提案,无论是否修改,应通知总统。

第 2 款　如果国民议会决议否决某提案,也应通知总统,同时一并提出彻底复议该提案的请求。在国民议会作出决定之前,总统有权收回其提交的提案。

第 80 条

第 1 款　所有由国民议会通过并经总统批准的提案应自发布之日起产生法律效力。

第 2 款　除第 106 条、第 137 条和第 144 条第 2 款之规定,法律不可侵犯。

第 118 条

法律及国家法令颁布的方式及其生效时间由法律予以规定。

30. 特立尼达和多巴哥

《特立尼达和多巴哥共和国宪法》

第 61 条　行使立法权的方式

一、根据本宪法的规定,议会制定法律的权力,除非有成文法另外授权,由参、众两院通过制定由总统批准的法案的方式行使。

二、当一项法案提交给总统批准时,他应该签署同意或不同意的意见。

三、根据本宪法的规定,只有正式通过并得到批准的法案才能成为法律。

四、批准议案须在议会一个会期结束和下一个会期开始之间这段时间进行,或在该届议会剩余的任期内进行。

31. 危地马拉

《危地马拉共和国政治宪法》

第 177 条　通过、批准与颁布

立法议案一经通过,共和国国会领导委员会在 10 日期限内应将其送交行政部门,供其批准并颁布。

（本条内容根据第18—93号立法令修改）

第178条　否决

收到国会决议15日内，经部长会议事先同意，共和国总统可行使其否决权，将决议退回国会并说明其意见。法案不得被部分否决。

如果行政部门未在收到法案后15日内将其退回国会，应视为同意，此时国会应在接下来的8日内将其作为法律予以批准和颁布。如果在否决权到期前国会休会，行政部门应在下届会期开始后的8日内将决议退回国会。

（本条内容根据第18—93号立法令修改）

第179条　立法优先权

决议退回国会后，领导委员会应在下届会议中重新提出这一议案，国会应在30日期限内重新审议或予以驳回。如果不接受否决理由，国会以全体成员2/3的赞成票再度通过这一议案，行政部门必须在收到国会决议后8日内批准并颁布法案。如果行政部门未如此作为，国会的领导委员会应在3日内责令其颁布这一法案，使之具备共和国法律的效力。

（本条内容根据第18—93号立法令修改）

第180条　生效

除非法律对于其生效期限或适用范围另有规定，否则法律自其在官方公报刊登后第8日生效。

（本条内容根据第18—93号立法令修改）

第183条　共和国总统的职能

共和国总统职能如下：

（5）批准、颁布并执行法律，下达宪法授权的政令，下发决议、条例和命令，以严格执行法律，维护法律精神；

32. 委内瑞拉

《委内瑞拉玻利瓦尔共和国宪法》

第207条　法案应依据本宪法和相关规则以不同方式经过二读程序方能制定为法律。法案通过后，共和国总统应颁布制定的法律。

第212条　法律文本之前应注明："委内瑞拉玻利瓦尔共和国国民会议颁布"。

第213条　法案通过后,应当将辩论通过的文本原样颁布。国民会议主席、两个副主席和国民会议秘书长应在法律副本上签名并注明最后同意日期。国民会议主席应将法律副本送交共和国总统予以颁布。

第214条　共和国总统应在收到法案后10日内予以颁布。在这期间,总统可以经内阁部长正式决议并附意见陈述要求国民会议修改法律中的任何条款,或拒绝批准法律的全部或部分内容。

国民会议代表中的多数票可以决定共和国总统提出的问题,并将法律发回总统予以颁布。共和国总统必须在收到法律5日内予以颁布,不得提出新的反对理由。

共和国总统认为法律或其中的某些条款违宪,可以在要求总统颁布的10日期限内提请最高法院宪政庭裁决。最高法院宪政庭应当在收到总统的提请后15日内作出裁决。如果法院宪政庭拒绝裁决相关条款违宪或在前述期限内未能作出裁决,共和国总统必须在宪政庭的判决作出后或截止日期届满后5日内予以颁布。

第215条　法律应当在共和国公报上公布,并附"贯彻执行"的命令。

第218条　除本宪法规定的例外情况,可通过制定新法来废除旧法,或通过公民投票终止旧法。可以全部或部分修订法律。部分修订法律时,应颁布一部包含修订内容在内的完整文本。

33. 乌拉圭

《乌拉圭东岸共和国宪法》

不仅专设第七编"法案的提出、讨论、通过及颁布",还在该宪法下列条款中做了相关规定:

第137条　在接到法案后,如果行政机关提出异议或意见,则该法案应在规定的10日期限内退回国会,并附上异议或意见。

第143条　如果行政机关对收到的法案无任何异议,应立即将大致意见通知给议院,并立即通过并颁布该法案。

第144条　如果行政机关在第137条所规定的10日期限内未退回该法案,则该法案即成为法律并予以遵守。如未执行,则提交该法案的议院有权要求采取上述行动。

第 145 条　如果由行政机关签署了异议或意见后退回的法案经国会两院联席会议审议后再次通过,则该法案被视为最终得到通过,并呈送给行政机关,行政机关应立即予以颁布,不得再次提出异议。

第 146 条　当一项法律获得通过,颁布时应一律采用以下固定的习惯用语:

"乌拉圭东岸共和国参议院和众议院通过国会讨论后颁布"。

第 168 条　(根据 1996 年 12 月 8 日的宪法改革案修正)

共和国总统与部门首长、各部部长或者部长会议共同行使下列职权:

(4) 依照第七编,毫无延误地颁布和发行所有准备颁布和发行的法律;实施法律并确保法律的实施,并颁布执行法律可能需要的特别法规。

(6) 对立法机关送交的法案提出异议或意见,并依照第七编的规定方式暂停或反对这些法案的颁布。

34. 牙买加

《1962 年牙买加枢密院(宪法)法令》

第 60 条　议案的通过

一、除非总督同意并以女王陛下的名义,代表女王签署象征性同意,议案不得成为法律。

二、根据本宪法第 37 条、第 49 条、第 50 条、第 56 条和第 57 条的规定,除非议案未经任何一院修改在两院通过,或者得到了两院都同意的修正,应呈交总督征求其同意,否则不必呈交。

三、当议案呈交总督征求其同意时,总督应表示同意或不同意。

第 61 条　制定用词

一、呈交总督征求其同意的每项议案,除本宪法第 37 条第三款规定的特殊法令的议案,或根据本宪法第 49 条、第 56 条或第 57 条呈交的议案,或本宪法第 50 条提及的某法令的议案外,其制定的用词应如下:

"根据牙买加参议院和众议院的建议和同意,尊贵的女王陛下制定,并依权力颁布如下——"

35. 智利

《智利共和国宪法》

第 32 条 （本条根据 1989 年 8 月 17 日第 18825 号法令、1991 年 11 月 12 日第 19097 号法令、1997 年 9 月 16 日第 19519 号法令、1997 年 12 月 22 日第 19541 号法令、2005 年 8 月 26 日第 20050 号法令修正）

共和国总统的特殊职权如下：

1. 按照宪法的规定，提议制定、批准和公布法律。

第 72 条 法案经两院批准同意后，应送交共和国总统，再经共和国总统批准并命令颁布为法律。

第 73 条 共和国总统不批准法案时，应在 30 日内附上适当的理由一并退回原受理议院。

除非总统的理由被视作单独信息，否则若理由与法案的原意或基本理念并无直接关系，则不能被接受。

理由经两院批准同意后，该法案即具有法律效力，并返回共和国总统予以颁布。

如果两院拒绝总统部分或全部的理由，并且其出席议员的 2/3 坚持其所通过的法案，那么该法案返至总统并由其颁布施行。

第 75 条 （本条根据 2005 年 8 月 26 日第 20050 号法令修正）

自法案送交共和国总统之日起 30 日，共和国总统未将法案退回，则视为其批准同意并应颁布法案为法律。

法案应在上款期限截止之日起的 10 日内进行颁布。

自颁行法案的命令颁布之日起 5 个工作日内对法案进行公布。

第 93 条 （本条根据 1989 年 8 月 17 日第 18825 号法令、2005 年 8 月 26 日第 20050 号法令修正）

宪法法院有如下职权：

1. 规范解释宪法的法律、宪法组织法及关于宪法性法律的条约，在其公布前对其进行合宪性审查。

16. 包括总统行使独立的规章发布权所发布的最高法令，在涉及第 63 条规定由法律规范的事项时，决定其合宪性。

在第 1 项情形下,原立法机关可在国会处理完毕后 5 日内,将相关法案提交宪法法院。

在第 2 项情形下,宪法法院可应共和国总统、参众两院或其 10 位成员要求对争议进行审理。此外,普通法院或特别法院未判决的审判或审理当事人,当其基本权利在响应原始决定中受到侵害时,也可提出相应要求。

在第 3 项情形下,宪法法院仅可应共和国总统、参众两院或参众两院各 1/4 在职成员的请求,对相关争议进行审理。但此请求需在法律公布或国会移交批准条约的文件之前提出,并在移交法案或批准文件的第 5 日进行。

宪法法院应自接到请求起的 10 日内解决争议,但因重大或正当的理由可再延长 10 日。

上述请求不会停止对法案的制定程序,但被质疑的部分只能于上述期限届满后进行公布,但涉及预算法或共和国总统所提出的战争宣告法案不受此影响。(下略)

第 94 条　(本条根据 2005 年 8 月 26 日第 20050 号法令修正)

对于宪法法院的判决不得上诉,宪法法院可按照法律纠正已造成的事实错误。

被宪法法院宣告为违宪的条文,不得转换成法律或具有法律效力的法令。

在第 93 条第 16 项的情形下,根据接受请求的宪法法院的决定所具有的惟一性,受质疑的最高法令将不再对权利产生效力。但根据第 93 条第 2、4 和 7 项规定被宣布为违宪的条款,将不会公布于官方日报,且没有追溯权。

部分或全部法律、具有法律效力的命令、最高法令或初始决定被宣布违宪之日起 3 日内,应在官方日报上公布。

五、大洋洲

1. 澳大利亚

《澳大利亚联邦宪法法案》

第 58 条　皇室的同意

当议会两院通过的法律提案为获得女王同意而提交总督时,总督应根据他的裁量,并在遵守本宪法的前提下宣布,他以女王的名义同意,或不同意,或根据女王的意愿保留该法律。

总督的建议

总督可以将任何这样提交给他的法律提案退回到提出该法案的议院,并可以提出他所建议的任何修改,该议院可以考虑其建议。

第 59 条　女王的否决

女王可以自总督同意时起 1 年内否决任何法律。当这种否决由总督以口头或书面形式告知议会两院而被知晓时,或以公告形式而被知晓时,法律即为无效。

第 60 条　女王的意愿对于被保留议案的重要性

为获得女王同意而被保留的法律提案不具有任何效力,除非和直到该法律提案被提交给总督以获得女王同意之日起 2 年内,总督以口头或书面形式告知议会两院,或以公告形式,使该法律提案已经得到女王的同意这一事实被知晓。

2. 巴布亚新几内亚

《巴布亚新几内亚独立国宪法》

第 110 条　关于制定法律的证明

一、根据第 137 条第三款(特赦处分令)和为了第三款的目的制定的议会法令,议长应根据议会议事规则,以加盖国玺的方式确认议会制定的法律;受第二款的约束,法律在确认日开始实施。

二、第一款并不禁止下列法律:

(一)明确表示,或被视为已经在法律规定的日期生效;

(二)具有溯及力。

三、议会法令或议会议事规则可以作出规定,根据该规定,国家元首根据国家行政委员会的建议将议会制定的法律重新提交议会,以便考虑国家元首根据国家行政委员会的建议提出的修正案。

3. 斐济

《斐济群岛共和国 1997 年宪法》

第 46 条　立法方法

一、根据宪法规定,议会行使立法权是通过参众议院通过法令,并由总统批准。

二、总统不得拒绝批准正确提交的法令。

三、(已废止)

4. 基里巴斯

《基里巴斯共和国宪法》

第 66 条　制定法律的权力

一、依照本宪法规定,议会有权为了基里巴斯的和平、秩序和善治而制定法律。

二、议会制定法律的权力应当以议会通过法案并获得总统批准的方式行使,并且以此种方式通过的法案称为"法律"。

三、总统仅可以当他认为如果批准法案将违反本宪法时,不批准该法案。

四、如果总统依据前款规定不批准法案,法案应当退回议会修正。

五、如果依前款规定退回议会的法案再次被提交给总统,而总统仍然认为,如果批准该法案将违反本宪法,则总统应当将该法案送交高等法院裁决,由高等法院宣布批准该法案是否违反本宪法。

六、如果高等法院宣布,批准该法案将不违反本宪法,总统应当立即批准法案;如果高等法院作出不同意的宣布,法案应当被退回议会。

七、除非另有规定,一项法律应当在总统公布批准时立即生效。

八、总统对一项法案的批准应当予以公布,与批准的法律一起,由议会展示。

5. 马绍尔群岛

《马绍尔群岛共和国宪法》

第四章 立法机构

第 21 条　当法案成为法律时

1. 根据第十二章第 4 条第 5 款的要求,在该款适用的情况,只有通过下列方式,议案应成为法律:

(a) 议案已由议会通过;

（b）议长认可法案是根据本宪法和议会规范的通过，并已在法案的副本上附上符合本条要求的许可，并在议会书记员出席的情况下，签署许可并在其上写上签署日期；

（c）议会的书记员在议长出席的情况下，已在议案副本上的许可上附署。

2. 无论议会是否在会期，法案可以根据本条规定签署和附署。

3. 通过本条要求成为法律的法案应当是议会的法令。

4. 根据法令本身规定，法令在许可之日生效。

6. 密克罗尼西亚

《密克罗尼西亚联邦国家宪法》

第 9 条　立法机关

21.（a）议会只能以起草议案的方式制定法律，而惟有法律可以成为议会所制定的有法律效力的规范性文件；议会制定条款是"由密克罗尼西亚联邦国家制定如下"；议案在标题中只能包含一个主题；标题表达的主题之外的条款无效；

（b）不能仅仅参考法律的标题而对法律进行修改或修订；修改、修订后的法律应当整篇重新颁布和出版。

22. 议会通过的所有议案应当呈送给总统批准。如果总统不批准议案，他应在 10 日内将该议案并附上反对理由返还给议会。如果议会还有 10 日或不到 10 日的会议时间，或者议会正处于休会时，总统应当在收到议案后 30 日内返还议会。如果总统未能在适当的期间返还议案，议案被视为获批准而成为法律。

7. 瑙鲁

《瑙鲁宪法》

第 47 条　法律的颁布

任何法律提案，自议长确认其已被议会通过之日起成为法律。

8. 帕劳

《帕劳共和国宪法》

第 9 条　帕劳国会

十四、国会只可以以议案的方式制定法律。国会的众议院和参议院应当制定将议案转化成法律的程序。除非议案在于不同日期举行的三次审议中经过众议院和参议院一半以上多数议员通过，否则任何议案不能成为法律。议案如成为法律，须包含："国会代表帕劳人民特制定如下："的条款，否则议案不得成为法律。

十五、国会众议院和参议院通过的议案应提交总统，经总统签署后成为法律。如果总统否决议案，应将议案和否决理由的说明在15日内返回国会的众议院和参议院。总统可以减少或否决拨款议案的项目，签署议案的其余部分，并将减少或否决的项目以及这样做的理由在15日内返回国会的众议院和参议院；或者向众议院和参议院提交该议案和修改建议。在议案提交给总统后15日内，如果总统没有签署、否决或提交，该议案应成为法律。在总统返回议案、经否决或减少的议案的项目后30日内，众议院和参议院可以进行审议，在众议院和参议院各自成员的2/3同意通过后，返回的议案、经否决或减少的议案的项目视同最初通过一样成为法律。国会经众议院和参议院一半以上议员同意，可以根据总统的修改建议，通过总统提交的议案，并返回给总统重新考虑。总统不可以两次提交修改的议案。

9. 萨摩亚

《萨摩亚独立国宪法》

第60条　议案获批成为议会法案

（1）任何法律非经国家元首之批准不得成为法律。

（2）经立法大会通过的议案被呈报给国家元首批准时，国家元首应按照总理的建议，宣布他同意议案或拒绝同意议案。

（3）此处规定的获得国家元首批准的法律称为议会法案，应自法案获批之日起，或法案中规定之日起早于或晚于获批之日生效。

10. 所罗门群岛

《所罗门群岛宪法》

第六章"国家立法机关"第二节"国会的立法和程序"

第59条　立法权

（1）在遵照本宪法规定的条件下，国会应为所罗门群岛的和平、秩序和善政制定法律。

(2) 本条所规定的法律应当采取法案的形式由国会通过;当法案由国会通过后应当呈送总督,由其代表国家元首签署,法案经签署后即成为法律。

(3) 任何法律在《政府公报》公布前不得施行,但国会应推迟任何法律的施行时间,并在遵照本宪法第10条第(4)款的条件下制定溯及既往的法律。

(4) 国会所制定的所有法律称为"国会立法",其颁布用语为"由所罗门群岛国会颁布"。

11. 汤加

《汤加宪法法案》

第41条　国王的权力——签署法案

国王是所有长官和平民的最高统治者。国王是神圣的。他统治国家,部长要对他负责。议会通过的所有法案必须经国王签署才能生效。

第80条　立法格式

立法格式应当是:"由汤加国王和议会在国家立法机关制定如下:"

第81条　每部法律只涉及一个主题

为避免立法混乱,每部法律应当只包含一个主题,并且表述在标题中。

12. 图瓦卢

《图瓦卢宪法》

第86条　立法权行使的方式

(1) 议会的立法权应由议会依据第111条(议案的程序等)通过议案并经国家元首批准的方式行使。

(2) 当议案呈递给国家元首时,国家元首应迅速予以批准。

(3) 议案一经批准即为议会法令。

13. 瓦努阿图

《瓦努阿图共和国宪法》

第16条　立法权

1. 议会可以为瓦努阿图政府的和平、秩序和善政立法。

2. 议会可以以通过由总理或部长,或由一个或更多议员提出议案的方式立法。

3. 议案被议会通过后,应呈送给共和国的总统,总统应在两周内签署该议案。

4. 如果总统认为议案与宪法的规定不符,他应将议案提交给最高法院裁决。如果最高法院裁决认为议案与宪法的规定不符,议案不应颁布。

14. 新西兰

《1986 年新西兰宪法法案》

第 16 条　君主同意议案

众议院通过的议案,应该在君主或总督同意并签字确认后成为法律。

附录二　中国宪法相关规定沿革

在此简要摘录了 114 年来中国 18 份文献(其中包括 11 份正式实施过的宪法文本、4 份宪法草案和 3 部宪法性法律)中的关于法律公布问题的具体规定。由此充分彰显了中国法律公布制度乃至法治实践"螺旋式上升"的历史轨迹。

需要说明的是,本书引用的建国前的相关文献内容,主要参考夏新华、胡旭晟两位先生整理的《近代中国宪政历程:史料荟萃》(中国政法大学出版社,2004 年版);解放后的相关文献,则主要参考全国人大常委会法制工作委员会宪法室编纂的《中华人民共和国制宪修宪重要文献资料选编》(中国民主法制出版社,2021 年版)、司法部编纂的《新编中华人民共和国常用法律法规全书(2021 年版)》(中国法制出版社,2020 年版)乃至"中国人大网"中的有关规定。

一、晚清时期

1.《钦定宪法大纲》

(光绪三十四年八月初一日(1908 年 8 月 27 日)颁发)

君上大权

——钦定颁行法律及发交议案之权。(凡法律虽经议院议决,而未奉诏命批准颁布者,不能见诸施行。)

2.《宪法重大信条十九条》("十九信条")

(宣统三年九月十三日(1911 年 11 月 3 日))

第十八条 国会议决事项，由皇帝颁布之。

二、南京临时政府时期

1.《中华民国临时约法》

（民国元年（1912 年）三月十一日公布）

第三十条 临时大总统代表临时政府，总揽政务，公布法律。

第四十五条 国务员于临时大总统提出法律案、公布法律及发布命令时，须副署之。

三、北洋政府时期

1. 天坛宪草（《中华民国宪法案》）

（民国二年（1913 年）十月三十一日国会宪法起草委员会拟定）

第六三条 大总统公布法律，并监督确保其执行。

第九一条 国会议定之法律案，大总统须于送达后十五日内公布之。

第九二条 国会议定之法律案，大总统如否认时，得于公布期内声明理由，请求复议。

如两院各有列席议员三分二以上仍执前议时，应即公布之。未经请求复议之法律案，逾公布期限，即成为法律，但公布期满在国会闭会或众议院解散后者，不在此限。

2.《中华民国约法》（"袁记约法"）

（民国三年（1914 年）五月一日公布）

第三十四条 立法院议决之法律案，由大总统公布施行。

立法院议决之法律案，大总统否认时，得声明理由，交院复议，如立法院出席议员三分二以上仍执前议，而大总统认为于内治外交有重大危害，或执行有重大障碍时，经参政院之同意，得不公布之。

3. 民国八年宪法草案（《中华民国宪法草案》）

（民国八年（1919 年）八月十二日宪法委员会议决）

第五一条 大总统公布法律，并监督确保其执行。

第八〇条 国会议定之法律案，大总统应于送达后十五日内公布。

第八一条 国会议定之法律案，大总统如有异议时，得于公布期内声明理由,请求覆议,如两院各有列席员三分二以上仍执前议时,应即公布。

未经请求覆议之法律案,逾公布期限,即成为法律,但公布期满在国会闭会或众议院解散后者,不在此限。

4.《中华民国宪法》("贿选宪法")

(民国十二年(1923 年)十月十日颁布)

第七九条　大总统公布法律,并监督确保其执行。

第一〇四条　国会议定之法律案,大总统应于送达后十五日内公布之。

第一〇五条　国会议定之法律案,大总统如有异议时,得于公布期内,声明理由,请求国会复议。如两院仍执前议时,应即公布之。

未经请求复议之法律案,逾公布期限,即成为法律。但公布期满在国会闭会或众议院解散后者,不在此限。

5.《中华民国宪法案》

(民国十四年(1925 年)12 月 11 日完成三读程序)

第四〇条　众议院议决之法律案,大总统须于送达后二十日内公布之。

第四一条　众议院议决之法律案,大总统如否认时,得于公布期内声明理由,请求复议,如众议院有总议员过半数仍执前议时,大总统应即公布之。

第四二条　众议院议决之法律案,除预算外,参议院如有异议时,得于十日内将否决或修正之理由,咨由政府,提付于众议院复议之,如众议院有总议员过半数之同意,仍执前议时,大总统应即公布之。

四、南京国民政府时期

1.《中华民国训政时期约法》

(民国二十年(1931 年)五月十二日国民会议通过,同年 6 月 1 日国民政府公布。)

第七十五条　公布法律、发布命令,由国民政府主席依法署名行之。

2.《中华民国宪法草案》("五五宪草")

(民国二十五年(1936 年)五月一日立法院通过,同年五月五日国民政府宣布,二十六年五月十八日修正)

第三十八条　总统依法公布法律,发布命令,并须经关系院院长之副署。

第七十条　总统对于立法院之议决案,得于公布或执行前,提交复议。

立法院对于前项提交复议之案,经出席委员三分二以上之决议,维持原案时,总统应即公布或执行之;但对于法律案、条约案,得提请国民大会复决之。

3.《中华民国宪法》("蒋记宪法")

(民国三十五年(1946 年)十二月二十五日国民大会三读通过,三十六年一月一日国民政府公布,同年十二月二十五日施行)

第三七条　总统依法公布法律,发布命令,须经行政院院长之副署,或行政院院长及有关部会首长之副署。

第七二条　立法院法律案通过后,移送总统及行政院,总统应于收到后十日内公布之,但总统得依照本宪法第五十七条之规定办理。

4.《立法程序法》

(民国十七年(1928 年)三月一日　国民政府公布,同日施行)

第一条 中央政治会议得议决一切法律,由中央执行委员会交国民政府公布之。

前项法律概称曰法。

第九条　国民政府接到中央执行委员会所交政治会议所议决之法律案时,应于十日内公布之;在公布期限内,国民政府得请求中央政治会议覆议,但以一次为限。

5.《法规制定标准法》

(民国十八年(1929 年)五月十四日国民政府公布,同日施行;三十二年六月四日修正公布。)

第一条　凡法律应经立法院三读会之程序议决通过,并由国民政府公布之。

五、中华人民共和国时期

1.《中华人民共和国宪法》(1954 年)

(1954 年 9 月 20 日第一届全国人民代表大会第一次会议通过)

第四十条　中华人民共和国主席根据全国人民代表大会的决定和全国人民代表大会常务委员会的决定,公布法律和法令,任免国务院总理、副总理、各部部长、各委员会主任、秘书长,任免国防委员会副主席、委员,授予国家的勋章和荣誉称号,发布大赦令和特赦令,发布戒严令,宣布战争状态,发布动员令。

2.《中华人民共和国宪法》(1975 年)

(一九七五年一月十七日中华人民共和国第四届全国人民代表大会第一次会议通过)

无。

3.《中华人民共和国宪法》(1978 年)

(1978 年 3 月 5 日第五届全国人民代表大会第一次会议通过,根据 1979 年 7 月 1 日第五届全国人民代表大会第二次会议《关于修正〈中华人民共和国宪法〉若干规定的决议》修正,根据 1980 年 9 月 10 日第五届全国人民代表大会第三次会议《关于修改〈中华人民共和国宪法〉第四十五条的决议》修改)

第二十六条　全国人民代表大会常务委员会委员长主持全国人民代表大会常务委员会的工作;接受外国使节;根据全国人民代表大会或者全国人民代表大会常务委员会的决定,公布法律和法令,派遣和召回驻外全权代表,批准同外国缔结的条约,授予国家的荣誉称号。①

4.《中华人民共和国宪法》(1982 年)

(1982 年 12 月 4 日第五届全国人民代表大会第五次会议通过　1982 年 12 月 4 日全国人民代表大会公告公布施行　根据 1988 年 4 月 12 日第七届全国人民代表大会第一次会议通过的《中华人民共和国宪法修正案》、1993 年 3 月 29 日第八届全国人民代表大会第一次会议通过的《中华人民共和国宪法修正案》、1999 年 3 月 15 日第九届全国人民代表大会第二次会议通过的《中华人民共和国宪法修正案》、2004 年 3 月 14 日第十届全国人民代表大会第二次会议通过的《中华人民共和国宪法修正案》和 2018 年 3 月 11 日第

---

① 此为该条第一款。

十三届全国人民代表大会第一次会议通过的《中华人民共和国宪法修正案》修正）

第八十条　中华人民共和国主席根据全国人民代表大会的决定和全国人民代表大会常务委员会的决定,公布法律,任免国务院总理、副总理、国务委员、各部部长、各委员会主任、审计长、秘书长,授予国家的勋章和荣誉称号,发布特赦令,宣布进入紧急状态,宣布战争状态,发布动员令。

5.《中华人民共和国立法法》

（2000年3月15日第九届全国人民代表大会第三次会议通过

根据2015年3月15日第十二届全国人民代表大会第三次会议《关于修改〈中华人民共和国立法法〉的决定》修正）

第二十五条　全国人民代表大会通过的法律由国家主席签署主席令予以公布。

第五十八条　签署公布法律的主席令载明该法律的制定机关、通过和施行日期。

法律签署公布后,及时在全国人民代表大会常务委员会公报和中国人大网以及在全国范围内发行的报纸上刊载。

在常务委员会公报上刊登的法律文本为标准文本。